Human Being

Human Being
Reclaim 12 Vital Skills We're Losing to Technology

別讓科技
偷走你的能力

善用科技，而不是被科技掌控，
找回人類的無限潛能

格雷姆・李 Graham Lee 著
游懿萱 譯

晨星出版

別讓科技偷走你的能力　目次

前言

作爲人類的意義是什麼？當然，基因使我們與其他物種有所差異。人體和大腦的進化也是我們生存的關鍵。但我認爲，定義我們人性的，是我們的活動、特質和技能，而非身體配置。積極的生活，亦即全人的生活，必須深入參與世事並理解世界以及我們所處的位置。本書討論的十二種技能，共同支撐了過去和現在大部分的人類日常生活。這些基本能力和與環境互動的方式是我們人性的重要核心。

美國哲學家拉爾夫．沃爾多．愛默生（Ralph Waldo Emerson）在一八四一年的開創性文章《自力更生》中言簡意賅地記錄了現代開始加速的時刻。鐵路旅行、電報和其他一系列發明開始大幅影響人們的生活。在一個愈來愈舒適的時代，他呼籲大家要自給自足並信任自己的能力，這點引起了許多共鳴。

從那時起，有許多重要時刻大大改變了我們的生活。一九五〇年代電視的大量普及就是其中之一：我們很快就適應每天花了數小時坐在閃爍的螢幕前，在下一個十年結束時，有五．三億人同時在自家客廳觀看了月球登陸直播。

一九八〇年代，錄影帶、有線電視和衛星電視、遊戲機和個人電腦的出現進一步改變了一切。我們花在螢幕前的時間更多了，這次不再那麼被動，而是會主動點擊、倒帶、錄製、工作和玩耍。一九九〇年代網際網路的廣泛應用開始將所有技術匯集到一個地方，而在二〇〇〇年代，功能愈來愈多的行動裝置和更快的處理速度讓這些技術變得更加便捷。如今，運算和技術的持續進步使人工智慧承擔愈來愈複雜的任務，並且吞噬人類的能力。愛默生在將近兩個世紀前面對的技術變革，相較之下顯得微不足道。

然而，他提出的關於擺脫技術束縛的思想同樣重要。我們被數位科技所包圍，這些技術幾乎可以為我們做任何事情；因此，我們擁有了前所未有的全新可能與便利生活。同時，愛默生的自力更生概念——即運用我們天生或習得的能力，這比以往任何時候都更重要。

我的日常工作主要集中在數位技能教育上。隨著時間的推移，我注意到使用科技會對其他技能的應用造成負面影響，我所進行的大量研究也支持這一點。我們將瑣事交給電腦之後，自己動手做的部分就變少了。科技與技術當然是有幫助的——畢竟，有很多我們不想做的事。但在我們依賴裝置來支援核心能力時，例如閱讀或寫作等基本技能，或記憶、導航、社交技能等重要基本能力——這些能力可能會迅速隨著時間的推移而退化。因此，我們從數位科技中獲得好處的代價也相當大。

在本書中，我橫跨各個歷史時期和各大洲，發掘並讚揚那些今天可能被我們視為非凡的但在過去卻非常普遍的人類能力。透過將這些故事與我們現在的生活方式進行比較，我旨在說明科技使用不僅會削弱我們的核心能力，也會削弱我們人性的本質。

技術開始取代我們的積極時刻，並減少我們對天賦與能力的需求時，我們的存在範疇就會受到威脅。我們的肌肉和思想曾經被拉伸，但當我們將重要技能外包給裝置和演算法時，就開始鬆弛。然而，我們似乎太容易接受技術對我們生活品質所帶來的負面影響。更糟的是，我們對裝置的依賴愈來愈多，似乎不可避免，超人類主義的未來願景——我們的身體將與硬體融合或被硬體取代，讓大眾辯論的焦點集中在技術進步上，而很少留出空間來思考人類的存在。

成爲完整的人，是我們該奮鬥的目標，幸運的是，這與這個時代的其他迫切問題不同，我們每個人在日常生活中都有能力從今天開始做到這一點。那第一步是什麼？不要馬上拿起我們的裝置。除此之外，我們每個人，身而爲人，我們都有潛力在本書涵蓋的先天或後天的技能上表現出色，過去無數成就的例子顯示我們能充分利用這種潛力。人類生來就具有掌握和磨練新技能的能力；想要了解我們眞正的能力，我們只需開始採取行動即可。

第一章

導航

玻里尼西亞航海

早期現代知名的歐洲探險家每次踏上世界上廣袤且尚未繪製地圖的領土時，他們都會遇到人類的面孔。幾乎所有的土地，包括最偏遠的海洋島嶼，早已有人群居住，這些人群在沒有導航技術的情況下，早已進行了自己的探索旅程。太平洋盆地約佔地表的三分之一，該處有人居住的時間開始甚早，遠在歐洲人首次登陸這裡的數千年前即有人類在此生活。太平洋島民的居住範圍涵蓋整個太平洋地區，從美洲到澳大拉西亞[1]，許多人居住在難以置信的偏遠小島上。在這個橫跨一．六五億平方公里的廣闊區域內，探險家如詹姆斯．庫克（James Cook）船長發現了語言和習俗的驚人一致性。他和與他同時代的人抵達這個地區時，他們目瞪口呆。這些人是從哪裡來的？他們究竟是如何抵達這些偏遠島嶼的？

一七六九年，庫克船長的**HMS奮進號**抵達的大溪地島嶼如天堂般美麗，翠綠的嫩芽從玄武岩露頭中生長，小屋散落在椰子樹之間的沙灘上。四周是蔚藍的大海，與鄰近島嶼形成連綿不絕的景色。居民們向外眺望著水面，他們的家鄉島嶼只是陸地網絡中相互連接的的小岩石。他們和鄰近的玻里尼西亞人能夠以無人能及的方式解讀海洋。

庫克在追尋未知的南方大陸的航程中啓航，這是一個在羅馬時代首次提出的假設性大陸，理論基礎爲北半球的大陸地形應該有一個對應的南半球大陸地形來平衡。他在探索中需要幫助，並在大溪地島上時遇到了圖帕伊亞（Tupaia），他是一位當地地位最高的祭司和天文導航知識的守護者。一七六九年八月十五日，圖帕伊亞開始爲庫克及其船員繪製太平洋地圖，其中一份副本今日保存在大英圖書館中。這張地圖展示了從大溪地到復活節島和斐濟的廣闊視野，涵蓋了玻里尼西亞大三角的大部分地區，就只差紐西蘭而已。地圖上兩個島嶼之間的最長距離超過四千公里。圖帕伊亞展示了其文化在世代積累下的強大導航能力和知識。在獲得招募登上**奮進號**後，他在玻里尼西亞的群島探險中負責導航了六個月。

儘管**奮進號**航線迂迴，涵蓋了數千公里，圖帕伊亞總能指示出回家的方向。船員們從未深入詢問他是如何做到的，他們被自己的技術優勢蒙蔽，從未想到這些原住民也擁有精密、先進的導航方法。**奮進號**依賴最新的儀器來繪製航線並在海上測量經緯度，而原住民能在沒有這些支持的情況下找到路徑，這種想法令人相當困惑。歐洲探險家難以解釋圖帕伊亞明顯的才能，他們將玻里尼西亞導航神話化，視其爲一種神祕的第六感。但圖帕伊亞在**奮進號**上的沉默和安靜沉思並不是在虔誠的祈禱，而是在密切關注著周圍世界的變化。船員們對圖帕伊亞利用強大的觀察力來發現微妙變化的跡象以指引正確方向的能力一無所知。

庫克和他的船員未能理解圖帕伊亞導航的方式，這點其實不難理解。在海上，波浪滾滾而至，直達消失的地平線；在開闊的水域上沒有明確的路標。在陸地上，商店門口、建築物或讓人印象深刻的樹木可能成爲回憶起路線的記憶點，但我們在海上需要更加努力地利用感官捕捉每一項可以感知到的元素：水和波浪的運動、風和雲；海底生物和高空中的鳥；頭頂的太陽、月亮和星辰。日語中有一個詞「風物詩」，指的是季節開始變化時，我們直覺所捕捉到的最初感受：在經歷了一段漫長且似乎一成不變的日子後，我們開始注意到周遭世界的不同之處。玻里尼西亞導航員在航行時密切注意這些小跡象，隨時準備迎接所有變化。他們持續動腦，不斷從多個來源收集資料，其中許多是我們今日幾乎不知道的。在**奮進號**上，圖帕伊亞隨時留意意外情況，例如風向或溫度的新資訊。耐心是關鍵：跡象若隱若現，時有時無。研究雲的變化或海浪的起伏可能需要數小時。從海上變化的情況中獲取可靠結論是一種訓練有素的藝術：沒有一組現象足以在所有情況下引導船隻航行。相反地，像圖帕伊亞這樣的導航員會綜合各種觀察，就像偵探在犯罪現場累積間接線索一樣，有些可能看似微不足道。他們能夠精確判斷開闊海域中的波形，確定洋流的存在或方向，並仔細觀察波峰如何在表面破裂，或根據風力的強度來評估波浪的大小，追蹤波浪或表面下洋流中出現的層次，以及反向洋流交匯處湧起的蜿蜒浮沫。他也會留意飛魚，因爲牠們返回水中時總是面向洋流。

浪濤是最難辨識的特徵之一，出了名的難以確認。海浪和浪濤以複雜的模式交錯，從不同方向彼此交會，各有不同的形狀、高度、長度和速度。遠處的浪濤波長較長，並以緩慢舒展的起伏穿過航行中的船隻。經驗豐富的水手能夠根據最輕微的浪濤跡象穿越太平洋，這些浪濤通常來自數千公里之外。他們依賴感覺而非視覺。最常見的做法是退到舷外平台上的小屋，躺下來評估船隻在波浪上的滾動和起伏，甚至可以透過睪丸更敏感地評估波浪的起伏。

玻里尼西亞水手還會尋找磷光，這是從水面深處發出的閃光和光線。這些稍縱即逝的片片鄰光，或玻里尼西亞人所稱的「水下閃電」，在夜間最容易看見，至少在距離陸地五十公里的地方，從鄰近島嶼周圍射出。在黑暗微雨的夜晚，通常會根據它們來導航。

白天，可以從遠處看到從島嶼上升起的高大、閃爍的光柱，這是由白沙灘和靜止瀉湖的熱帶眩光所造成的。雲層徐行停滯不前，好像被風箏線牽引住，這表示地平線之外還有陸地。靠近時，水手會開始分辨雲層上方的顏色和不同亮度，樹木繁茂的島嶼呈現深綠色，或是淡粉紅色代表下面有礁石。水手會長時間觀察雲層的移動，這些比剛成形的雲更受關注。在平靜的日子裡，成對的雲層會像一對眉毛一樣在島嶼上空升起。

迷失在海上極為危險。一八三〇年馬紹爾群島的強風，導致超過一百艘獨木舟的船隊中僅有一艘倖存。失敗航程的故事和傳說使人們集中精力盡可能保持航向，但事實上卻很少人這麼做。訓練有素的水手通常只需要有這些跡象可用，就足以讓他們重返正確的航道。太陽是重要的大方向指標，水手會仔細記錄一天開始和結束時的方位，並根據黎明和黃昏的時間進行心算。水手們會根據一年中太陽軌跡的變化進行調整，但也有容錯的空間。相較之下，在夜間航行則準確得多。

玻里尼西亞人將頭頂的天空視爲圓頂，追蹤星辰在其上運行的路線。導航員必須熟悉夜空中的重要天體，記住足夠的星辰和星座，以便在只有少數可見星辰的夜晚時能夠確定方位。庫克遇到的大溪地人能夠預測每個月可以看到的星辰位置，在地平線上升起的時間，以及出現和消失的季節。水手會仔細觀察天空，注意到星辰升起的時間一天比一天早：一顆晚上升起的星辰，六個月後會在早晨出現，一年中有一半時間會完全從夜空中消失。低空的星辰最容易導航，一顆星辰落到地平線下後，就會選擇另一顆星辰來取代。導航員將多顆星辰整合到心中的「恆星」指南針中，以利在一年中的不同時刻指示方向。爲便於觀察，他們會選擇在同個軸線上的星辰，並在升起和落下時標記相對的點，就像我們的南北極一樣。加羅林群島使用的恆星指南針有三十二個這樣的方位點。

玻里尼西亞人將他們擁有的全部導航知識結合驚人的動態地圖，保存在他們的腦海中，稱爲「Etak」，這與我們今天使用的地圖截然不同。一段航程會在心中被拆分成不同階段，每個階段利用特定星辰位置或知名島嶼來標記。在航程進行中，獨木舟會額外設定另一個固定坐標，通常是另一個遠方的島嶼，而其餘的世界看來就像是飄過的。這就像坐在汽車的後座上凝視窗外，近處的風景掠過，但遠處的懸崖頂卻保持靜止不動。水手們不會專注於獨木舟的移動，而是會追蹤起點和目的地相對於固定坐標的方位。透過航向固定的參考位置，就可以處理改變船隻航向的困難，並減少風暴造成漂移的風險。藉由掠過的島嶼確認航線沒有偏離；浪濤、洋流和風則可用來維持航向，估算行駛距離或剩餘時間。Etak創造了一個移動的參考框架，是個可以加入任何觀察並找到答案的心智庫。

Etak系統來自個人站在甲板上，觀察經過的島嶼的相對移動視角而來，也自然源於我們人類大部分歷史上的導航方式。早期的人們外出尋找食物時，需要能夠找到回家的路。透過回頭看並檢查起點的位置，他們可以逐步向外前進，同時保持與村莊或營地的連結，以便在遇到惡劣天氣或其他危險時易於撤退。這是東非和南非早期**智人**族群如何逐漸擴散到全球各個角落的唯一方式。

今天，我們使用的導航方式完全不同。幾個世紀以來，西方的導航形式一直將自己置於中心，無論我們身在何處，都是基於我們個人的位置進行計算。現代GPS最能清楚展現這一點，提供3D的「自我中心」視角，隨著我們移動的方向提供指引。這顯然有很多優勢，使我們在前往新地點時更容易找到路，但卻也斷絕了與旅途中各地點的個人連結。玻里尼西亞導航的強大之處，在於它結合了自我中心和他心中心（向外看）的方法，讓我們在任何時候都能確定當下位置。恆星指南針，加上洋流、浪濤或雲的導航，是從個人視角運作的；而Etak系統則是他心中心的，導航員根據其他地點而非自身位置來定位島嶼。他們訓練自己注意外部事物，並在行進中鎖定明顯的環境特徵作爲地標。

在一個陌生城市尋找回飯店的路時，我們可能會做同樣的事，算一下穿過幾條街，或尋找我們記得的彩色建築。但如今，我們更常依賴手機告訴我們在哪裡。GPS是導航技術進步中的最新一環，將我們置於世界的中心。結合自我中心和他心中心的視角，讓玻里尼西亞人擁有更廣闊的視野，而圖帕伊亞的地圖是我們擁有的最後一個成熟發展技術的證據。

最近的學術研究利用開源星圖軟體 Stellarium 對一些最早在洞穴中發現的舊石器時代繪畫進行研究，並自信地斷言人類繪製星象圖已有超過四萬年的歷史，所有古代文化都有類似於玻里尼西亞人所會的精密的導航方法，而這些方法也同樣精確。歷史學家認爲，遠距離航海可以追溯到至少中石器時代，當時有錯綜複雜的海上航線網絡將西北歐洲連接在一起，這比羅馬人擴展陸地領土還早了三千年。維京人每天成功航行一百五十到二百五十公里，可以在一週內從謝德蘭群島航行到冰島，跨越溫帶海域，有時幾乎沒有無雲、星光燦爛的夜晚。早期美國開拓者發現，美洲原住民能夠指向距離遠達一百五十公里的地方，在要求他們詳細說明時，都能夠仔細描述路途上的地標。儘管西方人直到最近才完全理解原住民藝術中的土地繪圖和星象圖描繪，但澳大利亞原住民其實也以類似於玻里尼西亞人的方式發展了認知地圖[2]，始終保持對目的地和家的精確方向。

庫克忽略了我們天生的導航才能，而玻里尼西亞人最初是如何落腳在太平洋島嶼上之謎，他也未曾找到答案。事實上，從東南亞航行到多數人居住的大洋洲島嶼，距離都不超過三百公里；這些距離夠短，玻里尼西亞水手可以進行較深入的偵察行程。然而，這都無法解釋更長的旅程，例如前往復活節島、夏威夷和紐西蘭的旅程。據說玻里尼西亞人遷徙到紐西蘭約是在一千年前左右。從大溪地到紐西蘭的距離是三千六百公里，對於一艘雙船體玻里尼西亞航行獨木舟來說，這是一段看似無法達成的旅程。

庫克當時並不理解的是，玻里尼西亞人透過觀察和解讀鳥類遷徙來找到土地已有三千多年的歷史。如今的共識是，第一批玻里尼西亞人是追隨長尾杜鵑的年度遷徙飛行，從大溪地一路到紐西蘭。最近的科學發現指出，鳥類也依賴認知能力來識別棲息地並形成認知地圖，利用牠們的感官和來自太陽和星辰的天體訊號進行導航。

目前地球上最長的鳥類遷徙距離紀錄爲一萬四千公里。與人類自然導航非常相似，西方對鳥類遷徙的欣賞和理解其實很晚才開始，始於二十世紀初，當時才開始有系統地追蹤鳥類，並在偏遠的地點發現鳥類的蹤跡。自那時開始，人們才發現包括哺乳類動物和昆蟲等數量龐大的動物物種，都擁有高度發展的導航能力：例如，林鼠會撿起和分散顯眼的物體，如樹葉和樹枝，用來在探索過程中作爲地標，並在準備移動時再移動這些標記。一項二〇〇八年的研究調查了港海豹在夜間覓食的方式，牠們會追蹤頭頂星辰構成的浮動天文台來導航，就像玻里尼西亞的水手一樣。

爲什麼我們一直忽視人類和動物找到世界各地路徑的強大自然能力？德國民族學家恩斯特・薩弗特（Ernst Sarfert）在一九一一年開始研究玻里尼西亞人遷徙，隨後在一九七〇年代有大衛・劉易斯（David Lewis）和托馬斯・格拉德溫（Thomas Gladwin）更全面的研究後，我們才開始全面了解庫克忽略的非凡技術。那時，玻里尼西亞的導航技術已明顯衰退，遠不及圖帕伊亞展現的複雜技術。在庫克抵達之後，玻里尼西亞充斥著西方導航儀器，減少了水手依賴自身能力的需求。今日，世界上幾乎沒有任何人仍保有舊時的自然導航技術。幸運的是，在日常GPS導航出現之前已進行了這項研究。幾十年前對玻里尼西亞導航進行的研究，是目前碩果僅存的的實質和連貫紀錄，記錄了古代的導航文化。

✧ ✧ ✧

庫克之所以開始在太平洋航行，是爲了要在大溪地島上建造一個天文台，並嘗試追蹤金星跨越太陽表面的現象，這是每一百二十年才會發生一次的罕見現象。仔細觀察金星凌日被視爲是精確天文計算的重要一步，同時也克服了歐洲航運在公海上定位的長期問題。多年來，水手們都能使用六分儀來觀察星辰的高度和角度，藉此確定緯度；然而，要找出一艘船的經度卻一直令人感到挫折且難以捉摸。庫克在**奮進號**上擁有最新的經度測量裝置，但它們卻不夠完善。無論圖表有多麼詳細，都無法得知自己在海上的確切位置。幾個世紀以來，從地圖到磁羅盤到六分儀的導航輔助工具的創新，逐漸讓將歐洲人習於採用以自我爲中心的世界觀，因爲他們利用笛卡兒座標，這是由法國數學家和哲學家勒內·笛卡兒發明的一種數值系統，用數學方法在地圖上確認並標出他們的位置。在精確度提高後，儀器導航的速度和便捷性，逐漸取代了對自然能力的依賴。協助凱爾特人或維京人航行的文化知識和傳統早已遺失於後世。

庫克的日記中沒有證據指出圖帕伊亞的地圖對他產生了什麼影響，因爲他根本看不懂。最近有許多學術研究試圖解讀地圖背後的觀點，得到的共識是，圖帕伊亞試圖用一種訪客可以理解的格式來表示他對太平洋導航的概念。他將自己的Etak世界觀轉化爲歐洲的二維圖表，令人感到相當印象深刻。他的努力足以讓庫克認可結果，但不足以讓他完全理解其內容。

我們採用的導航方法以微妙但強大的方式改變了我們的世界觀。仰賴自然的玻里尼西亞導航員和前往他們棲居島嶼的歐洲探險家之間，兩者的主要差別在於他們所採用的地圖。製圖學創造了一種抽象的、固定的世界觀，和現實情形大相逕庭。例如，我們今天使用的二維世界地圖是基於麥卡托投影，這種方法最早產生於一五六九年，它以一種扭曲較大地理區域尺寸與形狀的方式將地球球體展平。庫克遇到的玻里尼西亞人不用地圖，但他們擁有豐富的認知地圖，這些地圖來自他們個人旅程記憶中編織出的多樣地形畫卷。庫克和他的船員擁有令人印象深刻的圖表和最新的導航儀器，只不過不了解背後的原理。

卡通建築與綠色色塊

庫克在一七七二年展開了第二次太平洋航行，這次有了新發明的航海經線儀，得以準確測量經度。這款由自學成才的鐘錶匠約翰·哈里森（John Harrison）設計的H4經線儀革新了海上航行，爲英國對海洋的掌控和大英帝國的擴展奠定了基礎。庫克能夠繪製非常精確的太平洋航海圖，讓其他人可以跟隨他的腳步。這款海洋鐘錶透過觀測上方的天體確定當前位置的時間，並與格林威治時間進行比較。這是開創性的發明，使任何人都能確認自己在地球上的精確位置。經線儀一直沿用到二十世紀，最終成爲支持我們今天數位導航應用的全球定位系統（GPS）的前身。

GPS仰賴於繞行地球的衛星群，第一顆衛星於一九六七年由美國軍方發射。每顆衛星從距離地球兩萬公里的太空發送訊號，詳細記錄當前位置和資訊發送的時間。我們手機中的GPS晶片收集來自至少四顆衛星的微弱訊號，定位可精確到三十公分內的位置。這正是哈里森經線儀利用的原理，非常類似於Etak系統。玻里尼西亞水手會觀察星辰的位置來確定位置，而GPS則仰賴於人造衛星來做到同樣的事。

GPS的精確度以及讓我們輕鬆就能旅行的程度令人相當震驚；同樣令人震驚的，是它出現在我們口袋裡的時間也不長。我們往往傾向將數位導航應用軟體，視爲我們幾世紀以來所使用的地圖的可互動版本。實際上，遠不止如此。傳統地圖要求我們確認當下位置，並想像它與目的地的連接，藉此規劃自己的路線。我們在這個過程中創建自己的認知地圖。正確閱讀地圖可以提高我們對空間的思考能力，增加我們的導航技術：透過調整和創造自己的行程，我們可以獲得信心。很少有初學者在看地圖時能夠馬上獲得足夠的細節；掌握地圖顯示的一切並根據資訊行動的能力，是一種需要時間培養的技術。但學術研究發現，我們使用傳統地圖的次數愈多，愈容易在沒有地圖的情況下找到路。熟練的地圖使用者也更能精確地繪製路線圖，並形成周圍環境的視覺記憶。

衛星導航為我們完成了所有的心智工作，迅速計算出最佳路線，並提供一組簡單的逐步指示讓我們可以照著做。第一款商用汽車導航系統在一九八五年推出，名為Etak，這是相當合適的名字，因為衛星導航的工作方式與玻里尼西亞人的Etak非常相似，會定位起點和終點，並將旅程分成幾個階段。當然，關鍵的差別在於，系統的路線規劃是自動完成的。雖然我們過去經常仰賴工具來導航，但我們一直在決策過程中扮演積極的角色，過程中必須評估我們的位置，並仰賴我們的感官。路線規劃應用程式則以我們幾乎不須參與過程的方式將我們送上旅程，這是一個全新的現象。自動化且擁有可靠準確度的衛星導航讓我們遠離了形塑我們認知地圖的環境線索。相較之下，我們的祖先熱衷於探索環境，密切關注他們的周遭環境和去向。玻里尼西亞導航依靠物理學、生物學、氣象學、天文學等概念，這些都是我們世界的工作機制和原理。

儘管我們可能沒有意識到，時至今日，我們旅行時的整體感官和認知體驗已經大幅減弱。路線查找應用程式故意顯示簡單的資訊，以避免任何干擾或混亂：我們用螢幕中的卡通建築和綠色色塊取代了擁有無數細節的現實世界，地形被簡化為形狀和線條。從失敗路線中學習的機會完全被消除，我們順利地在路線上前進。當我們使用GPS，我們可以不用理解自己身在何處、曾經去過哪裡、正在朝哪前進，就能找到路。這是個巨大的轉變，對我們有深遠的影響。首先，我們對周圍環境的敏感度大幅降低：我們不再需要與周圍環境密切互動就能得知身在何處。也因為我們忽視環境，就無法形成空間記憶，因此後續找到回家的路或回憶之前走過的路線的能力也因此受限。更令人擔憂的是，除了導航能力之外，我們也可能失去其他天生和基本的認知能力。

ＧＰＳ導航技術最初發展的時間爲一九七〇年代，也正好是神經學研究人類處理空間資訊方面出現重大突破的時候。倫敦大學學院（ＵＣＬ）的約翰·奧基夫（John O'Keefe）教授進行的實驗發現了「位置細胞」——大腦海馬迴區域的單個神經元——每次老鼠造訪相同位置時就會變得活躍，並隨著時間的推移形成房間的地圖。二〇〇五年，挪威科技大學的梅-布里特·莫澤（May-Britt Moser）和埃德瓦爾德·莫澤（Edvard Moser）夫婦團隊找出了互補的「網格細胞」，這類細胞使老鼠能夠生成坐標系統，並確定其確切位置。二〇一〇年，倫敦大學學院進一步研究，在人體中發現了相同的位置細胞和網格細胞。後來確認了大腦特定部分可以預測到目的地的距離，也具有像體內的指南針一樣運作的頭向細胞。就在智慧型手機讓ＧＰＳ導航普及的同時（第一部iPhone於二〇〇七年上市），科學界才剛發現我們大腦中綜合定位系統的物理本質。二〇一一年，倫敦大學學院的一項重大研究上了頭條，顯示了倫敦計程車司機的海馬迴因學習二萬五千條街道而增大。他們在取得駕照前，必須通過這個著名的測驗「The Knowledge」[3]。而當我們不再需要這種能力時，大腦的灰質體積就會減少。

這些啟發性的發現開始引發人們擔憂ＧＰＳ導航可能帶來的影響。隨著對神經可塑性的理解不斷加深，得知我們大腦會因經驗而自然改變，科學家對參加密集導航技術訓練的人進行研究，發現海馬迴同樣會增長。當相反的情況發生時會怎樣？ＧＰＳ會損害我們的認知能力嗎？倫敦大學學院的研究團隊警告說，對這些問題進行嚴格的人類研究將極其困難，而且可能相當昂貴。爲了克服這一挑戰，人們進行了多次嘗試，愈來愈多的結果證實GPS會對我們的空間記憶產生負面影響，並抑制原本會使用的大腦部分。

二〇二〇年，加拿大蒙特婁麥基爾大學發表的一項研究提供了迄今爲止最清晰的觀點，多年來的研究結果顯示，隨著我們對GPS的依賴程度增加，我們的認知能力下降愈來愈快，在我們獨自導航時仍然會受到影響。GPS減少了我們記錄和回憶環境資訊的能力，並損害了我們形成準確認知地圖的傾向。最近也完成了擴增實境眼鏡中GPS導航可能產生的影響的研究，再次發現了可測得的神經生物學後果，應證了計程車司機報告的海馬迴物理變化。甚至在短短十到十二週內，對GPS技術的依賴性已經顯現。下一代GPS裝置必定無孔不入，並會以更緊密的方式和日常生活結合，但目前卻沒有針對可穿戴裝置可能產生的生理、心理後果的廣泛研究。

二〇一四年，奧基夫、莫澤夫婦因自一九七〇年代以來對位置細胞和網格細胞的研究而獲得諾貝爾生醫獎。他們首度證實人類如何在複雜的環境中導航，而他們的研究也促使我們了解專門細胞是如何協同工作，以達成更高階的認知功能，並帶來典範轉移。諾貝爾委員會稱這些發現「開啓了理解其他認知過程的新途徑，如記憶、思考和規劃等等」。自此之後的發展正是如此。普林斯頓大學最近的研究發現，創建環境認知地圖的大腦部分，也在記憶和學習中發揮更廣泛的作用。研究人員發現，大腦海馬迴區域的共同機制會執行多種任務。我們現在明白，在造訪新地點時，我們不僅會繪製認知地圖，還會在當地形成記憶。大腦不僅會記錄我們的位置，同時還會接收和儲存我們日常經歷的其他完整特徵：神經學家稱之爲「情節記憶」（episodic memory）。我們大腦對空間的理解創造了心智中的儲存庫，以留存發生在我們身上的事件。這就是爲什麼古代的記憶輔助工具會依賴想像特定的地點來儲存資訊。透過思考事件發生的地點，更容易在以後回憶起來。

今日大家逐漸意識到導航和記憶之間密切互動，可說是先見之明，因爲我們基本上依賴記憶來理解周圍的世界。空間思維已知與其他重要的認知功能相關，包括抽象思維、想像力甚至語言。許多科學家今天提出的擔憂是，減少我們主動導航的次數，可能會導致阿茲海默症或失智症的早期發作。因此，GPS對我們的記憶和認知能力到底有多大的影響？

很可惜，科學在某些方面無法給出答案。雖然臨床藥物研究和測試會受到正式程序監管，但卻沒有標準能確保旨在取代或增強我們認知能力的技術裝置安全無虞。設計用來減少導航時的認知負擔的GPS裝置，在沒有任何科學調查其使用可能帶來的心理或醫療風險的情況下即問世。因此，這類科技對我們大腦的眞正影響的調查是相當缺乏，可說才剛萌芽而已。

✧ ✧ ✧

玻里尼西亞水手訓練他們的心智。正式的指導從陸地開始，他們坐在獨木舟屋裡，用鵝卵石繪製圖表，記住星辰的位置。吉爾伯特群島的居民坐在一個四邊形的茅草屋頂大廳裡，用高高的橫梁和椽子代表夜空，排列棍子以標記星辰的路徑和島嶼之間的浪濤。Etak系統需要大量的知識，但絕大多數的學習發生在海上。資深導航員示範波浪和雲的移動，指出陽光或溫度的任何變化——這些細節必須親眼看到或親身感受到才行。他們教導學徒們要注意不尋常的狀況，尋找任何奇怪的跡象。與最後幾位熟練的玻里尼西亞導航員合作的研究人員發現，有些概念很容易傳達，但許多概念卻是難以用語言描述，尤其是在有語言障礙的情況下。玻里尼西亞的導航技術是透過無數次獨木舟航行中的個人經驗和反覆試錯而來的——只有逐一克服問題，水手才能成為一名出色的導航員。

太平洋島民的問候語和我們不同，不是「你好嗎？」，而是「你要去哪裡？」他們的世俗知識孕育了一種自發性和冒險精神。了解我們在世界上的位置，並理解我們的周圍環境使我們有所本。我們忘記了身而為人的身份與**所在位置**密切相關，我們生活的一切就在這個空間中發生。在一九七〇年代發現的這些偏遠的太平洋島嶼，是存在著古老生活方式的最後遺跡，是充滿生機、充滿目的和成就感的地方，而如今現代導航卻摧毀當地航海文化。

一九七六年，一艘名為**Hōkūleʻa**的玻里尼西亞雙船體獨木舟從夏威夷啓航，開始了二千五百英里的航程前往大溪地，船上沒有現代導航儀器。這次航行的目的是為了展示玻里尼西亞導航技術在這種長距離上定位陸地的潛力，結果相當成功。在接下來的幾十年裡，Hōkūleʻa完成了從夏威夷出發的無數次航行，跨越玻里尼西亞和密克羅尼西亞，前往日本、加拿大和美國本土。船上的船員受益於來自加羅林群島的大師導航員莫．皮埃魯格（Mau Piailug）的指導，他仍然保留著一些古老的玻里尼西亞導航技術：但更多的是，他們必須自己掌握這些方法。導航是我們所有人都可以培養的一項基本人類技術，但我們需要有機會去練習、發展和鍛鍊我們與這個世界的連結，而科技往往會輕易掩蓋這些連結。

訓練你的自然導航技術

在一些斯堪地那維亞國家中，定向運動被納入學校基礎課程的一部分。這段專注於學習導航的時間涵蓋了許多相關學科，並促進了一項寶貴的終身技術：在任何時間點能夠確定你在哪裡以及你要去哪裡。導航是日常生活的基本技術，無論是在熟悉的地方找回你的步伐，還是第一次探索一個城市。熟練的導航依賴於多項核心能力，這些能力與你生活中的每一刻密不可分：你感知環境的方式，你將注意力引導到有用部分的方式，以及你記住這些特徵的能力。你的導航方式和你與現實連接的印象及記憶密不可分——你成爲更出色的導航員後，你的感知也會變得更生動和細膩。正確的導航不僅僅是實用性或幸福感的問題，而是你在世界上生存的重要基礎。可悲的是，古代文明中傳承導航知識的儀式在今天已經完全停止：我們絕大多數人沒有接受過基本的導航訓練，大多數學校的課程中也沒有這樣的訓練。玻里尼西亞人會在多年和多次旅行中從長輩那裡按部就班學習，掌握在世界中導航的繁複細節，而我們今天掌握的知識則保存在地圖和裝置中，我們從小就開始使用這些工具，卻幾乎沒有接受任何事前指導或教育。

如何應對當今對GPS的普遍依賴，以及因此導致導航技術下降的問題，這對每一個人來說都是一項挑戰；自然導航是一門在我們文化中早已被遺忘的學科，你手頭上可用的資源也很少。然而，重新獲得導航技術的機會就在眼前：你只需放下手機，向外看即可。注意周圍細節的習慣可以透過練習輕鬆養成，並在持續努力一段時間後，就能掌握卓越精準的導航能力。

留意你的路線

發展自然導航技術的關鍵第一步，是必須更依賴自己的感官，減少任何導航輔助工具的干擾，特別是手機和其他GPS裝置。使用衛星導航很容易養成習慣，因此需要刻意努力來打破這種依賴。首先，你可以嘗試養成「單程規則」這類有用的習慣，先使用GPS導航到一個新地方，但在回程時則把它關掉。這樣，你在行進的過程中必須更密切注意，記住地標和街道標誌，這樣才能找到回去的路。在回程時，你的注意力自然會增加，因為沒有其他選擇，只能依靠地標來引導你回家。更好的作法是遵循「單次行進規則」，禁止自己在任何以前使用過GPS的路線上再次使用導航工具。這些技巧可以促使你將衛星導航應用程式視為告訴你新路線的有用工具，而非持續依賴的工具。

另一個有用的方法是「家之法則」，在住家附近時都關閉GPS。從家裡出發並開始一場不依賴導航的旅程是一個自然的起點，這與我們的前人透過保持連結以利返回的方式相似。步行是最好的，因爲你的身體更能適應環境。尤其是在城市地區，我們會對周圍環境保留了一些記憶，例如住家、辦公室和其他經常去的地方的周邊區域，但我們很少將這些地方連結在一起。沿著不熟悉的路線朝新的方向出發，創造機會讓我們必須留意細節，包括傳統的街道標誌，這些將能幫助你找到路。

法國飛行員先驅安東尼・聖修伯里（Antoine de Saint-Exupéry）在二十世紀初航空業剛起步時駕駛飛機，從南歐沿非洲西海岸飛行。他不僅使用傳統的地圖和圖表，還在下面的景觀中尋找可記憶的特徵，想像山坡上的面孔、巨大的眼睛和凸出的鼻子。你也可以這樣做，特別是在城市環境中，這些可能會成爲記憶亮點。注意不協調的對稱或排列，尋找意想不到的事物，如名字奇特的道路、不規則的建築、道路的起伏或形狀奇特的樹木。

採取行動

- 減少使用衛星導航：嘗試使用「單程規則」、「單次行進規則」和「家之法則」。
- 從家裡附近的一些行程開始：尋找新的路線，訪問你從未去過的街區，然後嘗試不依賴導航找到回家的路。

心不在焉地走在街上和密切注意你所看到的事物之間有著天壤之別。心不在焉就是這樣：你的心思不在當下。依賴GPS要不是讓你盯著螢幕找路，就是給你一種保證，讓你一邊輕鬆前進，一邊把心思放在其他事情上。透過「單程規則」、「單次行進規則」和「家之法則」來減少使用衛星導航，意味著只有當你眞正了解一個地點時，才會心不在焉：其餘時間你都會留意，因爲你必須這樣做。

自行導航

熟練的導航是觀察和推理的結合：彙整從周圍找到的資訊，透過一些邏輯推理，思考問題以找到答案。熟練的導航員隨時能掌握方向、地點和位置，並理解他們欲造訪的地點與其他地方之間的關係。玻里尼西亞導航最令人印象深刻的方面是排列組合，水手們從各種自然現象中統整各種細節，以推斷他們的位置並決定下一步的方向。他們閱讀世界就像我們閱讀紙面上的文字一樣，從一系列符號中解讀出符合邏輯的結論。你也可以這樣做。首先嘗試獨自旅行，這樣你不會被對話分散注意力，或在不經意間被他人引導。給自己空間專注並解讀來自不同指標的綜合證據。

閱讀街道、建築和土地本身會帶給你地圖無法納入的線索。例如，知道教堂建築通常是東西朝向，主入口在西側，而網球場通常爲南北向是很有幫助的。在美國或其他新建的城市地區，尤其是棋盤式街道這類容易解讀的地方，了解主要道路的整體布局通常不需要很多時間，例如芝加哥、丹佛和堪薩斯城等城市甚至與指南針的方向對齊。所有的城市空間都有某種形式的自然排列，無論是位於山腳下、沿河兩側排列，還是圍繞港口聚集。

儘可能依賴你的**所有**感官，而不僅僅是眼前所見。聽覺對於定向特別有幫助，因此在戴耳機時要小心，不要因此喪失許多導航線索。我們不斷地聽到聲音——在城市中，不少聲音音量大到令人困惑——如果你花時間分辨並找出它們的來源時，就可以利用它們導航。繁忙的街道嗡嗡作響的半徑很大，音樂和人群的喧囂聲可以傳得很遠，順風時更是如此。噪音可以像視覺地標一樣用來找到方向，或者可以作爲有用的目標來確定你的目的地。你的嗅覺也可以輕鬆地定位當地的餐館或釀酒廠，而清新的海風即使在數百米外也明顯可辨。請學會信任自己的感官印象。

沒有所謂天生的方向感。找到去向總是需要觀察和推理。透過停下來進行三百六十度的環境觀察，你可以迅速定位地平線上的山脈或摩天大樓的天際線，設置地標以利使用，並注意頭頂的太陽位置。在農村地區，山丘的組合、山谷的方向和被風吹倒的樹木的方向等標誌可以互相連結，以幫助你定向。擁有良好的視野的話，你可以建構這塊土地的形狀和模式並解讀其特徵。特別是山丘和河流有著密切的關係，透露了數千年前冰川和冰蓋的運動方向。向下流的溪流往往沿著相當直的路線流動；只有在平坦的平原上它們才會蜿蜒而行。透過更仔細地觀察最初看似隨機或混亂的事物，你將開始在地形中看到模式和跡象，使你能更理解它並引導你行經這些地方。隨著你對周圍環境形成更詳細並且屬於個人的看法，你在未來就能夠自己找到路。

採取行動

- 刻意關閉手機：養成只有在絕對需要時才使用衛星導航的習慣。
- 了解當地地標：在步行或駕車時留意你所在地區的細節；鎖定並找到新地標來幫助你定向。
- 允許自己迷路：透過選擇更複雜的路線來挑戰自己；只依靠你周圍環境中的線索前往目的地。

建構你的認知地圖

你的記憶的空間特性，意味著你隨時可以取用：你在旅行中多留意並自己規劃路線，你所建立的個人認知地圖就愈詳細。同時，有一些刻意的讀圖和製圖技巧可以加快學習過程，擴展你的心智視野。

一個簡單但非常有效的改變，是從使用數位地圖改爲使用紙本地圖。使用英國地形測量局繪製的地圖或其他高品質的地圖具有許多好處，提供了大量可用的資訊，不過途中包含豐富的符號和標誌，你必須能夠解讀才能理解你計劃穿越的地形。相較之下，當導航應用程式以簡單步驟向你提供方向時，你就無法自己進行認知工作，從而在這個過程中形成自己的記憶。正確閱讀地圖使你能夠將更多細節與你遇到的實體線索進行比較和對比，而地圖的網格系統則強迫你在縮小到特定位置之前採取更廣泛的視角；這是一種可以獲得更廣闊視角以了解你的所在區域，並連結不同地方的絕佳方式。

另一個有助於你建立認知地圖的簡單調整，是改變你閱讀數位地圖的方式。GPS導航應用程式的標準設定，是以自我中心的視角爲主，自動將地圖視圖對準你的視角。這種創新大幅減少了傳統讀圖所需的心智工作。但是，大多數應用程式通常可以透過按鈕來取消這個設定，一旦這麼做，GPS地圖就會變得更具他心中心，類似於紙本地圖。我強烈建議你這麼做。突然間，你不得不將地圖轉換爲你身體面向的方向，從而更恰當地理解地圖內容與你自己位置的關係。當你步行時，保持地圖的他心中心視角是很有用的。在駕車時，標準的自我中心衛星導航在單向道路系統複雜的新城市中，或是想要快速到達某地時非常有價值。但在其他情況下，儘可能使用他心中心的視角，這將有助於強化你的認知地圖。

你愈常用適當的方式使用地圖，你就愈能夠記住前方的路況，並減少潛在的導航錯誤。在導航特定路段之前先仔細研究地圖，記住途中要注意的重要特徵，然後收起地圖，無論是數位地圖還是紙本地圖，並在紙上勾勒出你計劃的路線。接著試著將這個草圖放進口袋裡不去看，養成在行進中透過所記得的特徵檢查進度的習慣，以確認方向（如果眞的需要，可以參考地圖或草圖）。漸漸地，你會開始發展出更自然的方向感。

對於你希望記住的旅程，請在結束後回顧一次行程，回想自己能記住多少：街道名稱、主要道路、走過的方向和任何其他你感興趣的點。嘗試習慣在旅行時在腦中確定北方的位置，並在之後畫草圖時記住這一點。大多數智慧型手機都有指南針，可以練習使用，讓自己隨時維持方向感。漸漸地，在心中製圖會變成一種不需依賴紙筆的自然習慣，不過一開始若能先寫下來會非常有幫助。

規劃和記住更複雜或更長的路線，是你可能面臨的導航挑戰中最複雜的一種，這需要花時間不斷練習。對於簡單的路線，你可以簡單地用一條線把兩個地標連起來即可；但對於較複雜的情況，則有必要確定旅程的不同階段。類似的挑戰使玻里尼西亞人發展了Ｅｔａｋ系統，在你成為愈來愈熟練的導航員後，你將開始為自己發展出這些方法，將你的位置固定在顯著的地標上，並密切追蹤你的進展。透過規劃一條新路線來測試自己，看看你的表現如何。參考紙本地圖，然後畫出你自己的地圖並在出發前記住它們。儘早發現自己偏離路線，並在查看地圖或尋求幫助之前嘗試修正。經過一段時間後，你將能夠走得愈來愈遠。

玻里尼西亞人心中擁有的豐富認知地圖就在你的掌握之中。此外，今天你就可以利用數位導航技術來計劃你的旅程，並在出現問題時找到回家的路。合理且適度地使用數位導航裝置，如智慧型手機指南針和線上地圖，就能幫助我們重新與環境建立連結。

採取行動

- 購買高品質的當地紙本地圖：將地圖釘在牆上或攤開在桌子上，騰出時間仔細研究。
- 關掉GPS裝置上的「自我中心」視角設置：確保你使用的數位地圖始終朝向北方。
- 嘗試自己畫地圖來規劃旅程：在家參考紙本或線上地圖來規劃旅程，然後在紙上畫出簡化版本以幫助你事後回想。
- 用更複雜的路線測試自己：在新區域為自己規劃並記住一條更長的路線，然後出發，目標是除非真的有必要，否則不參考筆記或地圖。

第二章
運動

我們敏捷的祖先

二〇一七年四月，一名二十二歲的女子來到墨西哥的普埃布拉州，參加一場五十公里的超級馬拉松。瑪麗亞·洛蕾娜·拉米雷斯（María Lorena Ramírez）不曾爲了參賽而接受過正式訓練，也沒有穿戴任何專業的跑步裝備：她穿著自製的裙子和沙灘涼鞋奔跑，也沒有攜帶任何能量糖或能量膠。拉米雷斯以穩健的步伐起跑，經過一段時間後，來自全球十二個國家的其他五百名選手開始放慢速度或退出比賽。她以低調和流暢優雅的步伐奔跑，很快就取得了無法超越的領先地位。UltraTrail Cerro Rojo是一場國際知名的比賽，當拉米雷斯率先衝過終點線時，在跑步界引起了轟動。她保持了將近七小時二十分鐘的穩健步伐，超越了沿途穿著專業跑步服裝的其他選手。獲得勝利後，她繼續參加了長達一百公里的比賽，並到世界各國參賽。拉米雷斯至今仍在跑步，並在全球主要的超級馬拉松賽事中名列前茅。

然而，對於某些人來說，拉米雷斯的天賦並不意外。她出生於墨西哥契瓦瓦州西馬德雷山脈的銅峽谷系統，至今仍生活在那裡，照顧家裡的山羊。該地區擁有三千公尺高的松樹森林山頂，是六萬名自稱爲「輕足者」的拉拉穆里人（Rarámuri，rará意爲「腳」，muri意爲「跑步」）的家園。從童年到老年，拉拉穆里人穿著用植物纖維製成的涼鞋，或是現今更爲常見、由汽車輪胎橡膠製成的涼鞋，在崎嶇的地形上行走或奔跑，攀登陡峭的峽谷。由於道路稀少，農業幾乎完全不使用機動車輛，孩子們在五、六歲時就開始爬山放牧山羊、綿羊和牛。二〇一九年對一群三十五歲以上的拉拉穆里人進行的一項研究發現，他們每天行走十五公里，平均步數達到一萬八千八百步，幾乎是今天醫師推薦的一萬步的兩倍，當中有許多步數都是走在陡峭的斜坡上，而年長者也經常爬上高達一千公尺的山坡。儘管受到遠處城市發展的影響，肥胖和其他慢性病的指標開始增加，但拉拉穆里人的心血管健康可說在整個社會中都名列前茅。

長跑是拉米雷斯家族中世代相傳的習慣。七個兄弟姐妹中的三個——以及他們的父親聖地亞哥——最近在契瓦瓦超級馬拉松比賽中與瑪麗亞·洛蕾娜一起跑步，她的哥哥馬里奧也參加了普埃布拉的比賽，在三十公里組別中名列第十。聖地亞哥從小就開始跑步，就像他的父親和祖父一樣。對拉拉穆里人來說，與其說跑步是一項活動，不如說是一種生活方式：這是他們的主要交通方式，並使不同族群能夠聚集在一起慶祝節日。**Rarajípare** 這個需要充沛體力的耐力賽是他們文化中的重要組成部分，村莊之間經常自發性組織比賽。六十五公里或更長距離的比賽中，參賽者一邊踢著硬木球一邊奔跑，不同年齡層的人徹夜接力，體力較弱的跑者逐漸退出比賽。

近年來，大衆對超級馬拉松的興趣激增，來自其他地區的跑者紛紛前往該地區，試圖發掘拉拉穆里人驚人耐力背後的訓練技術。然而，其實並沒有什麼祕密：與其他超級馬拉松選手相同，跑一百公里的距離對拉米雷斯來說，也同樣是個挑戰，而最強大的跑者只是透過不斷的訓練及努力，來獲得最佳的體能狀態。拉拉穆里的跑者與我們擁有基本相同的基因組成和類似的自然能力：他們只是在日常生活中更積極地利用這些能力。他們文化的延續讓我們得以一窺過去人類能夠走得多遠。人類一直有能力行走極長的距離，在過去的大部分時間裡，這是我們主要的生活方式；實際上，步行和跑步是我們生物進化的基本能力。

拉米雷斯和她的家人今天展示的跑步能力，過去不僅在他們的居住地區普遍存在，還遍及整個美洲大陸。自從人類約一萬四千年前抵達北美洲和南美洲以來，僅靠步行的方式穿梭在這片廣闊的土地上，路徑和通道相互交織，最終形成的路徑網絡連接了加拿大的哈德遜灣和墨西哥灣及更遠之處。這些路線的形式各不相同，從簡單的空地和小徑，到新墨西哥州查科峽谷中二百公里長的石頭道路和懸崖階梯。不論這些道路涵蓋了什麼地形，無論是馬雅人在猶加敦半島鋪設的白色石灰岩道路，還是遍布美國中部的灌木叢小徑，或者是內華達山脈或安第斯山脈的山徑，這些路徑都是徒步完成的。

根據一四九〇年代西班牙及葡萄牙首次登陸的現存紀錄中，經常提到美洲原住民的跑步能力，他們徒步也能逃離騎馬的殖民者。在一五一九年抵達墨西哥後，西班牙征服者埃爾南·科爾特斯

（Hernán Cortés）的紀錄顯示，跑步者以驚人的速度將他的船隻、士兵、槍支和馬匹的資訊傳遞給位於特諾奇提特蘭（現爲墨西哥城）的阿茲特克帝國皇帝蒙特祖馬，距該地約四百公里遠。事實上，跑步者還爲蒙特祖馬的廚房提供來自墨西哥灣的新鮮魚類，距特諾奇提特蘭約一百五十公里。在當時許多歐洲人的日誌和報告中都可以看到他們對原住民體能、耐力和持久力的讚嘆。西班牙征服當地的衝突期間，經常有人發現原住民跑者能在長距離移動時超越騎馬的隊伍，而在十六世紀，西班牙在利馬和庫斯科之間的郵件需要十二天才能送達，但原住民跑步者據說只需三天就能完成。

在北美洲，從歐洲來此定居的人們也一直對原住民徒步的速度和距離感到驚訝，人類學家、歷史學家、旅行者和原住民自己都記錄了許多發人深省的例子。這些紀錄提醒我們，在相對不久的過去，我們人類擁有遠超過今天大多數人所能理解的體能。

跑步使得快速通信和貿易成爲可能：在美洲原住民部落中，會有人擔任信使的職位，負責運送貨物或發送緊急消息。他們也被視爲傳遞最新發展和文化推廣不可或缺的傳播者。人們通常沿著錯綜複雜的路徑和捷徑奔跑，並以接力的方式攜帶刻有象形文字的原始皮革或打結和上色的繩子來傳達事件。這些資訊讓他們能夠管理廣大的範圍；與今天一樣，任何信件的交付速度都至關重要，特別是如果遭受到攻擊的威脅，跑步者會因而進行相應的訓練，隨時準備應對任何緊急情況。紀錄中提到一位來自梅斯奎基部落的五十多歲跑者，他曾經從威斯康辛州的綠灣跑了六百公里，警告密蘇里河上的索克印第安人即將受到敵人的攻擊：這樣的任務可能決定了一個族群的生存。

在二十世紀初對北美原住民文化進行的大規模田野調查中，人類學家杜魯門．米歇爾森（Truman Michelson）發現，許多部落都有類似水準的訓練。從童年起，跑者就被訓練如何管理步伐和儲備體力。跑步策略至關重要，部落投入大量時間指導年輕成員如何規劃和控制整趟旅程的步伐。在各個美洲原住民族群中，都保存了類似於伊索寓言《龜兔賽跑》的故事，這些故事都教導學習者如何在長距離中保持耐力、掌握正確的呼吸技巧，以及在需要時，何時應該衝刺。不同的跑步風格有不同的名稱，以利於描述跑步中的不同變化，例如躲避動作或緊湊控制速度等狀態。

力量訓練很常見，他們會練習從跑步攜帶小石頭開始，逐漸到扛著巨石上山。跑者還會受訓攜帶不同重量的木頭，有些木頭重達六十公斤或更多。信使在奔跑時會有意識地在左右手之間調換所攜帶的物品，以平衡身體的負擔，許多人受訓時還會在腳踝上戴著重物。短跑訓練通常安排在早上，馬拉松距離的訓練則在下午進行。常見的策略是含一口水在嘴裡跑步，僅透過鼻子呼吸以增強耐力；有些人甚至嘴裡含著冰柱跑步。儀式跑者或士兵會接受更極端的訓練計劃，例如，梅斯奎基跑者必須遵守禁欲誓言以及非常嚴格的飲食規定。他們在春天來臨時開始赤腳行走，訓練到腳底的皮膚幾乎厚達一公分。冬天時，那瓦霍族成員在開始訓練跑步之前會在雪地裡滾動或進行冰浴，即使在最寒冷的早晨，他們也常常只穿著鹿皮鞋和腰布在黑暗中跑步。

儘管有關於美洲原住民跑步的報告，通常聚焦在最令人印象深刻的耐力、速度或距離上，但跑步在日常生活中也很普遍，並且存在於所有年齡階層。部落長者會鼓勵每個人儘可能多跑步，整個部落做了大量的體能訓練。敏捷的步伐會受到衆人的讚賞，跑步的技藝是自豪感的重要來源。

如同世界上任何文化中的跑步根源，美洲原住民跑步的根源也一樣在於長距離狩獵（耐力狩獵），這是一種追逐動物的古老方法，從人類最早的紀錄開始，就存在於大多數社會和環境中。獵人們會鎖定合適的獵物，然後徒步長距離追逐，直到動物減速、倒下或被趕入伏擊或陷阱中。大量證據顯示，長距離狩獵是美洲原住民生活的重要組成部分，而二〇二〇年對拉拉穆里人的研究捕捉到這種正在消失的生活方式的最後一瞥，現在在該地區多半見到的是步槍、採礦和伐木，最後一次有紀錄的持續狩獵是在二〇一一年。現存的獵人講述了追逐鹿、野豬和兔子或松鼠等較小獵物的經歷，無論夏季或是冬季，他們會在各種條件下出發。狩獵的時間從四到六小時不等，有時長達兩三天，獵人們早晨出發，直到天黑到無法跟蹤動物的足跡爲止。他們始終以穩定的中等步伐奔跑，必要時穿插著短暫的衝刺或步行，每小時平均移動距離約十公里。今天的超級馬拉松跑者也採用了同樣的跑步與步行組合方式。長距離狩獵由少至三人、多至十五人組成的團體共同進行，所有人一起合作，戰略性地追蹤和追逐。只有族群中最強壯、最健康的人才會參加狩獵，因疲勞而退出是很常見的；追逐可能相當漫長而艱難，需要最高水準的耐力。

拉拉穆里人原本居住在契瓦瓦州周邊的大多數地區，但爲了躲避十六世紀的西班牙殖民者，他們撤退到西馬德雷山脈。這些熱帶峽谷，在高峰下有著橙樹園，冬天爲他們提供了足夠的避寒處，使他們能夠全年在該地區生活。多年來，該地區因地處偏遠而無法完全融入墨西哥的市場經濟，但生活不可避免地發生了變化。

儘管拉米雷斯家族遠離墨西哥的現代生活，不過他們的當地文化逐漸受到現代生活方式的影響，雖然他們仍然比我們大多數人活躍得多，但拉拉穆里人的活動量不再像以長距離狩獵爲生活方式時那麼多。幾個世紀前，他們每天的步數肯定遠遠超過今天的一萬八千八百步。

要探索人類日常跑步最原始的型態是什麼樣子，看看化石紀錄和人體的運作會非常有幫助。古生物學和民族誌研究顯示，我們過去大部分時間都在長距離狩獵，這起源於非洲。人類演化生物學家指出，東非大裂谷及其周邊地區成功的狩獵採集生活方式有助於解釋今日人類身體的形態。大約六百萬年前，我們的祖先開始與其他靈長類動物分化，從森林走向開闊或半開闊的平原。由於植物變得稀疏，爲了找到食物需要行走更長的距離，飲食中補充的肉類也愈來愈多。長距離狩獵成爲生存的必要條件，隨著時間的推移，我們人類在解剖學和生理學上也慢慢演化成可以適應並安全地進行長距離跑步。

我們很容易就把站立這件事視爲理所當然，但對於大多數其他動物（除了鳥類或袋鼠）來說，這是非常罕見的，生物學家一致認爲這可能是人類進化中的第一次重大轉變。轉變爲雙足步行爲我們帶來了新的機會，解放了我們的雙手，得以使用工具，並使我們能夠培養跑步的耐力。長距離步行或跑步變得更有效率，讓我們能有更良好的體溫調節能力，並減少太陽的直射。因此，我們用短時間內四足奔跑的速度和力量（例如，獵豹可以以每小時一百公里的速度奔跑，但僅能持續三十秒，永遠無法持續到我們所需的距離）換取耐力。追逐在群體中最弱的獵物時，我們進一步演化並適應環境以獲得其他的優勢，讓我們能夠跑出更遠的距離。

例如，我們的身體大部分部位的毛髮逐漸變少，並發展出今日擁有的大量發達汗腺，使我們能夠在涼爽的日子裡連續跑超過一百公里。一名超級馬拉松選手可能僅因出汗就減少十公斤的體重，這是身體自然冷卻的過程，在這過程中仔細平衡鹽類和水份，並將血液引導至皮膚表層以散熱。這種出汗的能力極其罕見，因為大多數生活在乾旱地區的動物進化出了減少用水的身體能力，這使我們在長距離上有了另一項勝過獵物的優勢。

我們的雙腳也進化出了減少落地時強烈衝擊的機制，以進一步節省體力：我們的阿基里斯腱在著地時會伸展，腳部彈回時從腳趾獲得有力的抬升力量。我們如今短小的腳趾演變自五根手指，原先這五根手指像我們的手一樣曾經用於攀爬。現在，腳趾使我們在跑步時能夠達到最高速度，並且在我們將體重轉移到腳趾上時只會短暫地觸地。當我們全力衝刺時，事實上我們幾乎不觸地。我們腿部肌肉中的快縮肌纖維和慢縮肌纖維的特殊組合，使我們既有力量又有耐力，而我們腳的縱向足弓和臀部擴展的臀大肌使我們能夠持續跑得更久。

跑步時，我們的身體將數百塊肌肉的精細運動同步為一個強大的反射，讓我們可以隨意控制：身體各部分整合為一個高效的整體。我們的手臂與腿部步伐同步擺動，呼吸和心率會維持穩定的節奏。在跨步時可能造成身體不穩，但我們透過保持頭部位置和凝視前方來維持完美平衡，靠著內耳中的環狀的半規管和類似毛髮的細小傳感器（毛細胞）進行細微調整。

我們行走或跑步看起來十分輕鬆，因此掩蓋了其中涉及的大量複雜過程，我們的運動蘊含著深植於我們血肉中的智慧。在和已滅絕的人類化石祖先紀錄比對之後，屬於**人屬**的物種（包括智人，和已滅絕的物種如尼安德塔人和直立人）在整個身體上擁有多種適應環境的能力，讓我們能夠行走、跑步並在世界各地進行精心協調的運動。換句話說，跑步是我們身體演化成現在這樣的主要原因：這不僅僅是我們的選擇，而是我們這個物種的核心。

瑪麗亞．洛蕾娜．拉米雷斯在超級馬拉松比賽中的跑步能力讓觀衆驚訝，因爲他們認爲成功意味著結合長時間的訓練計劃和高性能的運動裝備。同樣地，早期前往美洲的開拓者對美洲原住民的速度和耐力感到驚訝，因爲這與他們自己的能力形成了鮮明的對比。那時西方世界的社會發展，主要是由於農業和技術進步，已經徹底改變了日常生活，行走、跑步或一般體力活動的需求已經大大減少。這個趨勢自那時以降不斷持續至今：我們步行的距離和運動量在多年來大幅減少。然而，最明顯的變化就發生在離我們不久的過去幾十年：螢幕的出現——首先是電視，然後是電腦和遊戲機，一直到我們今天使用的多種設備，對我們的移動能力產生了深遠的影響。

這些變化帶來廣泛且深遠的影響，而其中對我們健康和福祉的明顯負面影響才剛剛開始顯現。然而，拉米雷斯家族向我們展示了今天仍然可能做到的事情：我們大多數人依舊有能力以人類過去至今的方式行走、跑步和進行體力活動。我們天生具有站立和移動的能力，但今天需要採取更主動的方式來確保我們能夠這樣做。

史上最久坐不動的人類

一九八〇年，技術專家和未來學家史都華・布蘭德（Stewart Brand）鼓勵人類學家彼得・納博科夫（Peter Nabokov）和瑪格麗特・麥克林（Margaret MacLean）爲他的《共同進化季刊》（*CoEvolution Quarterly*）撰寫封面故事。〈美洲原住民的跑步之道〉匯集了現有的歷史紀錄，首次呈現了我們人類自然跑步文化至今僅存的知識。納博科夫在蘇族、那瓦霍族、克羅族、佩諾布斯科特族和阿拉巴馬-考沙塔保留區生活和工作了幾十年，之後他對留存在康乃狄克州紐哈芬市的人類關係區域檔案館的民族誌資料進行關鍵詞搜索，擴展了他的研究。他的著作《印第安跑步》（*Indian running*，一九八七年出版）至今仍是我們對美洲原住民跑步和全球任何傳統跑步文明的唯一一本最全面的概述。該書記錄的文字和圖片敘述讓人了解我們過去常常長距離行走和跑步，但也深刻地顯示出，在過去的幾千年中，我們的大多數跑步紀錄已經完全佚失。

布蘭德今天最爲人所知的是他創辦的《全球目錄》（*Whole Earth Catalog*），這是一本美國反主流文化雜誌（《共同進化季刊》是其分支），旨在充當實用技術工具的綜合手冊。他早期出版的雜誌封面展示了當時前所未見的地球衛星圖像，在畫面中，整個地球懸浮在太空之中，他希望能喚起人們對共同命運和全球人類適應策略的感覺。布蘭德在掌握現代技術潛力的同時，採用了更深遠的時間觀，讓人思索整個人類的過去和潛在未來，這一點最近體現在他位於舊金山的「恆今」基金會中，這是一個文化機構，推動能夠延續數萬年的社會變革觀點。布蘭德在許多作品中努力思考人類存在與持續發展的時間，這在今日顯得尤爲重要：雖然《全球目錄》頁面中記載的技術工具和初萌芽的數位技術創新只存在了幾十年，但人類社會和文化通常持續了幾個世紀乃至幾千年。

如果我們將人類的進化歷史視爲一條短跑賽道，我們的第一個雙足站立的祖先站在起跑線上，那麼他們的後代在這條賽道上相互競爭，到達現代終點的時間總計約爲五百六十萬年。我們最相關的祖先直立人出現在一百九十萬年前，相當於一百公尺短跑中的六十六公尺處；而智人則出現在二十萬年前，只剩下四公尺和最後幾步就能到達終點。然而，農業的出現是第一次重大變革，我們不再過著從事體力活動的日常生活，這僅發生在一萬二千年前：在我們進化史的百米賽道上，這僅距終點二十公分。今日的許多文明基礎都建立在這個變化之上，因爲社會中愈來愈多的人從尋找食物的日常勞動中解放出來。

從進化的角度來看，一萬兩千年是個非常短暫的時間——僅約五百個世代，這顯然不足以讓我們的身體適應社會的變化。如果我們發現的最早的兩足猿存在於五百六十萬年前，那確實是我們的第一個直立祖先，則與今日的我們相隔二十二．五萬代——這比農業出現至今的時間跨度長了四百五十倍。生物演化的改變需要數萬甚至數十萬代的時間才能發展。因此，雖然我們在某些身體解剖學方面如身高或下頷大小有所變化，但我們的身體構造與從事狩獵採集的祖先基本相同，即使現在我們的生活型態已經完全不同。

工業革命和技術革命的發展也使我們的活動量變得愈來愈低。在十八和十九世紀的歐洲、北美洲及其他地區，主要在田間工作的人們逐漸離開鄉村，並進入到工廠操控新機器，從事需要久坐的工作。十九至二十世紀技術變革，也刺激了現代辦公室的出現：摩斯的電報、貝爾的電話和愛迪生的留聲機使得行政工作能夠在工廠和倉庫之外進行，人們開始花愈來愈多的工作時間坐在辦公桌前。從鐵路到汽車再到飛機等不同交通工具的發明，進一步減少了我們步行的距離。然而，在過去幾個世紀的所有社會和技術變革中，最大的因素是螢幕的出現，使我們變得更加久坐不動。螢幕在我們人類五百六十萬年雙足步行歷史的一百米短跑賽道上，僅距離終點〇・一公釐。即使是今天的終點攝影技術也無法捕捉到這一點；顯然，這讓人類的身體沒有時間進行適應性的變化。

在二〇一五年，劍橋大學一項涉及超過三十萬人的指標性研究顯示，不活動是早逝的最大風險因素，每年導致歐洲六十七・六萬人死亡，這是肥胖導致死亡的人數的兩倍多。這項研究清楚地證明了進化生物學家長期提倡的「錯配理論」，該理論解釋了人類早期爲生存而演化的身體特徵，如何在今日的世界中變得無法適應。季節變化莫測以及難以預料的突發狀況會影響狩獵的成功與否，而這也讓我們的祖先經常在食物豐收和匱乏之時期之間切換。我們的身體歷來適應在豐收時期放慢消耗能量的速度，將多餘的食物轉化爲脂肪儲存下來。這種減少移動和活動是一種自然保護機制，透過節省能量來面對未來欠缺資源的時候，讓我們隨時可以使用自身儲存的熱量以求生存。然而，有些動物卻已經進化出妥善應對長時間不活動的能力，但我們人類並未非如此：在過去，我們很少長時間停止狩獵和採集食物。例如，熊在長達六個月的冬眠後骨骼不會變脆，但我們如果停止日常運動，骨骼就會變得脆弱。儘管現今社會食物不虞匱乏已成爲常態，但我們的身體並未意識到這種重大變化：我們久坐不動時，仍然會像往常一樣儲存脂肪，這曾經是一種進化優勢，如今卻成爲主要的健康問題。

雖然醫學的進步在過去一個世紀讓死亡率大幅降低，但發病率卻相反地上升了：我們的壽命更長，但我們更容易罹患影響生活品質的慢性疾病，包括體重過度增加、第二型糖尿病、心臟病、中風等等。運動往往是我們生活中缺少的要素，導致我們罹病並且無法改善。我們久坐的生活方式是今日罹患許多身心疾病的根源。

一九五〇年代，電視機的普及是我們久坐不動的關鍵點：在短短十五年內，數億人進入了完全不活動的狀態。電視節目融入日常生活，對人類的游牧本能產生了重大影響，雖然我們當時並未意識到這一點：動態影像吸引著我們，並支配了我們的注意力，各式各樣的藝文表演突然出現在螢幕上，令人覺得新奇而不眞實，因此我們以著迷的心情迎接電視的到來。我們當時並未意識到，在新電視上看到的圖像，先是黑白的，然後是彩色的，這些影像帶來了前所未見的影響，人類變成大腦注意力被分散、身體卻不動的混合體，讓我們的身體幾乎長時間保持靜止。今天，英國成年人平均每天花費清醒時間的三分之一左右，在各項裝置上觀看電視和影片內容。英國通訊管理局發現，二〇一九年的日均觀看時間爲四小時五十三分鐘，後因新冠肺炎的緣故，這個數字在二〇二一年增加到五小時十九分鐘。

人類已經進化到能夠時刻留意周遭環境的變化，因此能長時間專注於感興趣的事物；我們大腦的前額葉皮質會抑制其他感官輸入，幫助我們減少分心。當我們專注於某件事情時，首先停止的活動之一就是我們的主要身體活動；這在我們外出時尤爲明顯——例如，當我們聽到刺耳的警笛聲時，很可能會停下腳步專心聆聽。同樣的情形也發生在我們面對螢幕時：影像完全吸引我們的注意力，從而減少我們對身體感知的意識。當然，我們在看電視時也可以燙襯衫，或收看運動節目並且跟著做運動，但這種情況相對較少，絕大多數時候，我們在面對螢幕時是坐著且完全靜止的。即使我們在電視前吃飯，也常常會在動作中停頓，把湯匙、杯子或酒杯懸在半空中。

自從電視問世以來，我們家中的螢幕數量迅速增加，每一個螢幕都會吸引我們的注意，讓我們的身體保持靜止不動。自電視發明至今，電視也變得愈來愈有互動性，如今的智慧電視提供了衆多選項，與手機應用程式非常相似；但儘管有許多互動選項，我們在觀看影集或串流服務時仍然是被動的。而當我們進行數位工作時，無論是回覆電子郵件、查詢銀行餘額還是瀏覽網際網路，我們對螢幕的專注度更高；但這對我們的身體健康來說卻是壞消息：一部電影或電視劇可能會讓我們放鬆，但今日的其他數位體驗卻要求我們付出更多注意力，這讓我們更加靜止不動。全球各地的成人每天通常花費三到四個小時使用手機，而在這段時間內，幾乎不可能進行任何複雜的身體活動；儘管手機的設計是爲了便於攜帶，但實際上我們在使用這些裝置時，身體的活動時間卻非常有限。我們在使用手機時，身體的活動能力大幅降低，這在我們邊傳訊息邊在人群中尷尬地停下腳步或穿梭時尤其明顯。大多數時候，我們使用手機時是坐著或躺著，或是在街角站著不動。很諷刺的一點是，設備愈方便攜帶，愈有可能讓我們在新的地方變得愈久坐不動。電視曾讓我們在客廳的沙發上保持靜止，而如今的手機、筆記型電腦和平板電腦則在任何地方都能讓我們同樣不動。

我們的身體可能需要很長的時間來適應社會和生活方式的變化，但人類卻能夠迅速在心理上適應新環境。我們很快就接受了每天的數位習慣，並認爲長時間久坐在螢幕前是正常的，直到出現健康問題，才讓我們完全意識到目前的生活方式及其可能帶來的健康風險。自二〇一五年劍橋大學的研究以來，許多其他研究計劃和學術研究繼續探討使用螢幕導致久坐時間增加的影響，結果一致顯示：如果沒有足夠的活動來彌補，長時間久坐於螢幕前對我們的身體和心理健康都有害。

隨著時間的推移，我們的肌肉會逐漸萎縮，特別是穩定我們軀幹的核心背部肌肉。長時間坐在椅子上的效果與長時間躺在床上類似，因爲我們不使用腿部肌肉來支撐體重；同樣地，如果椅子有靠背、頭枕和扶手，我們的上半身也可能不需要使用太多肌肉。肌肉會因失去組織而退化，特別是讓我們發揮耐力的慢縮肌纖維，軀幹和腹部肌肉尤其容易迅速變弱並感到疲勞。長時間坐著會使我們的關節僵硬，當肌肉沒有得到足夠的伸展時，很快就會縮短。長時間使用螢幕可能會永久縮短我們的髖屈肌群：當它們過於緊繃時，會導致骨盆前傾，使下背部出現過度彎曲。爲了抵消這種前傾，我們大腿後側的腿筋會透過將骨盆後傾來補償。這種身體對齊方式的調整可能會導致肩膀前傾的平背症候群。現今許多人所苦的下背痛，正是由於久坐不動引起的這些姿勢不平衡所致。

正如納博科夫的《印第安跑步》所述，以及拉米雷斯家族中多代跑者所證明，在美洲原住民社會中，人們從小就開始跑步，直到晚年，不論男性或女性都不間斷地進行長距離跑步。在短跑和其他高強度運動方面，我們的表現會隨著年齡增長而下降，並且有氧能力也會隨之減弱。然而，在耐力方面，最近的研究顯示，我們的身體能夠維持更長的時間。例如，德國生理與解剖學研究所發現，對於非精英的男性和女性跑者來說，與年齡相關的耐力表現顯著下降不會發生在五十歲之前；即便超過這個門檻，表現的下降速度也相對較慢。對女性跑者的分析發現，女性與男性的無氧代謝到有氧代謝轉變點相同，從碳水化合物到脂肪代謝的轉變也是如此。換句話說，儘管男女的肌肉量、肌纖維類型和最大攝氧量（VO_2 max）不同，但我們擁有相同的生理和代謝過程，這使得我們能夠長距離奔跑。

在現今社會中，我們仍然因爲演化遺產而具有獨特的行走和跑步能力。無論年齡大小，無論性別，我們每個人都擁有同樣的自然能力，可以行走相當長的距離，儘管這已經不再是生物上的必然需求。自從以螢幕爲主的通訊、工作和娛樂方式出現以來，我們的日常生活方式發生了根本性的變化，如果我們想要保有祖先的體能，就必須有意識地做出使用這些能力的決定。今天，要保持規律的跑步和步行似乎需要刻意的努力和意志力，但其實並非如此。只要意識到我們處在前所未有的情況下，並對習慣和日常生活方式做出一些簡單的改變，就足以產生顯著的變化，保護我們的身體健康和心理福祉免受科技和數位趨勢的影響。

重新動起來

在劍橋大學發表其具有里程碑意義的研究報告後，皇家醫學學院聯合會也在同一年發布了其突破性的報告《運動：奇蹟療法及醫生在推廣中的作用》（*Exercise: The Miracle Cure and the Role of the Doctor in Promoting It*）。該學院收集了多方的證據，顯示運動在預防大量危及生命的疾病方面，比許多藥物更有效。每週僅需花費一百五十分鐘進行快走——也就是每週五次，每次進行三十分鐘中等強度的運動——就足以使中風、許多癌症、憂鬱症、心臟病和失智症的風險至少降低三〇％；罹患骨關節炎、高血壓、第二型糖尿病的機會下降五〇％。自那以來，世界衛生組織（WHO）也調查了久坐行爲的風險，並在二〇二〇年底發布了更爲嚴格的指南。WHO現在建議每週至少進行一百五十至三百分鐘的中等強度體力活動，此外，每週還需進行七十五至一百五十分鐘的高強度運動，並設定了更高級別的運動量，以全面照顧人們的健康。

這些改變很可能會對你的生活方式產生重大影響，因爲英國有二十五％的人口「完全不進行體力活動」。英國體育與娛樂聯盟（The Sport and Recreation Alliance）最近發現，雖然有四〇％的男性認爲自己達到了政府所提倡的體力活動目標，但實際上只有六％的人眞正做到了。如果你開車上班，或使用大衆運輸工具，又或者在家工作，而且像大多數發達國家的成年人一樣，擁有一份久坐的工作，那麼你進行體力活動的機會已經大大減少。如果你在工作以外的空閒時間也是在螢幕前度過，那麼你的日常體力活動可能只不過是各種坐姿的組合。

增加活動量的第一步，是更留意自己實際上坐著不動多久。你不活動的原因可能看起來無害且日常，但過了幾天、幾週、幾個月和幾年，不活動就會讓你面臨巨大的健康風險，與飲酒、暴飲暴食或吸煙一樣危險，甚至在某些人看來，更加危險。

幸好你擁有快速找回力量和體格的潛力。這些變化通常是非常令人愉快的，而且不會太過費力；最重要的是聆聽自己身體的聲音，不要過度勉強自己。馬拉松和其他跑步活動的普及，以及可穿戴技術的興起，能夠追蹤和測量你的運動成果，這些往往會促使你突然增加運動量，不過這也是導致大多數跑步傷害的原因。少量且漸進式的改變是最好的方法，以確保你的身體有足夠的時間來恢復和改善。

儘管跑步本身可以帶來極大的解放感和回報，但你甚至不需要跑步就能恢復健康：只要你每週行走足夠的距離，僅僅步行就可以讓你保持健康和良好體態。並不是所有人都能行走或跑步，但通常還有其他方法可以保持身體活躍和維持良好的健康。最重要的是要儘可能保持活動，這裡提供一些有用的技巧可以幫助你做到這一點。

注意久坐行為

每天花在坐著或躺著的時間常常會多到讓人感到驚訝。更清楚地了解你在日常生活中有多麼久坐不動是很重要的，這樣你才能準確評估需要做出哪些改變，以變得更加活躍，並且定期（但不需要頻繁地）重新檢視這點是相當有幫助的。

計步器是追蹤你每天運動量的常見工具，在你開始活動時非常有用，可以幫助你測量你平常的運動量。你很可能知道普遍健康體能指引中每天目標運動量是一萬步，但平均而言，我們大多數人每天只走四千到五千步，通常包括在家或辦公室周圍的短暫活動。醫生認為每天少於五千步的生活方式是屬於久坐不動的。與其過度依賴應用程式或被迫全天隨身攜帶手機，不如在網上購買一個簡單的計步器，大小如小鵝卵石，價格不到二十英鎊（新台幣七百元），只要放入口袋即可。隨身攜帶幾天，以了解你當前的基本狀態，然後將之放在抽屜裡妥善保存。過幾天後可以再拿出來看看自己是否有進步，但沒有必要每天定量地監測你的運動量。聆聽自己身體的聲音並感受實際狀態也同樣重要。

儘管獨立計步器或是在手機健康應用程式上的計步器相當常見，但市場上沒有大眾易於購得的可靠追蹤工具來監測你站立與坐著的時間。學術研究人員通常使用 activPAL 加速度計來研究當前的久坐水準。這些設備可以精確監測你花費在躺下、坐著或站立的確切時間，並且能區分通勤、步行或跑步的時間，但這項技術對於一般大眾來說價格並不實惠。

幸好要追蹤久坐的行爲，所需要的只是一本小筆記本和一支筆。選擇一個標準的工作日，隨身攜帶筆記本，記錄你開始做一項新活動的具體時間，並註明你是躺下、坐著還是站立。誠實地記錄，並盡量選擇記錄典型的一天；更好的方式，是連續追蹤幾天並看看變化。你可能會發現大部分時間都是靜止的，任何站立的時刻通常都很短暫。請找出主要導致你久坐的原因：是因爲工作時沒有起身休息離開辦公桌，還是整晚看電視？你常到戶外嗎？目標是要清楚了解每日規律，並有意識地注意到何時停止運動。

採取行動

- 檢查你的運動量：購買一個簡單的計步器，隨身攜帶幾天。
- 調查你的久坐程度：隨身攜帶筆記本一兩天，記錄你花多少時間躺著、坐著或站著。
- 找出你久坐的主要原因：反思你的日常生活的例行活動，以及最會讓你完全不動的習慣。
- 隨時留意：試著更有意識地注意你何時停止運動，時不時重新檢視你的基本活動量。

調整你的日常習慣

透過一些小調整和改變，你可以輕鬆在一天中創造更多讓身體活動的時刻，在經過一段時間後，形成新的、更健康的習慣。一開始有個簡單的做法，如果你通勤上班的話，先檢查你的通勤習慣。如果你是開車或搭乘大眾運輸工具上班，是否能將部分路程改為跑步或步行？或許你可以走路去火車站而不要開車，或者把車停得離辦公室稍遠一點。找個方法，走路去你必須每天或至少定期拜訪的地方，這麼做立刻就創造了增加你基礎體力活動的習慣。你該從步行開始，而非跑步，如果距離太遠，或許可以僅在回程時步行，這樣你就可以在一天結束時回家休息和恢復。投資一個好的跑步背包，讓你方便攜帶筆電和換洗衣物，讓部分或全部的通勤路程成為你的跑道。先從短距離開始，並在之間休息幾天。隨著你的健康程度和耐力的提高，就可以挑戰更長的距離並探索新路線。

除了通勤之外，或者如果你在家工作，可以想想有哪些是你經常開車或搭乘大眾運輸工具進行的短途行程，並決定哪些可以改為步行——例如接送孩子上學或去商店購物。多次短暫的步行機會，即使時間很短，累積起來也能產生巨大差異。建議每三十到六十分鐘從桌子前起身短暫休息一下，所以請記住這點：只要用計時器設定鬧鐘幾天，就可以快速養成定時離開座位的習慣。每隔一小時左右伸展一下肌肉，特別是頸部、肩膀、背部和腿部的肌肉，有助於大幅緩解緊繃的情況和改善姿勢。步行會議是讓你維持站姿的另一個好方法：如果你需要與同事討論事情或打電話，考慮在辦公室周圍走走或到外面去。如果你在家工作，可以在休息時進行簡單的短暫運動：設定一天中的特定時間做幾組深蹲、弓步、伏地挺身或開合跳，可以顯著改善你的血液循環和整體健康。

採取行動

- 在通勤中創造步行或跑步的空間：即使你的通勤路程很長，亦可嘗試找到可以用自己的雙腳完成的部分。
- 避免短途開車：找出有哪些短途開車的行程可以改為步行完成。
- 設定每小時提醒並持續幾天：使用手機上的計時器，養成定時離開桌子休息的習慣，然後關掉計時器，嘗試保持這個習慣。
- 試著使用站立式辦公桌一天：感受一下你的舒適度、敏銳度和工作效率是否有所變化？

此外，使用站立式辦公桌也是種絕佳的方式，可以大幅減少你每天花在坐著的時間。一開始，站立式辦公桌的想法可能不怎麼吸引人，但使用後，你會很快發現自己自然傾向於站立，在長時間使用後往往感覺更加舒適。如果你從事辦公室工作，你在工作崗位上可能花最多時間就是在螢幕前。切換爲站立式辦公桌，就可以立即將這段時間從久坐中解放出來。你的腿部肌肉、核心肌群和上半身都會受益，並且你會燃燒更多的卡路里。大多數人在站立時感覺更敏銳和高效；你的姿勢自然會開始改善，脊椎壓迫和背痛的風險也會減少。

增強力量和耐力

爬樓梯每分鐘燃燒的卡路里比慢跑還多，任何醫生都會將其視爲高強度運動。用樓梯代替電梯和手扶梯，有助於增強和維持骨骼、關節和肌肉的力量：這是日常生活中最接近高強度訓練（HIIT）運動的做法。

在日常生活中增加一些額外的活動，長期訓練力量，可以大幅改善你的肌肉、韌帶和肌腱的運動範圍，還可以強化膝蓋、臀部、腳踝和其他主要關節，就更能保護你不受運動傷害。主動做些改變來維持肌肉量，不僅能使你的日常家務變得輕鬆許多，像是你會覺得購物袋變輕許多，還能在行走和跑步時爲你提供額外的力量和耐力。

你不需要加入健身房：只需在各個環境中多走路和跑步，就能獲得所需的運動量，但如果你每天想增加一項力量訓練或高強度運動，擺動壺鈴是個不錯的選擇，這可以在你的後花園或客廳裡進行，並且只需幾分鐘就能進行一次高強度的訓練。壺鈴起源於俄羅斯，是個平底與頂部附有把手的鑄鐵或鋼球，最初用來作爲市場上稱量穀物的配重，但經過一段時間後，人們開始了解使用壺鈴進行力量訓練所帶來的健康和健身益處。在擺動壺鈴時，你的上半身和下半身以及核心肌群的肌肉都能鍛鍊得到，而強化身體後方的肌群，包括背部、臀肌、腿筋和小腿肌肉等處的力量，有助於在運動時推動你前進。在網路上快速搜尋一下，就能找到大量關於如何安全進行壺鈴擺動的影片和文章：仔細找出適合你的起始重量，並從每隔幾天重複進行幾次開始，然後慢慢增加重量，享受其帶來的益處。

採取行動

- 爬樓梯：盡量避免乘坐電梯和手扶梯，利用這個機會將快速高強度訓練（HIT）納入你的日常計劃。
- 購買壺鈴：從重複幾次開始，將其融入你的每週訓練計劃中。
- 安排簡單的短跑時間：嘗試跑短距離幾次，最好是上坡，並持續幾週以觀察成效。

你走得愈多、跑得愈多，力量就愈強，但定期的短跑訓練也可以提升你的力量和耐力，幫助你更舒適地應對更長的距離或更高的攀登。每天留出一點時間跑幾次相同的短距離：如果可以，選擇一個坡道，每次跑上去再走下來。第一次嘗試時從重複三次開始，後續訓練進展到五次、七次：將自己推到接近有氧極限，然後完全恢復後再嘗試，通常只要幾分鐘就足夠讓呼吸平穩下來。即使只有訓練幾次，你也會發現步行和跑步變得更容易和更愉快；你建立的力量和耐力會帶你走得更遠，並逐漸使你的身體適應自然的運動強度和壓力。每週或每兩週進行一次短跑訓練就足夠了，而且這件事本身也可以暫時讓你遠離螢幕。你甚至可能開始享受這個挑戰！

在自然中跑步

當你跑了足夠長的距離，並讓自己沉浸在這種經驗中時，會發現自己深深融入了風景中，成爲其中的一部分。你會感受到岩石和鵝卵石的堅實質地透過你的身體反彈，也可以感受到大地和草地在你體重下的柔軟觸感，聲音和氣味此起彼落。數位體驗多半是視覺的，但當你在戶外步行和跑步時，會用所有的感官去感受並與周圍的眞實世界有更深入的連結。你跑步時，是用身體在觀察；而且你做得愈多，你的身體解讀能力就愈強。與大量數位內容只是簡單地傳達內容給你不同，在你步行和跑步時，你能完全掌控一切，並在創造的體驗中扮演主動的角色。所以，下一次你外出步行時，可以離開公路，嘗試更專注地理解你經過的世界：專注於步行或跑步的感官體驗，感受陽光或微風在你皮膚上的觸感，以及腳步在不同表面上的聲音。注意你的肌肉如何伸展，呼吸如何與運動和心跳的節奏同步；察覺腳下地面的質地的差異，並儘量充分感受自然環境。

告知親友你要去哪，除非是去偏遠地區，否則就把手機留在家裡。避免聽音樂或播客，因爲那會切斷你與環境的連結。試著不要使用任何可穿戴設備或過度追蹤時間或距離，而是應該聆聽身體的聲音，知道什麼時候該回頭；你的能力和距離自然會增加，但務必要有耐心。大多數跑步或步行傷害是可以避免的：聽從身體的疼痛和不適，不要在身體告訴你不應該運動時勉強自己。

採取行動

- 在跑步和步行時多加留意：試著專注於身體的感覺，而不是陷入自己的思緒中。
- 用所有感官感受環境：注意景觀對你的影響，享受置身於大自然的快感。
- 把手機留在家裡：避免聽音樂或播客，並且不要使用任何可穿戴設備或追蹤裝置。
- 仔細聆聽身體的聲音：對疼痛和不適保持警覺，相信你的直覺，知道什麼時候該減速或回頭。

跑步中的冥想

在步行和跑步較長距離時，你的思緒自然會變得清晰。你可以在自己的運動節奏中找到寧靜，尤其是在穿越鬆散地面或起伏不平的路段，又或是穿越繁忙的街道時，這些更技術性的時刻需要你全神貫注。一開始僵硬的四肢開始放鬆，周圍的景物迅速掠過時，跑步就像在飛翔。即使是少量的步行和跑步也能對憂鬱症發揮神效，讓你神采奕奕；你的睡眠品質也會更好。

跑步這種純粹的形式，能讓你與身體和呼吸連結起來，有許多技巧可以幫助你專注於這些，並擺脫自己的思緒。步行和跑步時，嘗試用腹式呼吸代替胸式呼吸，以充分利用你的肺活量。腹式呼吸，也稱爲橫膈膜呼吸，是一種更自然和更有效的呼吸方式，這是嬰兒天生的呼吸方式。專注於用空氣填充腹部，而不是胸部，當你正確地進行腹式呼吸時，你會注意到你的肚臍向外移動。在運動中練習，當你感覺舒適時，嘗試在每次腳步落地時交替呼氣，這有助於將你與地面的衝擊力分散到身體的兩側，從而減少潛在的受傷或不適的風險。你的橫膈膜在呼氣放鬆時，核心就會變得不那麼穩定，並且承受更多腳步的衝擊力；如果每次呼氣時都用同一隻腳著地，就會將衝擊力加倍集中在身體的某一側。但是，如果你使用三比二的呼吸比例，吸氣數「一、二、三」步，然後每次呼氣數一至二步，就能將衝擊力平均分布到身體的兩側。這個模式會很快成爲後天的習慣，把注意力放在呼吸上時，思緒和擔憂就會隨著腳步的節奏消逝。

採取行動

- 嘗試在步行或跑步時進行腹式呼吸：用空氣填滿腹部而不是胸部，每次吸氣時肚臍應該向外移動。

- 交替腳步並在落地時呼氣：使用三：二的比例進行腹式呼吸，即吸氣時數「一、二、三」步，呼氣時數一至二步。
- 專注於呼吸並放下思緒：讓你的呼吸節奏與步伐同步，並讓自己全心融入其中。

第三章

交談

短暫的表情

查爾斯．達爾文（Charles Darwin）在一八七二年出版了一本書，今日被許多人稱之爲被遺忘的傑作，由於在此書出版的十三年前，先行出版的《物種起源》（*On the Origin of Species*）讓大家印象過於深刻，因此這本書並不爲人所熟知。這本書名爲《人類和動物的情緒表達》（*The Expression of the Emotions in Man and Animals*），首次探討了許多我們視爲理所當然的人類特徵源自何處，例如在驚訝時抬起眉毛，或在生氣時露齒冷笑。在進行演化生物學研究期間，達爾文在筆記本中記錄了有關遺傳因素與日常生活社交方面可能相互作用的想法。他注意到我們表露情感的臉部表情在全球各地似乎是一致的——事實上，這點獲得了近期無數文獻與史前文化的支持。他還主張，情感並非人類所獨有，而是可以在許多其他物種中看得到，這點在當時非常具有爭議性。達爾文認爲，我們的臉部表情不僅是窺知情感的豐富資訊來源，也是今日的我們與過去進化的連結。例如，爲什麼我們在生氣時會露出上唇？因爲，達爾文認爲，數千年前，我們的靈長類祖先在感受到威脅時會露出牙齒，以示意並準備攻擊。當我們感到憤怒時，即使只有短暫片刻，也會瞪大眼睛，露出眼白，緊緊地皺眉，加強我們凝視的強度，使我們看起來更具威脅性和威嚇性。我們用來交流的臉部表情和身體動作的解剖結構是相當原始的，深深嵌入在我們的遺傳密碼中。

達爾文保留了他所有的書信，並按字母順序整齊地整理他的筆記本。一九四八年，他的大部分檔案被轉移到劍橋大學圖書館。M和N的筆記本主要涵蓋了他關於情感表達的想法，但在其餘筆記中可以找到大量關於人類交流的各方面觀察。達爾文在職業生涯早期就開始思考人類互動的問題，早在他發表著名的進化論之前，這是個他後來終其一生都在研究的主題。他對語言的起源特別感興趣，並就此進行了廣泛的研究，包括研究自己孩子的語言發展。然而，他最感興趣的是了解人類溝通的物理特徵和進化意義——不僅是我們的臉部表情，還有我們的手勢，以及我們在交談時仰賴的其他非語言暗示。

劍橋檔案館還收藏了一系列達爾文委託製作的原始照片、素描、繪畫和版畫，這裡最能看出他對理解人類交談所付出的深入努力。達爾文發現，我們的臉部表情和手勢都是短暫的，大多由一系列複雜的肌肉收縮或動作組成，而非語言表達通常在短時間內以快速連續的方式呈現。達爾文渴望更仔細地研究人類自然呈現的表情，他意識到不能以傳統方式取樣，便開始尋找替代來源。首先，他研究傳統藝術作品，尋找不同時期和文化中人們表情的一致性和主題；但很快地他開始研究當時剛發明的攝影技術，以進一步瞭解他正在研究的每種臉部表情或手勢。

當時，攝影相當罕見，是個緩慢而笨拙的過程，很難捕捉到我們眞實的笑容、悲傷或憤怒的表情。達爾文不得不安排一系列的拍攝來克服媒材的限制，他還找到了其他一些意想不到的解決方式。有人向他介紹法國神經學家紀堯姆-班傑明·杜鄉·德·布洛涅（Guillaume-Benjamin Duchenne do Boulogne）的作品，透過使用電探針，他可以用人工的方式誘發各種可辨識的臉部表情，時間長到足以拍攝照片。杜鄉會讓一個人坐在椅子上，把頭放在兩根探針之間，這些探針連接到電池和一系列的導線，這些導線通向臉部的不同部位。透過向特定的臉部肌肉傳遞電流，就能引導我們做出各種表情。（近年來，他的研究結果在臉部識別技術的發展中深具影響力，這種技術透過檢測和分析我們表情的微妙變化並根據臉部特徵來識別個體。）達爾文收到杜鄉的最終拍攝成果時，決定委託他人製作這些照片的木刻版畫，以便消除畫面上的電線，避免那些成爲視覺上的干擾。《表情》（*Expression*）是最早出版這類印刷照片，或者說是少數透過圖像捕捉人類情緒的科學書籍之一，大多數讀者都不知道達爾文是如何製作那種自然、寫實的人類情緒圖像。這種引人注目的特質很快使這本書成爲主流的暢銷書。

我們的臉能夠做出超過一萬種表情，而成年的英語使用者的平均活躍詞彙量大約是二萬個，這些表情可說是幫助不小。臉部表情是我們進化遺產的一部分，讓我們能夠迅速且輕鬆地與他人分享所經歷的情感。在日常生活中，這麼做非常有效。我們依靠情感來自動評估情況，並讓我們準備好面對自己認爲重要的事物；我們通常不會意識到自己瞬間的反應，但這些反應促使我們採取大部分的行動。我們透過臉部表情和身體動作向他人發送的情感信號幾乎是瞬間發生：微表情是最微妙的，會在不到五分之一秒的時間內掠過我們的臉。雖然我們有可能抑制非語言的線索，但要完全抑制微表情幾乎是不可能的。畢竟，部落群居是我們作為智人的文化遺產：我們過去藉由生活在大群體中而得以生存和興盛，因此能夠瞬間理解彼此的擔憂和最深切的情感，使我們能夠齊心協力地行動。我們在他人臉上讀到的東西顯示了我們的人性，能以超越任何語言的方式將我們連結起來。

✧ ✧ ✧

達爾文是英國皇家學會（Royal Society）的活躍成員，在一八三九年他三十歲時當選為院士，之後終其一生一直保持會員身份。他會參加在倫敦舉行的會議和辯論，並於一八五八年與阿爾弗雷德．羅素．華萊士（Alfred Russel Wallace）一起發表了一篇關於天擇演化的論文——這篇論文現被稱為達爾文-華萊士論文，被認為是歷史上最重要的科學論文之一。在達爾文的時代，皇家學會是科學討論和辯論的重要場所，並有助於塑造當時的思想和文化氛圍。其會議和公開講座中活潑、學院式的氛圍為人們交流想法提供了有利的空間，皇家學會的創始成員們曾經在咖啡館中定期會面，討論實驗並進行辯論——甚至有紀錄顯示，物理學家艾薩克．牛頓（一七〇三年至一七二七年的皇家學會會長）在倫敦瓦平老階梯的希臘咖啡館內解剖了一隻海豚以供觀眾觀賞。

第一家咖啡館於一六五一年在牛津開業以來，成為學生和當地科學圈聚集在一起閱讀、學習和辯論的熱門場所。遠離喧鬧的酒館和酒吧，一種嚴肅而開放的文明很快就建立了起來。隔年多家咖啡館開始在倫敦開業時，該市正經歷著人口的大幅增長，光是在一六五〇年至一七〇〇年間，居民人數就從三十七．五萬增加到四十九萬。新來者面臨著缺乏社交網路的困境——由於一六六六年發生的倫敦大火導致許多社區被迫遷移，更是加劇了這種情況——他們很快開始依賴咖啡館作爲尋找專業工作和連結的首選場所。在短時間內，咖啡館迅速在全市蔓延。當時在其他社交場合（如大宅舉行的沙龍）常見的階級次序規範被拋棄，人們很快就感到相當自在：山繆．佩皮斯（Samuel Pepys）、強納森．史威夫特（Jonathan Swift）和山繆．詹森（Samuel Johnson）等人詳細記錄了這些自然發展、輕鬆而不拘謹的對話。

顧客只需支付一便士即可進入咖啡館享用咖啡、社交、閱讀報紙、參加講座或進行思想辯論。這些所謂的「便士大學」是大家常駐足的地方，可以去那裡獲取最新消息或結交朋友。科學家羅伯特．虎克（Robert Hooke）在他的日記中記錄了他在一六七二年至一六八〇年間至少造訪了六十四間不同的咖啡館，有時一天內造訪多達三間。虎克本人依賴咖啡館來從不同的人汲取各種知識，從僕人、技術工人到貴族，他發現這些對話對他的實驗室工作助益良多。

咖啡館在倫敦市的普及，恰逢英國商業和殖民帝國的全球擴張。咖啡館成爲資訊共享的代名詞：這些地方是聽取最新商業消息或找到新機會的場所。倫敦證券交易所本身就是在十七世紀晚期在倫敦市交易巷的喬納森咖啡館誕生的，這是資助英格蘭大部分海外活動的金融革命起點。

一六八六年在塔街開設的勞埃德咖啡館成爲水手、商人和船東的熱門聚會場所，該場所的航運新聞交流最終促成了今日仍然存在的倫敦勞埃德保險市場。咖啡館作爲郵政中心、就業機構和公司地址的功能日益增長，使它們成爲全市商業活動的核心。咖啡館中的拍賣室激增，出售散裝貨物到帆船或藝術品等各種東西，並且商品愈來愈迎合大眾喜好異國情調的品味，進而開始出售珍稀收藏品——古書、精美衣物，甚至大象或犀牛。這些銷售活動將大量人群聚集在一起，進入全球消費主義的初期階段。

然而，儘管咖啡館充滿了這些商業和活動，它們大多仍是非正式的空間，主要是依賴顧客自由行動和光顧。這些咖啡館往往只有一個房間大，有時會擴展到幾個封閉的區域，不過總是熱鬧無比、喧囂且充滿活力。在這裡發生的重大辯論，沒有人會爲其做出最後的定奪。在咖啡館中，培養談話的藝術成爲一種受人尊敬的素質，當時期刊開始出現一些文章，提供一些如何讓別人感到自在或在激烈辯論中學會自制的建議：能夠衡量自己的政治熱情或宗教觀點，並接納他人意見是一個特別的目標。儘管人們確實會閱讀如何改善談話技巧的書籍，他們主要還是透過實際參與來學習。大多數時候，中央的大桌子是眾人的焦點，新成員可以直接加入任何辯論中，而較小的桌子通常可供小組人員追求自己的興趣。想法和觀點會透過言語評論、鼓勵的耳語，又或者是同意或反對的驚呼在房間內流動。熟練的演講者變得能夠建立和維持他們的論點，以應對周圍情況的需求，並能優雅地應對噓聲或插話。

咖啡館進一步發展成為公共意見收集和傳播的場所，正如歷史學家湯瑪斯．巴賓頓．麥考利（Thomas Babington Macaulay）所說的第四權。在這裡，無論背景如何，任何人都可以聚集在一起進行推理並分享他們的觀點。倫敦及英國其他城市中的各個咖啡館內熱烈、繁忙的討論共同推動了社會變革，就彷彿我們今日透過社群媒體促成的文化轉變。我們裝置上的種種功能，包括社交平台、簡訊、電子郵件和視訊通話等等，都改變了我們的對話方式，並對我們的購物、工作、聚會和理解新聞的方式產生了深遠的影響。然而，早期咖啡館的對話具有不可逃避的實體性——建築本身的狹小空間以及其中彼此共享的個人空間，還有支持任何話語的身體動作、手勢和眼神接觸的即時性——這些人類在表達上的各個面向都是達爾文密切研究的內容，也是我們在線上交談時最缺乏的東西。

✧ ✧ ✧

達爾文發現手勢與我們的臉部動作一樣，對交流至關重要。他觀察到，所有人類群體之間普遍的臉部表情語言皆相同，但我們的肢體語言並非如此，在不同文化或情境中更加獨特和多變。達爾文對於我們在說話時為什麼要用手和其他身體部位做手勢的解釋稍微有些不太正確：他將其歸因於人類過去至今的演化，這點正確無誤，但他也接受了當時普遍認同的解釋，即我們大多數時候做手勢是為了在演講進行時強調、增強力量和修飾。直到最近，才有大量手勢領域的研究指出，我們依賴手勢的原因遠不止於此。研究發現，語言和手勢是深度交織的——我們的手和身體動作不僅幫助我們向他人表達我們的想法和觀點，也幫助我們在第一時間產生這些想法：換句話說，我們做出手勢是爲了幫助自己釐清思緒，既是爲我們自己，也是爲聽衆這麼做。

透過身體整理思緒，並用身體的精細動作進行溝通，能夠增強任何口說內容的影響力。當我們面對面交談時，我們做手勢時仰賴的感知狀態都是與生活經驗相關的同樣的神經通路來活化。移動我們的手，可以讓我們想起過去的某個事件，使我們更完整地體驗一個想法。我們在說話時，幾乎是透過身體在處理想法，用手勢進行延伸和探索，以增加感知細節，我們的身體動作也可以讓我們的創造力加速發揮，幫助我們以新的方向發展想法。

身體的手勢也可以幫助我們傾聽。我們有一種天生的能力，可以在心裡模擬彼此的肢體語言——當我們看到別人做出手勢時，會在大腦中觸發鏡像神經元，就像我們自己在做手勢一樣。當一個朋友悲傷地聳肩，他的臉在我們面前變得愁眉苦臉時，我們也可以眞實地與他們產生共鳴，因爲他們的肢體語言觸發了我們內心同樣情感的直覺波動。

✧ ✧ ✧

達爾文在出版《表情》的前一年，出版了《人類的由來》，在這本書中更深入地探討人類的演化史，並作出結論，他認爲：「毫無疑問地，手勢語言是人類家族成員之間在發明有聲語言之前的普遍交流方式。」他堅信非語言形式的交流對我們祖先的生存至關重要，其根深蒂固的多元功能和直覺使用，必然地被納入人類語言中——這一理論至今仍受到語言學、認知心理學和神經科學最新研究的支持。負責處理語言和識別手勢的大腦區域緊密相連，如果我們無法看到彼此的肢體語言，就會錯過大量的語境資訊，理解對方也會變得更加困難。

面對面的交流和我們一開始所想的不同，更像是一場現場表演、一場舞台劇或音樂會，每個人的行爲模式和規範都會相互影響。手勢研究領域的學術研究，以達爾文記錄不同類型的人類表情爲基礎，試圖解釋它們，但研究者今日可以利用影片更仔細地分析對話內容。透過觀察日常互動的慢鏡頭畫面，並監測身體運動的細微反應，科學家發現人們以最微妙的方式模仿和回應彼此的手勢。聽者的身體動作與說話者的節奏互相協調一致，與其語音的音節和詞語同步。雙方會同時舉杯啜飲，主要動作的開始時間與停止時間，例如調整座位或站起來伸展雙腿，通常與他人一致。甚至我們的眼球轉動、眨眼和嘴部動作也會與對話夥伴的節奏同步。

達爾文本人在人前經常感到害羞和社交焦慮，但也找到了解決這些問題的方法，建立了由各方摯友和其他科學家、知識分子以及當時名人組成的人脈。他是一個深思熟慮且引人入勝的對話者，正如德國植物學家安東・科爾納・馮・馬里勞恩（Anton Kerner von Marilaun）所言：「當與達爾文交談時，他的聆聽方式使人願意毫無拘束地暢所欲言。」

最近的學術研究發現了「共同注意力」在任何對話中所具有的重要作用——意即彼此密切關注

的能力，這使我們能夠達到最深層次的相互理解。我們在試圖理解驅動他人的動機時，會運用自己的心理和情感經驗，並在想像力的幫助下擴展它們的範圍，以便預測對方的想法。在面對面的交流中，我們最有機會能夠準確地進行這種所謂的「社會認知」，這是我們所有人都可以培養的自然能力，利用我們在對話中獲得的資訊來解釋和預測彼此的行爲。當我們在進行實體交談時，會更具同理心、更敏銳、更有層次感且更平衡。

當一場實體對話進行得如火如荼時，當我們全心投入、直覺地回應或被情感所打動時，我們就能夠分享彼此的觀點，並用自己的觀點理解對方的世界觀。面對面交流中最重要的差別之一是，我們彼此關注的方式成爲了直接的體驗，並且是我們可以學習的有形事物。有些行爲太過簡單，令人容易忽視它們的力量和重要性。無論觀點有多麼複雜或有多少層次，有時候透過簡單的一瞥，就能分享我們的想法，或表達和對方有一致的看法。目光跟隨，意即看到別人在看哪裡，我們也會去看的傾向，則是面對面交流中的另一個關鍵，但我們太容易視之爲理所當然。如果沒有這些行爲，我們就無法擴大共同注意的範圍，去觀察周邊的三維空間，並建立實際的（往往是隱喻上的）共同基礎。

達爾文堅信，我們可以改善我們的溝通方式，尤其是在臉部表情和肢體語言方面。他嘗試不要將他的身體交流研究限制在英語上，並在一八六七年製作了一份「關於表情的問題」問卷，發送給遍布世界各地的大英帝國的駐外通訊員。他發現全球人類群體之間的肢體溝通非常相似，但他也發現，無論在哪裡，即使有差異存在，人們都能夠完美地學習和適應這些差異。達爾文的進化論和天擇說在當時極具爭議，他在更廣泛的社會中面臨著巨大的反對意見。他花了二十年的時間才決定發表自己的想法，正是透過與同事和朋友的長期對話和辯論，他才能收集到所需的回饋，找出論點中的弱點並琢磨他的推理。

自此之後，證明了對話是我們每個人都可以改進的技能，只需要有機會練習即可。在一大群人見面時，閱讀姿勢變化和肢體動作可以幫助我們衡量每個人的想法是否緊密調和，並且熟練的演講者可以僅透過他們的肢體語言，辨識出某人是否開始顯露出不喜歡對話方向的跡象。社會認知的最高層次可以實現真正的想法交流：當我們全心關注在彼此身上時，就會形成共同的理解，並逐漸達成新的共識。

然而，我們在網路上會面時，無法仰賴大部分的臉部表情和溝通手勢等演化遺產。幸好在我們需要時，總是能夠進行實體對話。我們如何才能重新獲得十七、十八世紀咖啡館中流露的那種自信、眼界和自制？我們是否也能在線上交流時利用這些對話能力？

表情符號和GIF圖

冷戰高峰期的一九六〇年代初，保羅．巴蘭（Paul Baran）是一名在蘭德公司（RAND

Corporation）工作的工程師。這間公司是由美國軍隊在第二次世界大戰後創立的智庫。他的任務是開發一種新型通訊系統，即使在部分系統被核爆摧毀時也能繼續運作。巴蘭發明了一種分布式網路，將通訊分成微小的部分，並分散傳輸。如此一來，如果網路的任何部分遭到摧毀，其餘部分仍能繼續運行。他在一九六四年發表了一篇關於這個新系統的論文，幾年後，這種系統就出現在美國國防部開發的高等研究計劃署網路（ARPANET），這種創新最終演變成今日的網際網路。

數位技術讓我們擁有了驚人的通訊能力，無論我們身在何處，都能輕鬆發送電子郵件或進行全球視訊通話，這是一種極大的特權和奢侈。我們的分散式通訊網路功能強大，將資訊分成較小的封包並廣泛傳遞。但是，我們愈來愈依賴這些系統，不僅是為了讓人在遠距離上也能快速通訊，又或是在健康因素等情況下無法面對面溝通時使用，而是用來取代完全可行的當面對話。

今日我們使用的社群和數位媒體工具，模擬人類在現實世界中的實際互動：這些工具設計精巧，儘可能模擬我們面對面交流時的複雜情形。這些工具表現得相當好，大多數通訊應用程式提供了基本的簡訊與高解析度視訊通話等多種選擇。然而，即使是影片串流也只能捕捉實體場景中實際事件的一小部分，僅呈現二維視角。根本無法在網路上完整複製人與人連結的複雜現實：即使是最先進的虛擬實境技術也會限制身體活動，而且數位環境永遠無法與我們自己的物理世界一樣帶來豐富的感官感受和複雜性。

今日的咖啡館與一六〇〇年代末的咖啡館非常不同。一家星巴克分店，可能和早期現代咖啡館擁有相同由四面牆搭起來的空間，裝潢也類似。然而，儘管今日的咖啡廳也可能形成社群，但我們更常看到有許多人獨自一人坐著面對螢幕。我們的數位技術的分散性質可能會對集體社交能力造成負面影響。我們愈來愈像一群單純聚在一起的獨立個體。就像排隊或被困在車陣中一樣，我們可能共享一個物理空間，但我們的注意力和思緒卻分散在其他地方。數位通訊變成一種習慣，甚至像是強迫症，讓我們直覺地使用它，例如，即使面對面的溝通會更有效且更愉快，但我們還是會傳電子郵件給隔壁桌的同事。我們愈依賴數位技術來溝通，就愈有可能用距離取代親密，並逐漸失去對當下共享空間的感受。

✧ ✧ ✧

一九八二年九月十九日早上，卡內基梅隆大學的電腦科學家史科特．法爾曼（Scott Fahlman）教授使用了第一個笑臉表情符號 :-)。他在內部電腦佈告欄上打出這個符號，並建議學生在貼文時使用它來表示那則是個笑話。數位網路的無形性一直是其明確承諾的一部分：虛擬通訊或無紙化辦公室帶來的效率增益，一直是早期網際網路公司的銷售亮點，但他們卻未預見這對我們人際關係所帶來的負面影響。法爾曼早早發現了數位通訊中缺乏臉部表情所帶來的困難，他是第一批嘗試找到合理解決方法的人之一。

到了一九九九年，日本電信公司NTT Docomo的藝術家和設計師栗田穰崇才發明了第一組一百七十六個表情符號（emojis，在日文中「e」意爲「圖片」，「moji」意爲「字符」）。栗田的任務是創造一套簡單的圖示，可以在有限的空間內傳達資訊或情感，他的靈感來源不僅僅是表情符號，還包括日文漢字、街頭標誌和漫畫。隨著智慧型手機和社群媒體的出現，表情符號在二○○○年代初期傳播到日本以外的地方，如今它們已成爲線上交流中無處不在的一部分。正如達爾文所預測的那樣，帶有臉部表情的表情符號在全球各地都能被理解。

我們應用程式中愈來愈多彩的表情符號庫隨著時間而進化，試圖縮小書面資訊與打字當下的情感差距。它們看似新奇、有趣且好笑，但其卡通化的簡單呈現無法涵蓋人類眞實臉部表情中的微妙情感。統一碼聯盟（Unicode Consortium）定期發布新的表情符號，其最新版本15.0共包含三千六百六十四個：遠遠少於我們每個人能夠做出的一萬種臉部表情。當然，表情符號有助於使我們的書面交流更加流暢且不易被誤解，但這些符號存在的必要性和與眞實事物相比的粗糙程度，更加凸顯了我們在線上交流時所缺乏的東西。

爲了克服表情符號的侷限，各種試圖模仿我們臉部表情和手勢的數位符號變得愈來愈受歡迎。預設的圖片或動畫現在經常以「貼圖」的形式加入訊息中，以傳達特定的情感或增添個性。加拿大公司Bitstrips在二○一四年發明了Bitmoji頭像，可以訂製成用戶的樣子，表達多種情感和感受；二○一七年，蘋果公司發布了自己的Memoji，利用新款iPhone和iPad上的TrueDepth相機系統來追蹤我們的動作，創造出更準確的臉部表情。

這些新的改變，使我們在線上能夠表達的表情變得更加細膩，但若沒有一個能即時準確傳達全身動作的3D圖像，想要完全模仿我們的臉部特徵或身體動作仍舊是不可能的。我們的臉部動作，如點頭、微笑、皺眉或挑眉，以各種複雜的方式支持和補充我們的言語。我們的臉孔在當下自然地給予對方回饋，並幫助我們在對話中調節行爲。當我們的臉孔在網路上消失時，就很難藉此協調我們的對話，在爭論變得激烈時更是如此。

在人類歷史上，無論是口語還是書面語言，我們總是受到語言本質上線性結構的限制——一個詞接著另一個詞按順序排列。手勢則完全不受這種限制，那是種靈活的、視覺化的交流模式，無論我們身在何處都可以隨身帶來強化語言的效果。當我們在線上交流時，部分的身體手勢完全被排除了，但經過一段時間後，社群媒體變得愈來愈視覺化：豎起大拇指和其他手勢圖示變得司空見慣，許多貼文如今都包含圖片或影片。由CompuServe團隊在一九八七年開發的圖形交換格式（GIF）最近才突然大爲流行。今日的GIF通常由電影或經典電視劇片段中的短影片循環組成，經常出現名人做手勢或表現出誇張的臉部表情。大多數訊息應用程式都提供了現成的GIF供大家選用，我們主要用這些來傳達幽默的想法，或者在我們難以找到合適的詞語時使用。今日，GIF通常會與「動態靜圖」一起使用，這是一種靜止的照片，只有小部分區域會出現細微、重覆的動作，通常旨在喚起某種情緒或氛圍，從憤怒、幽默或異想天開到敬畏之情都有。

ＧＩＦ、動態靜圖或循環影片透過重複和動作來傳達靜態圖像無法捕捉的動作，經常被用來展示一個人點頭、揮手或露出微笑，可以像實體手勢一樣表示同意。只需要滑個幾下即可，但產生這些圖像所需的身體運動量少之又少，反應了其影響力也較小。

在實體對話中，我們快速瞄一眼手機可能看起來微不足道，但累積起來，造成的傷害卻可能十分顯著。我們所仰賴的視線和手勢互動被打斷了，而我們面對面交流時容易建立的融洽關係也可能因瞬間中斷而受損。如今，圍坐在桌旁並將手機放在我們面前並不會被視爲不禮貌的行爲，但當我們說話時，經常發現自己在對著低頭看手機的腦袋說話，注意力集中在桌子以外的世界上。

幾週、幾個月甚至幾年來，由於使用科技而對我們面對面交流造成的干擾和延遲，甚至減少與削弱了我們充分與他人連結的機會，並助長了一種日益增長的分裂感，更不用說我們選擇完全避免見面而改用訊息。我們通常知道應該專注於周圍的人，但卻難以忍受可能錯過其他事情的擔憂。因此，我們變得非常擅長維持參與對話的假象並同時檢查通知。相反地，當我們刻意忽略訊息通知並全神貫注於他人時，會讓對方知道我們眞的在聆聽，這樣對話就能自然地發展。

眼神交流是我們作爲人類溝通最簡單且直觀的方式。我們每一次分享的目光，都是確認我們正在接受彼此的關注。這也是我們能夠與他人共享體驗和想法的主要方式。我們會交換各種短暫的視線：開始對話的「啓動目光」，達成共識時的「會意目光」，以及當我們需要引起彼此注意時的「指涉目光」。我們分享眼神交流的方式，可以追溯到我們物種進化的早期階段。小腦是我們最古老的腦部區域之一，經過數千年的發展，它能在我們轉移視線方向時，自動協調頭部和眼睛的運動。我們的前庭動眼反射系統是一個關鍵機制，使我們在快速轉頭運動時能夠保持穩定的視力，這使我們即使在複雜的身體動作或快速奔跑時，也能非常熟練地共享和保持眼神交流。我們直覺地共享目光，往往完全沒有意識到這一點，但眼神交流對於分享我們的心理狀態，以及對人類發展的各個階段和我們的日常幸福感至關重要。即使在一個驚人的戲劇性時刻——例如銀行搶劫的過程中——我們分享經驗的動機可能十分強烈，以至於我們會冒著錯過接下來發生的事情的風險，並轉身與旁邊的人分享經驗。

失去眼神交流對我們的影響在視訊通話中最爲明顯：由於拍攝於不同地點，因此我們無法像面對面時那樣交換目光。我們無法跟隨對方的視線，並且爲了因應在說話時分享注意力的主要本能，我們的眼睛不可避免地盯著螢幕，創造出一種眼神交流的假象，足以欺騙我們的大腦，但也帶來一些不良後果。

視訊通話的標準模式，是每個人得一直看著其他人，這在現實世界中將是一場極爲緊張的相遇。實際上見面時，我們時而進行眼神交流，時而將大量時間花在觀察周圍的其他事件上，而只有在情感交流時，才有長時間的眼神交會。此外，因爲裝置的相機位置的緣故，我們頭部和肩膀的影像充滿整個畫面，創造出一種只在熟人之間才會享有的親密感。在視訊通話期間模擬的親密感和眼神交流與我們大腦解讀實體相遇的方式是互相衝突的：如果有人在現實生活中靠我們這麼近，我們最直覺的反應是將其解讀爲對方有「性趣」或暴力威脅。如此近距離地長時間凝視彼此，使我們本能地進入一種無法持續的高度警覺狀態，這也是我們覺得視訊通話如此疲憊的主要原因之一。

促成我們數位對話的網際網路，其運作方式是我們身體和大腦無法應對的。在我們整個演化歷程中，我們已經成爲適應互相合作的物種。我們需要他人的陪伴來茁壯成長。科技讓我們能夠從周圍環境中分離，使我們能夠隨時隨地社交，我們天生的社交能力使我們極力想要盡可能地展現自己，但當我們與身邊的人過度脫節時，最終會放棄眞正的社交接觸。眞正的對話技巧需要時間和努力來培養，由於文字線上聊天和社交應用程式的普及，我們可能需要採取主動的措施來恢復並增強我們面對面與人交流的能力。

磨練你的對話技巧

對話是一項你可以精進的技能。我們每個人都擁有直覺，能夠關注他人，並且從小就學會如何讀懂彼此的眼神和主要的身體動作，但就像任何自然能力一樣，我們可以掌握更多細緻入微的層次。當我們主動聆聽、分享消息和想法，並且在彼此深思熟慮後做出回應，以進行一場恰當的對話，這需要大量的時間、耐心和專注。

思考一下，不過是在幾代之前，當電話和網際網路尚未普及時，你的祖先每天會有多少時間進行面對面的交談，這點相當具有啓發性。在文字發明之前，也就是說在人類大部分的存在歷史中，我們唯一能夠交談的方式就是與他人相伴。雖然我們的溝通方式變得愈來愈數位化，社會也隨之改變，但促使你與他人面對面連結和合作的進化遺產肯定沒有改變。

倫敦咖啡館的對話者擁有一個明顯的優勢：他們生活在印刷機和其他新形式的書面交流才剛開始改變社會的時代，自然的人類口語文化大致上仍未受到改變。除了透過較遲的信件交流外，實際上無法在彼此分開時進行聯繫，這讓人們在一起時的品質大爲不同。咖啡館裡的人們在見面時不得不注意彼此，因爲一旦分開就沒有其他快速的對話手段可以依賴。花費更多的時間相互陪伴，讓他們有足夠的機會練習對話的藝術。他們對交流中的每個細微戲劇變化都十分敏感，從最小的揚起眉毛到聲音語調的變化，他們可以靈活地控制自己的全身交流範圍來做出有技巧的的反應。

一些在十七和十八世紀倫敦咖啡館中用心投入實體對話中所獲得的見解，至今仍然保存在當時撰寫的文章中，並透過印刷的期刊和小冊子在倫敦流傳。你很幸運能夠隨時隨地與人連結，只要你在線上和線下交流方式進行一些簡單的改變，就可以充分利用你**實際**與他人相處的時間。

實體對話

何時應該面對面會面

有些場合，你真的應該和對方見面。重大人生事件如婚禮和葬禮，只有在與親近的人共度適當的時間時，才能獲得應有的重視；討論複雜和敏感的話題時，同樣只有透過面對面對話，才能達到更深的理解和合作。如今，在線上聯絡他人非常方便，而且大多數人試圖在社交應用程式上保持隨時在線的精神，使得在事情發生時，立即分享進展這件事非常具有誘惑力。但請想想我們的祖先在分享重要消息前所等待的那段時間是值得的：當他們終於有機會見面時，那些準備好分享的話題會推動對話向前發展。今日，我們一直待在網路上，可能意味著當你親自見面時，卻不得不再重複一遍，或者轉向更無關緊要的話題：無論哪種方式，最終見面的熱情都可能會減弱。

最著名的英國愛爾蘭諷刺作家強納生·史威夫特（Jonathan Swift），以《格列佛遊記》聞名，他是咖啡館的常客。在他一七一三年的文章《關於對話的隱喻》（Hints Toward an Essay on Conversation）中，史威夫特詳細說明了如何透過實體對話更徹底地了解他人的觀點、經歷和意見，並強調了這對建立有意義的關係和理解的重要性。史威夫特特別建議要以開放的心態聆聽他人的觀點，即使那些與你的看法相左；同樣的，他建議不要談太多自己的事，讓對話有空間自然發展。

切記，數位對話的影響力和記憶點總是比較少。傾向於依賴文字、簡訊或視訊通話，會在發生實體對話時降低其品質。你可以做出的關鍵改變，是儘可能地將數位消息僅用於安排後勤細節和其他必要事項。停止在網路上分享你的消息或透過訊息查看某人的狀況，轉而保留到你們親自見面時再說。當然，你仍然會想要回應收到的訊息，但透過減少主動在網路上對話，你就會更傾向於儘早安排見面，當你眞正見面時，精力和整體專注度的差異就會非常明顯。當然，地理距離等情況會使親自見面變得困難：在這種情況下，將你的消息保留到電話或視訊通話時再說，而不是依賴訊息交流——這樣你就會從對話中獲得更多。

我們通常會有一種傾向，將一些最困難或情緒化的交流移到線上進行，然而這些正是最需要你親自見面的交流。無論感覺多麼困難，面對面交流通常是化解局勢的最佳方式。試著將一次緊張或複雜的對話，視爲進一步了解自己和他人的機會。每當你發現自己有傳簡訊或寫電子郵件的衝動時，請記住，親自見面時，你更容易掌控交流的最終結果。

採取行動

- 減少你的數位訊息：將消息留到面對面分享，觀察這對你們見面時的精力和專注度有何影響。
- 撥出時間進行對話：安排整個上午或下午的時間與朋友見面，純粹用來敘舊。

成爲好的傾聽者

史威夫特強調，良好的傾聽是最重要的對話技巧之一。他發現，當你在對話中更安靜並多聽一些，愉快地將對話的主導權交給他人時，你能更周到地回應周圍的人，經過一段時間後，就能成爲更好的演講者。他建議透過澄清問題和重述他人的話來主動聆聽，以確保你正確理解對方的意思。

當你處於實體對話的過程中，試著更加有意識地接受對方的身體動作、手勢和臉部表情的全貌。他們是慵懶地向後靠，還是身體前傾，眼睛睜得很大？他們的動作是焦躁不安還是安靜；你能注意到任何重複的「徵兆」嗎？手勢透露出的想法和感受，其實比你想像的要多，更主動地注意他人的這些細節，會讓你知道更多事。

試試深度傾聽，看看你能找到哪些其他不同之處：盡量專注於朋友所說的話，試著讓你內心的聲音安靜下來。在對話中，你往往準備要發言、插話或評論，花很多時間思考下一步要說什麼，而不是跟隨朋友的話題。數位通訊的快速刺激只會加劇這種本能，所以出現這種情形時務必試著注意，然後刻意讓自己冷靜下來。請你多花些時間吸收對方所傳達的字詞和想法，如果你發現自己在對話中有些困惑，請採取史威夫特的建議，重述你聽到的對方的話，幫助你保持共同的理解。

同時也要注意自己的肢體語言。你是經常保持雙臂開放還是經常交叉雙臂？留意你手勢最頻繁的時刻：是否有一些你經常重複的手部動作？考慮你可以做什麼動作來讓人感到更舒適。觸摸是我們最親密、最能引起情感共鳴的交流形式之一，當然這在網路上是完全不可能實現的。試著在覺得合適的時候拍一下朋友的手臂或肩膀，看看效果如何。

採取行動

- 在面對面的對話中深度傾聽：刻意專注於朋友所說的話，並試著讓你的內心聲音安靜下來。
- 嘗試重述：問問題以澄清事情，並重述別人說的話，幫助你達到共同的理解。
- 注意身體動作、手勢和臉部表情：密切注意對方的肢體動作如何強調和補充他們的言語。
- 觀察自己的肢體語言：注意你手勢最頻繁的時刻，考慮你可以做哪些肢體動作來讓人感到更舒適。

正面應對社交焦慮

詞典學家暨文學批評家山繆・詹森（Samuel Johnson），編纂了第一本綜合性的英語詞典，也常在一七○○年代出入咖啡館。在他的期刊《漫步者》（*The Rambler*）中的一系列文章裡，詹森詳細闡述了經常參與對話以培養對話技巧的重要性。對於詹森來說，有意義的與他人互動對個人成長和幸福至關重要，能夠進行有啓發性且深刻的對話，是強化關係和培養群體感的重要部分。他主張，透過培養你的對話技巧，就能在與他人交流時獲得更多有意義的接觸，並過上更充實的生活。

在詹森看來，對話並不是每個人天生就能擅長的技能，即使那些天生擁有對話天賦的人，也需要練習和磨練，才能眞正掌握這門藝術。經過一段時間後，他認爲，你將對開放性對話變得更加自在，學會更清晰有效率地表達自己的看法，並強化專注傾聽和深思熟慮回應的能力。但這通常需要克服一些障礙。詹森一生中面臨多種身體和情感挑戰，包括妥瑞氏症的症狀和一些心理健康問題，他可能不得不在感到焦慮或不自信的時候，依然堅持參與對話。他成功地做到了這一點，因其機智和引人入勝的對話而聞名，並在一生中建立了相當廣的人脈，其中包括許多著名的作家、知識分子和政治家。

如今，科技的使用是阻礙你發展對話技能的常見障礙之一。當你在網路上溝通得愈多，愈有可能在線下感到社交焦慮和不適。每當你反覆考慮一個書面回覆或社群媒體的貼文時，都在塑造一個人設，這個人設在面對面進行即時且複雜又瑣碎的實體對話時，可能很快就會崩潰。詹森認爲，開放和自發的對話是學習和成長的重要途徑，但很可惜，過度依賴數位通訊會讓我們對見面感到焦慮，導致我們花更多的時間在網路上。

採取行動

- 對你的社交焦慮保持好奇：將對話中的害羞或尷尬時刻，視為面對面交流時可能獲益的指標，你可能在練習中受益。
- 不要害怕沉默：抵抗填補對話空隙的衝動，注意任何不適的感覺，觀察這些感受是如何以及何時消失的。

當你在他人陪伴下感到害羞或焦慮，或者發現自己在迴避社交場合時，問問自己爲什麼。儘管經歷社交尷尬可能會令人不適，但那些停頓、臉紅或結巴的時刻可以告訴你有哪些面對面交流的類型是需要多加練習的。

詹森還認爲，對話最好具有一定的自然流暢度，不應強迫或過度組織對話。很可惜，在社交場合感到不自在時，人們往往會急於填補對話中的空隙，而不是稍微放鬆一下，讓沉默發展。當你發現自己這樣做時，試著克制自己：不要忽視或壓抑任何不適感，而是將注意力轉向內心，體驗這些感受，直到它們消失。在另一個人的陪伴下默默放鬆，是連結彼此強而有力的方式，就和對話所蘊含的力量一樣。

改進你的數位對話

視訊通話

視訊通話是當今最接近面對面會議的數位交流方式，但只要記住這與實際見面的差異，就可以做一些小的改變來更自然地掌握。請把顯示自己影像的視窗關掉：大多數視訊平台都具有這個功能，提示你正在被拍攝，但這會創造出一個不自然、分散注意力，有時甚至讓人感到壓力的「手勢鏡像」，顯示你自己的手勢和臉部表情。

縮小瀏覽器視窗的大小，可以幫助你更接近在正常對話中自然保持的距離：將外部鍵盤連接到筆記型電腦，可以進一步增加你和螢幕上那些頭像之間的個人空間。

在電腦和你之間創造一些額外的實體空間，讓你有空間用手勢交流。不一定永遠坐著，你甚至可以在桌子旁走動。如果你在初次嘗試視訊通話時感到不自在，也可以關閉鏡頭一段時間。

在其他時候也給自己休息一下的機會，關閉鏡頭以避免長時間盯著螢幕。當你這樣做時，請完全轉頭離開通話，特別是在團體通話或長時間會議時更是如此。你可以在掃視房間時仍然了解對話的進展，但當你重新意識自己當下所處的實體環境中時，會從那種感覺非常疲憊的強烈模擬眼神接觸中脫離，並得到十分需要的休息。

採取行動

- 在視訊通話中使用「隱藏本人畫面」按鈕：看不到自己的影像，有助於減少壓力和精神負擔。
- 將外接鍵盤連接到筆記型電腦：在視訊通話期間，在你和螢幕上的頭像之間創造更自然的空間感，並給自己更多的空間來做手勢和身體活動。

離開鍵盤

約瑟夫．艾迪生（Joseph Addison）是咖啡館時代另一位有影響力的作家，也許最著名的是他擔任《旁觀者》（*The Spectator*）雜誌編輯的工作，該期刊專注於社交禮儀和談話技巧。在一七一一年《旁觀者》發表的〈論憤怒〉一文中，艾迪生給出了如何在談話中妥善控制憤怒的建議。其中，他特別主張人們在憤怒時應避免衝動地說話或行動，因爲這往往會導致令人後悔的話語或行爲。這種心態在網路上可能更爲重要。書面資訊無法完全傳達你的情感，再加上缺乏臉部表情和肢體語言，使得數位通訊管道極不適合進行激烈的交流。當你在打字、貼文或寄電子郵件時感到憤怒或負面情緒上升時，請停下來休息一下。只有在你的思緒平靜下來後，再回到裝置前：在網路上表達的憤怒從來都無法妥善傳達，而且經常會在那一瞬間的憤怒消逝之後，以數位形式持續存在。

採取行動

‧憤怒時不要打字：休息一下，待冷靜下來後再回到裝置前回應。

完全投入線上對話

在咖啡館時代的作家中，最常見的主題之一就是全心投入對話的重要性。史威夫特、詹森和艾迪生經常表示，說話和聆聽他人時需要全神貫注。在網路上，我們很少這麼做。數位工具簡化了對話，結果對你的要求少了很多。因此，我們常常在做其他事情的同時讀取和發送簡訊，參加線上聊天。你會與他人聯絡，但往往只是利用零碎且匆忙的時間，通常不會全心全意。

想想你的數位互動和當面對話之間的差異。在現實生活中，若不全心全意地與人交談，通常被認為是不禮貌的：試著將同樣的投入和專注應用於線上對話。在寫電子郵件或回覆訊息時，放下其他活動或思緒；對於更重要的交流，如果無法面對面見面，試著模仿現實生活中的一些條件。在一天結束時，留下一些專門的時間來從容地進行電子郵件或訊息交流，或者更好的方式是打通電話，這樣你就更有機會充分分享你的消息和想法，並仔細思考你的家人和朋友所說的話。

採取行動

・為社交訊息創造安靜時間：給自己充分思考和回應的機會。是否有更適合進行面對面對話或電話交談的情況？

第四章

孤獨

被困在馬斯地島上

一七一三年，《旁觀者》雜誌聯合創辦人理查德．斯蒂爾（Richard Steele）坐在倫敦的一家咖啡館裡，聽蘇格蘭私掠船船長暨皇家海軍軍官亞歷山大．塞爾柯克（Alexander Selkirk）說他的故事。塞爾柯克散發出一種粗獷、堅韌的魅力，但斯蒂爾最感震撼的是他那寧靜的神態。塞爾柯克說道，他在煽動反抗船長的叛變後，被遺棄在距離智利西岸五百八十公里的胡安．費南德茲群島上。塞爾柯克在這個島上孤獨地生活了四年，僅擁有寥寥無幾的財物，他很快就適應了生存，順應島上的生活節奏。當他幸運地被救起時，救援者和同船船員將這則故事傳回了家鄉。在他們見面後，斯蒂爾替他寫了一篇文章，奠定了未來對他的讚賞。隨後，這則故事落入了丹尼爾．笛福（Daniel Defoe）的手中，他將這個故事改編成了最早使用英語撰寫的小說之一。《魯賓遜漂流記》一經出版就大獲成功，並引起了當時讀者的共鳴。塞爾柯克的故事引發了人們的興趣，部分原因在於他突然被遺棄在孤島，並且長達四年的時間被迫過著孤獨的生活。

塞爾柯克年輕時放浪不羈，曾參加許多在西班牙王位繼承戰爭期間前往南太平洋的海盜航行。他於一七〇三年登上辛克波茲號（Cinque Ports），參加了一次遠征，尋找並掠奪從墨西哥阿卡普科航行到菲律賓馬尼拉的西班牙商船。這次冒險是私人資助的，但由於當時英格蘭與西班牙正處於交戰中，因此也是爲英格蘭安妮女王效力。這次遠征的指揮官是著名探險家威廉·丹皮爾（William Dampier），他是第一個三次環遊世界的人。他任命托馬斯·斯特拉德林（Thomas Stradling）爲船長。

辛克波茲號橫渡大西洋和繞過合恩角的航程並不順利。艙位狹窄，許多水手死於壞血病，而被任命爲船隻航行負責人的塞爾柯克對斯特拉德林船長的決策愈來愈不滿。

當辛克波茲號於一七〇四年九月停靠在胡安·費爾南德茲群島的馬斯地島時，船員已經所剩無幾。倖存者飢餓而病重，衣衫襤褸。塞爾柯克轉而反對斯特拉德林，開始煽動不滿情緒。船上矛盾升級，塞爾柯克用拳頭攻擊船長。他被正式指控煽動叛變，斯特拉德林命人將他的儲物箱、衣物和床上用品丟到岸上。

塞爾柯克站在馬斯地島那岩石嶙峋的馬蹄灣上，看著這艘成爲他這六個月的家的船隻駛離。當時這個島上無人居住，長十九公里，寬六公里。東部懸崖從海面上陡然升起，島中央有兩座山峰聳立。太平洋的微風迎面吹來，遇到嶙峋的山峰，然後冷卻凝結，傾瀉而下成爲雨水；懸崖峭壁和石頭小溪將地表徑流帶到海岸。在山谷中，微風吹過香甜的檀香樹、高大的蕨類植物和灌木叢；而當雲霧籠罩著島上的最高處時，陽光灑落在較低的山丘和海灘。荒島的象徵在我們的文化中根深蒂固，既是天堂的誘人形象，也是充滿生存挑戰的環境：馬斯地島兩者兼有之。

船長留給塞爾柯克一把手槍、火藥和子彈、一把斧頭、一把刀和一個煮食物用的鍋子。他還擁有一本聖經和祈禱書，以及現在無用武之地的導航工具和航海圖。分配給他的少許食物和少量的酒很快就消耗殆盡。塞爾柯克逐漸意識到他可能永遠無法逃離這個島嶼，同時再也見不到人類的臉龐，這種痛苦的、令人作嘔的現實漸漸籠罩著他。但口渴和飢餓的尖銳痛苦轉移了他的注意力，使他迅速適應了新的情況。他開始到溪流洗漱和取得飲用水，發現了蕪菁、西洋菜和漿果，並慢慢學會用鋒利的刀去刺叉海龜和龍蝦。他忙碌不已：收集石塊和石頭建造火坑，也打造儲藏食物的食品櫃；他挖空木頭做出碗和桶子。爲了在暴風雨和野生動物環伺下安然入睡，塞爾柯克用多香果木搭建了一座小屋，並用檀香木條編織的屋頂遮蔽。在他發射完最後一顆子彈後，就開始徒步追趕山羊，很快便鍛鍊出捕捉山羊的耐力。

但是，在這一切活動中，塞爾柯克無法避免地經常被島嶼的廣袤和寂靜所震懾。他離大陸太遠，建造船筏並不是一個可行的解決方案。他最大的獲救希望是經過的船隻——但這也是有風險的，因爲任何西班牙船隻都不會對他的存在抱有善意。塞爾柯克在島上最高的懸崖選擇一處作爲觀察地點，直到今日，這個地點仍被稱爲「塞爾柯克的瞭望台」。他花了大量時間掃視地平線，尋找任何海上活動。在瞭望台上，他可以看到島上的一天是如何展開，從晨光將溫暖的光芒灑向山峰的輪廓，到晚上星辰在海上盤旋。他與這個緩慢旋轉的地球的節奏和平相處，平靜地看著四季流轉。塞爾柯克的孤獨是原始的，這在世界上任何地方都很難超越。這對他有何影響？這改變他的世界觀了嗎？

幾乎在任何哲學或宗教的核心——無論是在古希臘、全球的隱修和修道傳統，還是新時代的實踐中——都存在這樣一個觀念，即孤獨是內省和自我理解的必要前提。在平靜和靜默中，遠離日常生活的變遷，人類不斷尋求解答最困難的問題，並透過內在對話反思我們與世界的相互連結。隔絕日常的干擾，我們開始注意到新的事物，找到替代的思考方式，並思考我們眞正想要如何生活。從亞里斯多德、柏拉圖、波埃修斯、蒙田、梭羅到伍爾夫，不同的思想家們一貫認爲，獨處時間對於整理思緒和爲忙碌的社交生活做準備至關重要。

宗教和信仰體系——無論是西方還是東方的傳統——都反覆提出一個難以捉摸的觀念，即存在一個基本的基礎，一種將一切聯繫在一起的普遍連結。靈修實踐不斷試圖幫助我們理解內在生活與外在世界複雜性之間的基本連結。然而，僅僅遵循教義或加入宗教機構，通常無法提供與親身經歷相同的洞察力——我們需要透過自己的生活經驗來發現生命存在的「本質」。

古老的經文和聖人的傳記都證明了想要超越自我，需要過簡單的生活，以便理解我們存在的眞實意義和更大的現實。塞爾柯克無意中體驗到了僧侶或隱士可能費力追求的那種隔離程度。內心的困擾、分析思考的習慣和社會干擾一向被認爲是主要障礙，讓我們無法達到對世界的相互連結和物質現實的啓蒙理解，隨著他在島上度過的時間增加，這些障礙消失了，塞爾柯克的眼睛變得愈來愈明亮。由於無人可以交談，他的語言能力開始退化，從出生起就養成的習慣——透過先入爲主的詞語來解讀世界——也逐漸消失。

他會開始重新感受到驚奇——這是最純粹的快樂形式之一。這最初可能發生在夜晚，當其他感官努力彌補視覺的不足時，他開始體驗到一種更高的整體意識。在瞭望台上，他可能注意到地平線微微向上彎曲，抬頭仰望天空時，開始以不同的方式看到星辰，就像指向遙遠祖先的小點，遠遠超出了島上的地質年代。他可能會因這一切的浩瀚而感到驚訝不已，思緒因此變得混亂和停滯。

塞爾柯克開始體驗如此複雜和宏偉的經歷，有時他的推理能力會完全瓦解。在白天，他的眼睛也會愈來愈敏銳：早晨的陽光照亮了樹木的底部，讓他幾乎能感受到光的質感；當他注意到島上野生動植物的細微動作以及植物的繁茂與凋零時，他能感受到生命的永恆消逝和不可避免的重生。他的思想被推向極限，最終在某些時刻，他的推理和理解能力無法跟上某些經歷的深度；塞爾柯克接受了馬斯地島上充滿變化的生機，並在他的新生活中找到了不透過言語欣賞崇高事物的方式。

他也變得更加習慣於內省。由於少有干擾，塞爾柯克開始更能直接體驗自己的內心，愈來愈認識到自己的內在狀態影響到現實處境。當他更關注自然世界時，也會開始注意到自己的反應——他看見自己在看，並逐漸更能掌握自己的想法。他在心中重播了自己引發的叛變場景，直到他接受了現實，即他導致了自己被遺棄和與社會的隔絕的狀況。他對島嶼的判斷完全改變了，他開始熱愛綠意盎然的植物和日常生活的流動性。他愈來愈欣賞事物中的無形秩序，並感受到與周圍世界的統一和團結。最重要的是，他學會了面對自己赤裸裸的自我和恐懼。他在家中苦苦掙扎的決定突然變得清晰起來，逐漸地，他便能夠更眞實地認識自己。

有一天，塞爾柯克在釣魚時驚訝得喘不過氣來：一組乳白色的船帆在遠處的波浪中聳立。他儘快游回岸邊，開始準備。自從塞爾柯克被拋棄後的這些年裡，丹皮爾成功說服了一個布里斯托市議員的聯合組織資助一次新的遠征。他們在海上再次遭遇困難，船長伍茲．羅傑斯（Woodes Rogers）恰好將目光投向馬斯地島，作爲一個落錨和休養的地方。塞爾柯克點燃了篝火以引起船隻的注意，他相信這是重新與文明世界連結的獨特機會。不幸的是，船上的人誤以爲火焰是敵人的跡象，準備武器進行攻擊：他們掉頭離開了海灣，然後選擇以更加隱祕的方式登上陸地。塞爾柯克撤退到他的瞭望台，直到當他相信船員是英國人時，他才終於走上前去。

船長羅傑斯在回國後出版了一本關於他冒險經歷的書《環球巡航》（*A Cruising Voyage Round the World*），書中有許多篇幅描述了船員們首次遇見塞爾柯克的情景。羅傑斯回憶說，他看到一個「身穿山羊皮的男人，比這些動物還要野性」，由於長時間沒說話，他說的話「無法完整表達」，彷彿「說話只說一半」。羅傑斯和他的船員們很快就對塞爾柯克的力量和自立能力印象深刻，尤其佩服他的冷靜和堅毅。經推薦，塞爾柯克被任命爲二副，負責帶領二十一名船員，他在新的工作中表現得很出色：他沒有參與任何陰謀或爭鬥，並完成了所有分配給他的任務。在獲得獎賞船隻和戰利品並因此致富後，塞爾柯克在後來的航行中晉升為船長，負責管理所有船員和貴重貨物；當他返家時已經成為一個富有的人。

羅傑斯對塞爾柯克的描述，是引起國內興趣的第一手資料，這促使理查德．斯蒂爾安排了那次咖啡館會面。斯蒂爾在事後報導提到，塞爾柯克「看起來堅強但快樂，臉上帶著某種不在乎普通事物的神情，好像沉浸在思索中」。塞爾柯克談到了真正的逆境：有一次，他跑到山頂時，為了抓住一隻山羊，身體前傾的太多，結果突然墜下懸崖，無助地躺了三天。但整體而言，他非常懷念在馬斯地島的時光。他回憶說，他在島上始終保持著快樂和寧靜，並解釋說，他已經完全適應了自己的新狀況。

幾個月後，斯蒂爾在街上碰到了塞爾柯克，儘管他們交談了幾句話，斯蒂爾卻沒認出這位前荒島倖存者——城市生活已經開始對他產生影響，據斯蒂爾說，他的「臉上神情完全改變了」。回國後的幾年裡，塞爾柯克的壞習慣重新浮現。他的暴力傾向加劇，最終被控以普通襲擊罪。然而，他沒有出庭受審，很快又尋找新的出海機會。他在韋茅斯號（HMS Weymouth）上擔任軍官時，感染了在航行中肆虐的黃熱病，於一七二一年十二月十三日去世，並進行了海葬。

塞爾柯克成功地透過孤獨找到了令人羨慕的平靜；但他無法將島上的生活帶回家，一回到社會就無法維持這種平靜。他的故事是我們熟悉的一個例子：我們人類一直努力在與他人相處時保持獨處時所擁有的平靜與觀點。這一點在古老的印度教經典《薄伽梵歌》中有著最清晰的說明，該經典大約寫於西元前二世紀。該經典考慮了一個人是否應該過上忙碌的生活，履行自己的責任和職業，還是要放棄家庭而過上隱士的生活，並指出我們如何能同時做到這兩點：透過減少對行爲結果的執著，找到空間來思考自我和宇宙的眞實本質，就可以同時過著有責任和行動的生活，以及找到啓蒙和解脫。然而，這條路在幾個世紀以來對許多人來說都是極具挑戰性的。社會壓力常常推動我們採取以個人利益出發的行動，而我們與生俱來的人性傾向可能會蒙蔽我們的判斷。

今日，我們面臨著非常類似的挑戰，但在數位生活的紛亂中，我們必須更加努力地爭取不受干擾的安靜獨處時間。當我們在網路上連結時，在衆多數位干擾中，我們難以保持獨立思考和自我反省的能力。我們如何從塞爾柯克在島上所獲得的孤獨中學習？同時，我們又能從他回到家後的失敗中汲取什麼教訓呢？

魯賓遜克魯索島

爲了吸引遊客，馬斯地島自此改名爲魯賓遜克魯索島，如今島上有九百九十七名居民。儘管島上有手機訊號和 Wi-Fi，生活仍算非常偏遠：遊客需乘坐六人座小型螺旋槳飛機和三十分鐘的船才能到達，而補給船每月僅兩次由智利本土運送物資過去。島嶼的地理現況仍然相同，但其居民的生活與三百多年前塞爾柯克所經歷的孤立完全不同——他們共享即時訊息，透過串流觀賞最新的影集大結局，並且就像生活在智利本土一樣接觸流行文化。

未來學家亞瑟．C．克拉克（Arthur C. Clarke）曾評論說：「任何足夠先進的技術都與魔法無異」。而塞爾柯克在島上唯一能與同伴連結的方式可能只有心電感應或非常幸運的漂流瓶，今日我們則將電腦網路的無所不在及其在全球範圍內的「魔力」覆蓋視為理所當然。人類作為社會性動物，對於使用通訊技術幾乎沒有經過太多考慮，或討論何時應該自然地與社會連接或斷開，因而我們允許外部世界侵入我們生活中最私人的部分。儘管塞爾柯克的完全孤立在十八世紀也屬於罕見，但他那個時代的人通常比我們今日有更多的獨處時間。歷史上，人類在現實生活中相處的時間比我們今日多得多，但當個人獨處時，他們幾乎是完全與他人隔絕。在人類存續的大部分時間裡，人們會將閒暇時間分配給充滿活力的面對面交流，以及獨自沉思及反思的時間。

人類文明早期的蓬勃發展大多發生在個人的閒暇時間。例如，在古希臘，沉思生活（bios theoretikos）被視為賦予人類存在深刻意義的唯一眞正方式。希臘語中的「學校」（scholé）一詞源自「閒暇」，我們今日的「學校」及其衍生詞都源於此。要深入思考問題，我們需要的持續思考最容易在獨處或與少數志同道合的群體見面時出現。眞正的沉思在警覺的被動狀態和集中注意力時輪流出現，為此我們需要一定程度的寧靜與平靜。孤獨使大腦能夠在思考行為中體驗自我，考慮自己的想法和反思，從多個角度檢視，並藉此獲得更多知識和理解。科學研究顯示，我們在獨處時會變得更了解自己，獨處時間可以提高創造力、增強專注力和解決問題的能力。寧靜和平靜有助於促進大腦中負責記憶和學習的海馬迴細胞的生長。

不過，孤獨當然也與寂寞密切相關。我們獨處時，孤獨，亦即當我們感覺與他人脫節且缺乏有意義的社交接觸或關係時所產生的悲傷或痛苦感，這可能讓人覺得失敗，因爲我們大部分的個人時間都花在——通常是無意識地——組織我們的生活，以避免分離感。這種衝動也使我們高度關注他人的反應，並努力去適應或使自己受歡迎。然而，作爲主觀存在的個體，我們總會在某種程度上感覺與他人隔絕。寂寞是任何刻意獨處的必要前奏，通常我們需要經過一段不平靜或不安的過程，才能再次在與自己相伴中感到舒適。

塞爾柯克練習獨處多年，習慣了孤獨。不出所料，在長時間未與人接觸後，他回到城市時感到社交上的不適。他藉由酒精來逃避，他重回到總是醉醺醺的樣子，捲入了愈來愈多的激烈衝突。在島上時，他則別無選擇，只能在孤獨中生活並堅持下去，直到度過難關；但回到文明社會後，近在咫尺的誘惑使他暫時擺脫了難受的情緒，但最終卻只會使情況惡化。

由於面對面交談的減少，寂寞在現代成爲了重要的問題，這個趨勢因全球新冠肺炎大流行而加劇。作爲一個物種，我們內建的機制是對眞實的人類互動做出反應，儘管我們會以其他方式保持聯絡，例如傳送即時訊息、電子郵件或簡訊，但這些在提升心理健康的效果都比不上即時的面對面交談。爲了對抗孤獨帶來的痛苦或不適，我們常常轉向令人愉快的感官享受，例如數位娛樂、食物、飲料還是電視節目等等。當我們這樣做時，我們往往會養成無法解決基本存在困境的習慣，反而會延續或加劇問題。我們的數位裝置隨時在手，可以讓我們擺脫不適感，但這些正是困境的根源。我們的第一個避難所通常是查看我們的訊息，但同樣常見的是，追求愉快的被動上網時間，人們根據螢幕提示進行瀏覽、點擊和滑動，幾乎沒有我們的主動輸入或有意識的引導。我們告訴自己這是「休息」時間，而這些最終成爲一個目的本身，錯失了更有生產力或創造力的時間，任憑不安帶我們朝另一個方向走去。

人類從本質上來說很難簡單地坐著什麼也不做：我們的大腦往往會尋找環境中的變化，而這點阻礙了我們。如今，最常見的誘惑是快速瀏覽網路環境，而不是面對無聊的不適感。然而，每天在我們努力保持思緒、專注並完全投入於當下時所遇到的緊張感，可以告訴我們如何重拾獨處的能力。從古至今的宗教和靈修實踐採用了各種方法或儀式來幫助我們沈澱思緒並集中注意力。這些方法都有相同的技術，無論它的形式爲何，重點都是抓住我們注意力飄盪的衝動，並將其轉向內在。冥想的實踐方式通常注重在呼吸或默念的咒語上，用來穩定我們的心神；瑜伽和傳統的中國氣功則將我們的注意力轉向身體的運動，以培養平靜的能量；而大多數形式的祈禱或敬拜則仰賴重複背誦記住的經文來沈澱思緒。近年來，正念已成爲一種實踐方式，借鑑了這些沈澱思緒的方法，並以某種方式重新包裝，使其更適合我們當代的世界。這些不同的有益技術，都與從忙碌的生活中抽出時間有關，這或許是當中最具挑戰性的方面。

兩千多年前在《薄伽梵歌》中提出的主要問題，今日仍然是我們最迫切關心的：即如何在日常生活中融入孤獨平靜時刻中所發現的踏實視角？如果我們要對抗數位科技抓住並操控注意力的複雜方式，就需要有能夠仰賴的技術和實踐方法，不僅在我們遠離裝置時使用，而且在我們攜帶或使用裝置時也能使用。令人驚訝的是，這種現代需求很少有人注意到。如今提供的標準恢復方案，無論是正念的文獻資料或是行動應用程式中，通常包括每天二十分鐘的冥想練習、每週一次的瑜伽課或週末排毒休養。儘管這些能讓我們保留一些時間，完全脫離上網的需求，但卻無法全面保護我們應有的孤獨感，無論是在網路上還是離線都一樣，今日幾乎沒有任何主流的引導方針，能教導人們如何在實際使用和處在數位科技中的同時，保護自己的想法和平靜心態，避免注意力被打折和被偷走。

有一位思想家的工作似乎與這些問題高度相關，他就是鮮為人知的亞美尼亞哲學家喬治．葛吉夫（George Gurdjieff）。他剛成年時，遊歷了伊朗、中亞、印度和西藏，並於一九一二年抵達莫斯科，帶來了一種全新的、原創的自我發展哲學。葛吉夫將他的想法體系描述為「第四道」，體認到將僧侶、瑜伽士或隱士的苦行靈修應用於普通日常生活幾乎不可能。在會見許多賢士、苦行僧和其他許多靈修後，他將其教義整合為一種紀律。葛吉夫認為，無論人們怎麼想，他們通常很少控制自己的思考過程，而是半自動地過著生活。只有透過有意識地讓自己脫離外界的影響和干擾，才能更專注於自己的思緒和情感。葛吉夫認為我們應該把注意力集中在自己的想法和情緒上，後來有關注意力的學術研究和使用者體驗實驗中的持續發現，證實了這一點：我們生活中的許多決定，都是由外部提示或我們自身嵌入的期望所引導的，當我們與數位技術互動時，我們的決定通常完全由螢幕上的提示所控制。事實上，我們日常生活中使用的軟體都經過精心設計，用來確保我們的注意力會受其控制。我們的大腦在這種默認的自動駕駛模式下運作得非常好，我們也習慣由外部動機來決定下一步行動的模式。廣告業當然尤其清楚這一點：例如，廣告牌上的標語和簡單而引人注目的聲明，對我們看法的影響遠超過我們的想像。葛吉夫的創新突破在於利用僧侶、瑜伽士和隱士的傳統方法，在日常生活中重新掌握我們自己的思緒。他的指引至今仍然是少數幾種可以在不放棄數位生活的情況下保護自我意識、自主性和孤獨感的可行方法。

模糊的不安感經常促使我們查看手機，這些不安感大多不在我們的個人意識範圍內。當我們突然感到一陣短暫的不安或負面情緒，與其面對它們以理解其根源，我們通常選擇轉向自己創造的下一個數位任務。科技使我們太容易在生活中卻沒有活在當下。然而，當我們拔掉所有數位體驗的插頭，靜坐不動，沒有任何目標或任何東西可以看時——也就是當我們真正停下來時——就不得不自己管理自己的想法。這些想法肯定不會立刻安靜下來，反而很可能變得更加嘈雜，也可能會有誘惑浮現出來。花點時間觀察我們思緒自然展開的方式，就能清楚知道一個想法如何掌控我們的整個感知體驗。不論是哪種形式，冥想的主要原則是將我們的注意力集中在其他事物上，以讓我們可以減緩或理想上讓思緒完全停止。成功做到以後，我們就能開始體驗到一種深層修復感官的寧靜感，這是讓我們在之後可以持續好一段時間的恢復狀態。隨著我們在冥想方面變得更加熟練後，就能更容易地注意到我們的想法何時開始佔上風，並且愈來愈能夠將我們的注意力拉回來，並且更容易掌握。

葛吉夫的方法讓我們能夠避免數位科技奪走注意力：我們更能夠注意到那些想都不想就直接上網的時刻，並且可以更敏銳地觀察到我們點擊跟隨的路徑並非由我們自己設置。在愈來愈了解裝置如何具體影響我們的想法和行動後，我們就有更多的力量來改變與調整，以保護我們的獨處時刻和個人動機。

他提供了實際的建議，幫助我們如何在日常生活中更快回到現實，並建議進行一項練習來打破自動化的行爲模式，讓人感覺「活在當下」：透過在心理上說「停」，並靜止片刻，就能注意到自己的想法和情感，進而讓自己更專注於當下。他還強調重新和身體產生連結，作爲在任何經驗中錨定自己的重要性。他認爲，在一些重要時刻，例如至親的出生或去世時，或在快樂時刻中經歷的短暫充實感，會讓我們處在當下，所有感官變得非常敏銳。他注意到，正是在這些深刻覺醒的時刻，我們對分離的概念發生了轉變，自然獲得了更全面的理解，了解我們與周圍世界的連結方式。葛吉夫認爲，透過更有意識地觀察自己何時經歷他所說的「自我記憶」，並儘可能充分探索這些時刻的內在體驗，我們就可以在任何地方重現這種覺醒狀態。今日，葛吉夫的著作提供了一些技巧，讓我們能夠享受而非害怕孤獨，並在我們的線上和線下生活中保持脈絡和觀點。今日，我們可以採取一些步驟來保護我們的孤獨，只需做一些改變，就可以培養一些像塞爾柯克受困於南太平洋時所體驗到的想法與存在改變。

培養你自己的孤獨感

你擁有獨處的能力，但需要練習才能在自己的陪伴中感到舒適。經過一段時間後，你可以在孤獨中獲得更多的信心，並且變得更能仰賴自己的內在資源。第一步是創造你需要的空間，以便在有些時候能夠完全斷開與外在的連結，並且可以做一些簡單而有效的改變，來控管數位裝置資訊輸入的程度。你還可以透過冥想和呼吸技術來改善你獨處的品質：這些傳統方法提供了一種有效的方式，讓你在需要時從數位生活的壓力中恢復過來。

然而，雖然靜修和恢復很重要，但卻不足以完全保護你的孤獨感和個體性。一不小心，你用來和他人聯絡的數位網路會讓你陷入集體思維，讓你受到這些雜亂觀點的影響。即使你關閉了數位裝置，數位連結仍然會干擾你最私密的想法，因爲將你與數位世界連接起來的繫繩，主要是心理上的。然而，驅動這些的，也正是你**可以**控制的本能。只要調整你坐在螢幕前的自覺程度，你就會開始注意科技如何影響你的決策、想法和情緒。只要你學會準確地指出上網時間如何影響你的個人觀點，就會更容易發現這在你離線時會造成什麼影響。當你感到孤獨或無聊時，想拿起手機的衝動會變得更加明顯，這時要控制就更容易了，甚至可以讓它們完全消失。

掌控數位干擾

減少離線時的干擾

手機通知可能是你獨處時主要的干擾來源，只要更改一些設定就能夠避免。通常裝置會將鈴聲和振動提醒設爲預設，讓你每次收到訊息或電話時都能注意到。如果使用原廠設定，那你就得記得在需要集中注意力時把手機調成靜音模式。這是個很簡單的步驟，但我們都知道這很容易忘記。

爲了保護你的孤獨感，將關閉通知設爲預設值，對你更有幫助，只有在你需要時再打開就好。你眞的需要在收到通知後立即閱讀嗎？除了某些緊急情況，像是有時候等著收緊急的簡訊，或有工作要處理，那麼你可以將特定的聯絡人設爲在所有模式下都「允許通知」。但絕大多數會在一天中奪取你注意力的資訊都可以延後處理，只要在你主動決定查看訊息時再處理即可。

採取行動

- 將手機通知設定預設為「關閉」：仔細考慮你需要多常在接收到訊息後立即閱讀，只有在需要時才打開通知。
- 將手機放在固定位置：養成只在想查看訊息時才拿起手機的新習慣。另外，在晚上後和早餐前的這段時間，將手機放在不易隨手拿到的地方。

伸手拿手機可能成爲一種習慣，最好的解決方案通常是讓它遠離身邊。養成一個新習慣，回到家後將手機放在門口旁，或者放在桌上的充電墊上。想要查看訊息時再去拿手機，但務必在完成後立即放回原處。晚上，將其留在那裡過夜，直到早餐後再拿起來。

保護你在網路上的專注力

當你在網路上工作、閱讀或玩樂時，保護你的獨處時間同樣重要。你的思緒太寶貴了，不應浪費在不必要的干擾上。整潔的電腦桌面可以創造適合思考和斟酌想法的環境，就像你完全離線時一樣。清理桌面上的所有文件，並將之整齊地放入資料夾；同樣，儘量減少你在其他裝置的主螢幕上能看到的圖示數量。使用應用程式或瀏覽網際網路時儘可能採用全螢幕模式，以避免過多的按鈕和選項，並且除了日曆提醒外，阻止瀏覽器顯示任何彈出視窗。

有沒有一些你在無聊時常常造訪，但事後後悔浪費時間的網站？考慮使用網站攔截器，這可以防止你在裝置上訪問特定的網站或社群媒體服務：Cold Turkey Blocker 目前是這些工具中最強大和最全面的。

採取行動

・清理你的桌面：盡量減少顯示的應用程式圖示，並在可能的情況下選擇全螢幕模式。
・在電腦上設置網站攔截程式：考慮永久攔截那些讓你分心的網站或社群媒體平台。

不要急著上網

雖然你在大部分時候可能在社交方面感到十分滿足或快樂，但要注意你感到孤獨的時刻。無論是在工作時看螢幕、白天查看手機，還是晚上放鬆看電視時，請記住，在不久的過去，這些時刻很可能是與他人共度的。人類一直生活在緊密連結的部落社群中，直到幾代前的祖先都是如此，這些長期存在的習俗和行爲，塑造了你自然進化的方式，讓你尋求社會連結或在孤獨時感到不自在。然而，無論這種感覺在你的日常生活中多麼隱蔽或脫節，都要了解到你可能經歷了你祖先不曾面對的孤立和疏遠，這種負擔會影響你的日常判斷和行爲。

記住，孤獨感展現的方式相當多元：最典型的是感到無聊或不安。當你發現自己感到無聊或急於查看手機時，請刻意退一步，挑戰你的舒適圈。不要立即逃避無聊，而是停留在其中，開始更加深入地了解：調查其根本原因，並特別留意想上網的衝動。經過一段時間後，你會更容易察覺到很多數位時間背後的關聯，例如那些讓你快速瀏覽新訊息的想法或回憶，或那些促使你透過看電視尋求安慰的不安感。在進一步理解這些動機後，你將更能決定何時最好保持離線狀態，並找到能夠長期維持心靈平靜的方式。

採取行動

- 坐下來感受無聊，而非逃避：在安靜時觀察想要查看手機的衝動，並練習抵制這些衝動。
- 探索任何不滿的感覺：嘗試探索你不自在的根本原因，而不是轉向手機或電視讓自己分心。

提升你獨處的品質

只要方法恰當，冥想是訓練你獨處能力最有效的方法之一。當你冥想時，你的思緒能夠平靜下來，逐漸打破任何無益的思維模式。衝動或誘惑受到抑制，隨著你的思緒平靜下來並靜止，一種深沉的平靜會降臨並停留在你身上。

然而，對於初學者來說，冥想可能非常困難：一開始獨自坐著思考可能異常困難，需要一些時間來適應。爲了給自己立即獲得正面效果的最佳機會，可以從呼吸練習開始。呼吸訓練是一種更強烈的冥想形式，使用主動的呼吸技巧來訓練你的專注力：深呼吸的身體感受，以及你投入的相應努力，使得你的思緒更難發散。將你的冥想練習分爲兩部分，首先進行十分鐘的密集呼吸訓練讓你的心靈做準備，並使你穩定下來，然後進行十分鐘的恢復性冥想，這樣最能讓你的思緒平靜下來並增加自我覺察。

最好先在家中嘗試。找一個安靜不會被打擾的地方，盤腿坐下或躺下。設定十分鐘的計時器，這樣你就不會想要看時間。「三段式呼吸法」，也被稱爲Dirga Pranayama，是非常適合用來作爲開始的技巧，因爲它很簡單，但卻可以立即見效。閉上眼睛，用嘴或鼻子，或兩者都用，深深吸氣到你的腹部底部。在填滿你的腹部後，繼續吸氣，填滿你的胸部，擴展你的肋骨和肺的中間部分。最後，吸氣到你的鎖骨與肩膀相接的地方，填滿你的肺的上部，然後呼氣。一直重複這個過程直到計時器響起，沒有所謂正確或錯誤的方法：你可以用力呼吸，但如果更慢、更有節制地呼吸讓你感覺更好也行。計時器響起時，再設一次十分鐘，並再次閉上眼睛進行你的冥想練習。這次，將你的注意力從呼吸移開，開始在腦海中重複一個隨機的詞或聲音——最好是沒有任何意義的詞，以防止與之有關的任何聯想成爲干擾。你可以想像一個在你腦海中的空間，這個詞的聲音在其中迴響。將你的思緒固定在這個重複的咒語上，當你的思緒分散時，雖然你可能不會立即注意到這一點，只需將它帶回到迴響的詞語上。當計時器再次響起時，花幾分鐘注意你感受到的任何變化，享受你所達到的放鬆和平靜。

採取行動

- 嘗試「三段式呼吸」技巧：專注於吸氣時依次填滿腹部、胸部和肺的上部。
- 探索其他呼吸練習：例如，溫霍夫呼吸法（The Wim Hof method），簡單地透過鼻子或嘴巴深呼吸四十次。最後一次呼氣時，完全排空呼吸並儘可能長時間憋住呼吸，然後感覺到需要吸氣時，再一次吸氣到肺的頂部並再憋住呼吸一分鐘。重複這個循環幾次。
- 呼吸練習後進行簡單的冥想：坐在安靜的地方，設定十分鐘的計時器，然後閉上眼睛，專注於呼吸。
- 每天進行呼吸練習和冥想：選擇一天中的固定時段，最好是早上花十分鐘進行呼吸練習，然後十分鐘進行冥想。

冥想和呼吸練習是你可以終身受用的技能。冥想是展開一天或在睡前放鬆的絕佳方式，其好處自然會蔓延至你獨處的其他時間。無論是在網路上密集篩選資訊還是處理社交接觸的變幻莫測耗盡你的心力，某些數位體驗的強度免不了讓你的神經緊繃，冥想是一種即時的應對方法，可以幫助你更新和重置狀態。你可以在家裡、公車上、公園裡，甚至在安靜的教堂裡冥想。在不斷練習與進步之後，你就可以在最需要的時候找到隨處可得的寧靜。

讓自己在使用數位裝置時更加專注

冥想和呼吸練習是非常強大的工具，能在日常生活中繁忙的任務和獨處的平靜之間帶來平衡。從冥想狀態獲得的平靜可以讓你維持相當程度的從容不迫，這可以在忙碌的時刻保護你，但仍有其限制。通常，生活會控制你，並將你的注意力引向無數新的方向。

爲了幫助你更清楚地了解你的注意力如何控制你的想法和內在體驗，並使你在日常生活中變得更加專注，葛吉夫設計了一些分散注意力的練習。他指出，當你從事任何心智活動的同時，也可以跟隨周圍的聲音或感覺，並體驗深刻、強烈的感受，無論那些是否相關。你完全可以自然地分散自己的注意力，同時關注多個不同的事件。

這種能力還可以幫助你在在網路上時變得更加專注。當你下次坐在電腦前時，讓自己繼續進行數位任務，保持葛吉夫所謂的「心智中心」活躍，但同時，故意創造第二個注意力焦點。將你的「本能中心」從正在做的事情中拉開，讓它跟隨周圍的環境聲音，例如時鐘的滴答聲，或路上的工人聲音走。一旦你感覺到已經達到雙重注意力，然後嘗試啓動第三個注意力：這是葛吉夫的「情感中心」。讓它深深地沉浸在特定的感覺中，也許找到一個理由感到快樂或感恩，或者只是尋找你當時正在體驗的任何情感，並更深入地沉浸其中。

成功地將注意力分散成三個方向，並在每個不同的經驗中生活，會創造出一種生動且具體的體驗。你可能會發現你的呼吸變淺且加快——如果是這樣，就讓它發生。另外，還有可能透過觀察你自己創造的其他三個注意力，並醞釀一種驚奇感來開啓第四個注意力。儘可能長時間讓你的注意力維持分散，最好幾分鐘；當你準備好了之後，將它們全部重新聚集在一起，並完全專注在當下。

在使用數位技術時分散注意力，使你更能注意到它如何影響你的內在世界。當你將情感中心與你正在做的事情分開時，你開始可以更仔細地辨別在線上遇到的事物實際上對你造成的感受。當你在瀏覽社群媒體的貼文時，留意任何嫉妒、憤怒或焦慮的上升，並沉浸其中，試圖理解爲什麼你可能會有這些感受。然後將你的本能中心從螢幕上的焦點中拉開——例如，注意座位的硬度，或前臂下的桌子的光滑度——以將你固定在實際的實體位置，防止你被在線上找到的事物所影響。正念的技巧也可以將你的注意力帶到當下，並且隨著練習可以在你忙於做事時使用，但這較不適用於線上活動。由於葛吉夫的方法特別注重在大腦的各個中心之間分散注意力，並鼓勵你覺察不同經驗的各個面向，它非常適用於大多數線上任務的複雜和多元性，能幫助你進一步覺察線上活動如何影響你的情感、想法和身體感覺。

為了強化效果，試著每天在使用數位裝置時練習分散注意力：選擇一天中的固定時間，也許是早上首次查看電子郵件時，這樣在開始時會比較容易。經過一段時間後，嘗試在進行不同任務時分散注意力，讓你對數位體驗的多樣性擁有更一致的觀點，並更敏銳地覺察到每個體驗如何影響你。透過練習，你可以學會保護自己的觀點和個性，即使在繁忙的線上世界中也能保有獨處的好處。

採取行動

- 在電腦前把注意力分成三個方向：工作時，將本能中心的注意力從數位任務中拉開，跟隨外界的聲音，然後活化情感中心，注意當前的情感；儘可能長時間地維持這些注意力分散。
- 主動注意線上活動給你的感受：活化情感中心，密切關注你的情緒流動；如果停留在任何負面情緒中，試著確定可能的原因。
- 讓自己處在實際環境中：將本能中心的注意力從螢幕中拉開，專注於腳下地板的堅實感等有形方面，儘可能長時間地保持這種注意力。

第五章
閱讀

旁注、標示的手形記號和隨筆札記

大博學家約翰·迪伊（John Dee）是英格蘭都鐸王朝最活躍和最博學的讀者之一。許多人認爲他是莎士比亞《暴風雨》中博學的主角普洛斯彼羅的原型。他追求百科全書式的學問，是伊麗莎白女王及宮廷人員尊崇的顧問。他對數學的重要貢獻爲替其後幾個世紀在歐洲發生的科學革命奠定了基礎；他協助製作的詳細地圖推動了航海和製圖學的發展；他精通占星學，改革了英國曆法，使其更接近太陽年[4]。他還撰寫了有關語言和語言學、密碼學、哲學以及從古希臘羅馬到當代歐洲的廣泛人類歷史書籍，以及一部全面的英國君主制編年史。廣泛的閱讀讓他擁有這些知識，得以投入這些工作：到一五八〇年代初期，他已經擁有全國最大的圖書館，總共約有三千本印刷書籍和一千本手稿。迪伊是最高水準的讀者，是當時深度閱讀風氣的出色典範。

文藝復興時期是個與學習和文明進步同義的時代。被遺忘的古代知識——特別是希臘和羅馬時代的知識——重新成爲一股活力，融入文化和學術中，並在推崇尊重古代的價值觀和文學成就的風氣下實際應用於教育革命。變革的主要動力是「人文學科」，這是一個席捲歐洲的新學習課程，閱讀是其核心學科。深入教授拉丁語，使學生能夠用鞭辟入裡的方法研讀古典古代的歷史學家、修辭學家和道德哲學家的作品，促成現代文本研究的濫觴。英格蘭各地湧現文法學校，迪伊就是就讀其中的一所。畢業生進入社會時擁有高度純熟的閱讀能力，會在日常活動和職業中使用這些能力，並在他們的一生中不斷持續發展。

學生們學會利用一些技術和工具來閱讀，大多數技術對今日的我們來說相當陌生。他們受到的指導是要主動閱讀，學會全神貫注於面前的文本。讀者坐在桌前，手拿筆，完全投入到閱讀過程中，要以勤奮和細心的態度閱讀，只選擇值得付出努力的書籍——這與消磨時間的閱讀方式截然不同。閱讀體驗具有自覺性，運用機敏的覺察以批判的角度理解文本，儘可能從中多汲取東西。

迪伊廣泛旅行於歐洲各地，會見其他學者和各領域的專家，並廣納新書和手稿使他的藏書更趨完備。他藉由出借自己的書以換取其他書籍，在整個大陸保持了廣大的人脈。一五八三年，當他在海外旅行時，他位於倫敦附近莫特萊克的住家和圖書館遭竊，許多書籍被偷。在他去世後，許多他所留下來的書籍分散各處與佚失，但幸好，並非全數不見。大英圖書館、牛津大學的博德利圖書館、皇家內科醫師學會和衛爾康博物館（Wellcome Collection）都保存了大量迪伊親手加註的書籍；透過這些珍貴的文本和手稿收藏，也感謝迪伊在頁面上做出的無數注釋和標記，讓我們可以深入了解他的生活和工作以及當時的閱讀習慣。

從迪伊圖書館留存下來的書籍，展示了文藝復興時期學生所學的資訊處理技術精華。「記住我的話」（Mark my words）這句話首次出現於這一時期，並凸顯了閱讀過程中加註的重要性。迪伊全心全意地採用了這種方法，不斷在他的書籍和手稿的邊緣寫下注釋，他是當時最出色的注釋者，前無古人。他最基本的注釋包括簡單的標記、線條、括號或星號，用在吸引人們對詞彙或段落的注意。然而，他還使用邊欄注釋——後來被稱爲「旁注」——這些注釋通常是精心撰寫的；迪伊在閱讀時對文本做出回應，形成與作者的對話，這些旁注相當清晰且有時十分熱烈，並透露出他身爲讀者的生動、親密的片段。

還有更隨意的隨手塗寫，帶有用力畫下底線或快速寫下的主題及標題。在這裡，迪伊遵循論點的結構，凸顯其關鍵點並進一步組織。他還添加了對書中文本和其他書籍或手稿的交叉引用，並在每個部分的開始和結尾處寫下摘要。他使用書中的空白頁書寫更全面的綱要，通常包括作爲引導的表格或圖表。而且，與法國哲學家蒙田類似，迪伊在書的前頁或後頁寫下對整本書的評價，這是一種節省時間的策略，以避免不必要的重複閱讀。

他還開發了一套精細的詞彙或符號系統來區分主題，並用來表示他的認同或反對意見。頁面邊緣的小三角形標記特別重要的段落；連續的數字則是用來排序。連接線是他最引人注目的技術之一，線條大膽地劃過大段文本，將頁面上的一個段落與另一個段落連接起來。迪伊不怕重塑他的書籍，經常插入空白頁以添加更多注釋，並重新排列或添加其他文本的部分。他將閱讀內容消化成易於管理的片段，爲他未來的使用和文本間的連結做準備。

迪伊可能是他那個時代最熟練和最有野心的注釋者之一，但在書籍中注釋文本是一種非常普遍的現象。來自那個時代的其他讀者所留下的注釋數量之多令人震驚。例如，一五〇〇年代在德國萊比錫印製的亞里斯多德《分析學後編》副本，其六十八頁上共有五萬九千六百個詞彙的旁注。當時有一些約定俗成的符號，例如在頁面邊緣畫一朵花是表示具有引用價值的標準標記。改述也很常見，這是一種剖析觀點以清楚理解內容的絕佳方法，並在過程中逐漸形成個人風格，經過一段時間後，個人系統也日益完善；這一時期的現存手稿中有著許多變化，利用這些刻意鍛練的技巧以確保讀者保持專注，並從書中收集所需的內容。

文藝復興時期文本邊緣最常見的符號是一個指示方向的小手指，也就是「手形記號」，讀者用它來標記值得注意的段落。這些手形記號大不相同，有些只是簡單的輪廓，有些則包含肌腱、關節或指甲。迪伊偏愛輕微弧形的手指和完美圓形的袖口。它們都在指向文本，食指整齊地伸出以引起讀者對文本的注意，但也有變化：手指可能橫跨整頁的寬度或不可思議地彎曲以指示某個句子。手形記號如同簽名一樣獨特，是留在頁面上的個人標記。

早期現代讀者喜歡用手形記號來標記他們閱讀的書籍，這絕非偶然。手形記號直觀地模仿了我們用手去感知事物的方式，文藝復興時期的閱讀確實具有一定的實體性。閱讀，如同寫作和繪畫一樣，被認爲既是手的功能，也是眼睛或大腦的功能，當時許多與閱讀相關的詞語，如「手稿」、

「手冊」和「手形記號」，都來源於拉丁語中的「手」（manus）一詞。

✧ ✧ ✧

閱讀在文藝復興時期另一個重要的基石是「隨筆札記」（Commonplace book，也有人稱爲備忘錄、讀書筆記或靈感筆記）。讀者從他們的閱讀和生活經歷中收集精挑細選的句子，並將其寫在筆記本中，該筆記本被歸入「locus communis」的類別，意旨當中的每個主題及標題都是日常或常見的主題。隨筆札記是早期現代人日常生活中不可或缺的一部分，是他們對精神生活的持續追求。隨筆札記作爲閱讀活動本身的延伸，激發了新的聯想模式和意義。主題標題可以應用於任何領域，以及配合不同的詳細程度或複雜程度調整。對於某些人來說，隨筆札記需要包括數量驚人的筆記本、詳盡的索引、交叉引用、旁注和精心製作的目錄。對於另一些人來說，隨意收集的筆記片段就已經十分足夠。

顯然，迪伊保留隨筆札記來記錄他的閱讀和其他工作。他的總結、反思和辯論源自他的圖書館所收藏的各類複雜主題的書籍。與他同時代的其他讀者一樣，迪伊的閱讀既深入又廣泛，擁有適應不同場合和材料的閱讀模式。他同時閱讀多本書籍，進行交叉引用，通常按頁碼和行號進行。這在文藝復興時期是一種常見的做法，促成了書輪的發明，這是一種高達五英呎（約一百五十二公分）的旋轉書架，形狀像水車，讓人們可以輕鬆地在一個地方閱讀多本書。迪伊的圖書館遍佈於一幢房子的好幾個房間，不僅擁有書籍，還配備閱讀裝置、數學儀器和實驗室。隨筆札記作爲一切的目錄，將他廣泛的參考工具組合成一個精簡的指南。格言、主題和資料從書籍、對話和實驗中轉錄過來，獨特的主題排序爲他的圖書館內容賦予了個人化的結構。他的閱讀方式絕非機械式或例行公事：這是富有想像力的工作，爲新方向提供了知識基礎，他的清單使發想新概念變得更容易。

迪伊作爲女王顧問的重要責任之一，是改進航海科學，並幫助英格蘭獲得海外新領土。他爲航行提供學術服務，並在一系列論文、地圖和會議中，制定了一個擴張計劃，這是英國帝國野心的首次明確宣示。人文教育的一個指導原則，是培養學生將他們的學識付諸實踐，方法是透過大量閱讀。哥倫布也利用閱讀的方式支持他的旅行，他會發現新世界，正是受到了廣泛文本的啓發，其中一些文本仍然保留著他的注釋。迪伊詳盡地審查了哥倫布的著作和船舶日誌，尋找英格蘭趕上大陸競爭對手的方法。他徵求歐洲地理學家對國家或航道的意見，並收集了英國探險家的報告，這些探險家爲他提供了地圖、觀察報告和實物。這些資訊都儲存在迪伊的圖書館中，整齊地安排在他經過反覆測試的隨筆札記檢索系統中。

✧ ✧ ✧

隨筆札記在幾個世紀以來有著不同的名稱：筆記本、札記、口袋書、桌面書或隨身手冊（拉丁文 vade mecums 的字面意思是「隨我走」）。拉爾夫・沃爾多・愛默生（Ralph Waldo Emerson）

比迪伊晚出生近三百年，他也是非常擅於使用隨筆札記的人。愛默生的著作對思想家、作家和詩人的生活產生了深遠的影響，他仍然是美國最常被引用的作家之一。他最為人稱道的是其清晰的思想和重新詮釋世界的文字能力。然而，今日人們常常忽略了他的主動閱讀和書寫隨筆札記是如何塑造他的思考過程、工作方法和觀點。愛默生在四十多年內，每月大約填滿一本筆記本。他廣泛但有系統地閱讀，只專注於特定項目，將片語、事實、細節、隱喻和軼事轉錄到他的筆記本中，最終這些筆記本的總數達到了二百六十多冊。

愛默生將這些筆記本視為他創作的思想庫，他熱切地強調自己的寫作有很大的部分是從閱讀他人的作品中得來的。這些筆記本構成了一個組織良好的檔案系統，旨在對他廣泛閱讀所積累的大量知識進行分類，涵蓋他一生中感興趣的每個主題。筆記多到他不得不為其內容編製索引，以便能夠隨時查閱。這需要數年時間的重寫和按字母順序排列。他創建了一個傳記索引，用於整理他覺得發人深省的個人筆記，僅此一項就多達八百三十九個條目。他最終甚至為他的索引製作了索引，以讓筆記有條不紊。愛默生為自己製作了一個相互連接的連結和文本關係資料庫，這些連結和文本共同形成了一個全面的主題指南。這是最上乘的策展，完美地呈現了他個人的興趣和目的。

隨筆札記以無形的方式對文化作出貢獻，為早期製作的標準參考書籍提供了基礎，這些參考書籍現在常被視為理所當然：百科全書、選集、同義詞詞典、字典等等。網路搜尋是我們現代的愛默生索引系統。Google的創立，是源於兩位學者意識到引用索引的力量。如果沒有網站之間的連結，讓Google能夠衡量重要性並提供結果，網際網路將會是難以理解的大量頁面。儘管如此，網路搜尋可查詢的資料池當然遠超過一個讀者一生所能閱讀的資料量，但主動閱讀、細心注釋書籍和在隨筆札記中寫下段落的精細做法，使我們能夠創建自己獨特的閱讀紀錄，並發現我們所讀文本之間的獨特連結。

近現代時期教導的調查、吸收和記住文本的方法，迫使讀者放慢速度，停下來，回過頭來重讀，在作者和讀者之間創造了重要的空間，讓讀者有時間思考，並在回應中表達獨立的想法。迪伊和愛默生的閱讀習慣，清楚地提醒我們，主動、細緻地閱讀有助於讓我們把遇到的文本變成自己的。透過放慢速度，更細緻地吸收資訊，使用注釋、標記和筆記，我們更能充分吸收資訊。主動閱讀是深入理解文本，然後剖析、質疑或重新構建它的有力工具。

然而，自迪伊和愛默生的時代以來，閱讀的所有面向幾乎都發生了變化。今日，我們以前為自己創建的複雜檔案系統已交由演算法處理，我們曾經慢慢而仔細地閱讀文本，如今我們滑過和瀏覽已成為常態，因為我們要努力跟上網路傳給我們的大量文本。但很可惜，這給我們的個人知識和閱讀能力留下了相當大的空白。如果快速閱讀沒有搭配主動閱讀，就無法正確消化遇到的資訊：我們變得不那麼會質疑，更輕易接受我們所讀的任何東西。我們也阻礙自己形成更細緻的意見和觀點。

然而，就像我們其他的核心人類技能一樣，我們每個人都有能力更加主動地閱讀。向迪伊和愛默生這樣的書迷前輩學習，我們可以重新獲得完全掌握和融入書面語言的能力，從而提高我們的批判思考和資訊處理能力，這在我們文字飽和、由演算法驅動的資訊時代至關重要。

生成效應

莎士比亞的作品是文藝復興時期主動、廣泛閱讀以促成新創作的絕佳例子。《暴風雨》是他少數幾部擁有原創情節的劇作之一。至於其他作品，則是從其他作家那裡借來故事，透過重新安排事件，並加入新的人物和次要情節，創作出完全屬於他自己的戲劇，涵蓋了整個人類經驗的範疇。在他的作品中，他所引用的作家時代跨越了一千五百年，從西元一世紀的羅馬作家如奧維德和塞內卡，到中世紀的英國詩人喬叟和高爾，再到莎士比亞劇作首次登台前幾年內的當代作家。一五七七年出版的《霍林斯赫德編年史》幾乎成爲他所有歷史劇的來源，學者們能夠區分出他從哪些頁面汲取靈感來創作特定場景。然而，他的戲劇絕非僅僅是拼湊而成的模仿之作，而是構思優雅和學識豐富的高水準文本。

關於莎士比亞的紀錄少得令人驚訝，因爲他出身於相對普通的家庭，而非紀錄詳盡的貴族家庭。現存的少數紀錄顯示，他的父親是一名製作手套的工匠，後來成爲斯特拉特福鎮的顯赫人物，並將孩子送進當地的文法學校。因此，莎士比亞受益於人文主義教育，但我們沒有留下任何顯示他閱讀習慣的文件；事實上，他的戲劇手稿沒有任何一部流傳至今。與此同時，劇作家班．強生的情況正好相反，他是莎士比亞的著名競爭對手，其劇作對詩歌和舞台喜劇影響至今。強生的圖書館目錄依然存在，包括注釋過的文本和其中一本隨筆札記。強生的思想和解釋，如同迪伊一樣來自廣泛多樣的文獻，並根據他的興趣和目的進行了改編。強生的其中一本作品《英語文法》闡述了他對文法教育重要性的看法，這也是他和莎士比亞同時受益的教育。在他的文學批評和教育論文中，強生強調閱讀建立於與文本的互動和參與。爲了避免簡單地接受所讀內容，強生認爲有必要批判性地審視和評估文本，對其意義、風格和結構進行判斷，這是個他認爲對於發展個人知識能力和獲取知識至關重要的主動過程。顯然，強生作品的豐富複雜性如同莎士比亞一樣，與他們的文藝復興教育和複雜的閱讀習慣密切相關。

過去幾十年的研究明確顯示，由自己主動生成材料而非僅藉由閱讀或觀看吸收內容，在學習過程和記憶形成中扮演著重要角色。這種「生成效應」最早由多倫多大學的諾曼．斯拉梅卡（Norman Slamecka）和彼得．格拉夫（Peter Graf）於一九七九年提出，其可應用於學習簡單的詞彙，例如，如果我們被要求從「ma_ic_le」的空格中生成「manicule」這個詞，我們更有可能記住它。但這也適用於更長的文本：例如，寫一篇關於某個主題的文章，而不是閱讀一篇相關主題的文章，就能帶來更深入的理解。莎士比亞和強生從小學到的主動閱讀習慣，使他們能夠汲取豐富的知識體系，讓想像力馳騁，並創造出新的字和片語，而這些字和片語仍流傳至今。

莎士比亞、強生、迪伊和文藝復興時期的其他人主動質疑文本的豐富生成過程，是我們紀錄中最精緻的閱讀習慣之一。然而，透過仔細閱讀和分析方法以利理解和記憶的做法，在大部分有文字紀錄的歷史中都可以找到。西元前八世紀希臘字母的發展，是閱讀史上的一個重要里程碑。它是已知最早的字母系統，擁有元音和輔音的獨特字母，使口語的表達更加精確高效；並且只有二十四個字母，比早期的書寫系統更易讀寫。閱讀成爲受過教育的精英必須掌握的一項技能，在希臘文明的幾個世紀中，使用紙莎草捲軸記錄並保存在私人圖書館或成爲國家資助收藏品的文本數量逐步增加，最終在西元前三世紀，亞歷山大圖書館據說典藏四十萬張捲軸。

希臘學者獨自閱讀時通常會讀出聲音，以便更深入地理解事物，他們經常集體閱讀，一邊閱讀、一邊討論和辯論觀點。透過向其他同伴進行釋義和解釋，比起靜靜地閱讀，他們會觸發更多的生成效應。實際上，直到羅馬帝國晚期和中世紀早期，默讀才變得更加普遍。隨著基督教文本的增加，讀者經常被鼓勵安靜地、私下地閱讀和反思，而不是出聲閱讀或集體閱讀。

在古希臘捲軸中發現了大量的手寫筆記，這對現今的學者表明，注釋和標記文本是一種普遍的做法，不僅僅只是學者和哲學家的專利。雖然羅馬時代的證據較少，因爲許多文本是寫在蠟板上，容易腐爛和損壞，但情況很可能非常相似，而這些基礎的閱讀習慣無疑對後來的幾代人和文化產生了廣泛的影響。在伊斯蘭黃金時代，亦即西元八世紀到十三世紀中期，也是中東、北非和中亞部分地區的科學、經濟和文化繁榮發展時期，據推測，學者們也會在手稿上添加注釋。文本通常是用紙張手工抄寫並在學者之間共享。不僅希臘和羅馬的手稿被翻譯成阿拉伯文，而且其中包含的概念和理論也經常在旁注中得到闡述，進一步產生了逐漸成形的新思想。

在中世紀期間，羅馬帝國的滅亡與文藝復興之間，歐洲各地的文本中發現了注釋和插圖，其中包含唯一現存的古英語史詩《貝奧武夫》的諾威爾抄本，是該時期最著名和最重要的文件之一。與許多其他文件一樣，它包含抄寫員或讀者為澄清內容而做的頁邊注釋和注腳。然而，直到十五世紀約翰尼斯．古騰堡（Johannes Gutenberg）發明了印刷術，徹底改變了書籍的生產方式，這種閱讀能力才在社會上變得更加普遍，不再侷限於教士和貴族。在印刷術發明之前，歐洲的手稿書籍數量僅有數千冊。到一五〇〇年，僅半個世紀後，流通的書籍已達數百萬冊，文藝復興時期的識字率迅速增加。當時人文主義的興起強調了個人思想和學習的重要性，這是培養更高形式的主動閱讀以促進學習和知識成長的重要催化劑；此外，愈來愈多的生成性閱讀方法，如隨筆札記，能幫助讀者跟上書籍中突然湧現的知識。

近年來，我們經歷的資訊爆炸，伴隨著大量資料充斥和指引著我們當代的數位生活，這種資訊量的巨大程度是前所未有的。在文藝復興時期，一個受過教育且主動閱讀的人，或許可以在一生中掌握書籍中的知識，而今日我們能接觸到的資訊量則是無法想像的龐大。每年都有四百萬本新書出版，每天透過電子郵件和社交平台發送的消息超過一兆條，全球每天創造的資料量達到二百五十京字（京＝10^{16}）。我們因此適應了這種變化。當我們使用數位裝置時，出於必要，我們通常會快速閱讀和瀏覽。我們快速建立模式和主題，從我們面臨的各種可能性中搜尋；同時在幾個標籤頁之間切換，瀏覽頁面上的部分文字以獲取主旨，然後繼續前進。我們上下瀏覽文章或動態，尋找需要避免和忽視的內容：這過程多半是一種排除法，而非生成。

以這種方式閱讀是一種技能，可以帶來極大的靈活性。我們可以輕鬆地在不同的資訊流之間切換，並且只需投入最少的時間和精力就能抓住某些事物的精髓。迪伊在他的圖書館中廣泛閱讀，對內容進行分類以便深入閱讀和集中注意力——不過，他也經常非常迅速地閱讀。今日我們面臨的問題在於，我們很少進一步進行主動閱讀，而這需要持續的注意力和時間來保持專注。我們現代快速、片段式的閱讀風格，是一種面臨被大量資訊轟炸的應對機制。書籤、動態設定和通知幫助我們管理和過濾資訊，但無法幫助我們深入思考並為自己生成新的想法。瀏覽標題或瞥一眼推文與閱讀路標差不多，讓我們短暫地記錄資訊，以確定它是否有用。我們盡力在數位資訊的洪流中導航，但很少仔細審視材料，也很少採取步驟將其更加牢固地整合到我們的世界觀中。而且，我們很少到達終點；洪流無休止地推遲我們，我們不斷在其中摸索前行。

一天中首次造訪新聞網站時，我們可能會先掃視首頁上的所有標題——也許有五十到一百則，甚至更多以確認值得注意的文章或事件，然後匆忙地掃視它們。我們經常在一天中定期重複這個過程，即使我們偶然發現重大新聞事件或個人感興趣的文章，也不太可能停下來充分消化其內容。我們最初的習慣是由我們對某些網站或主題的偏好所形成的。但是在網路上，我們幾乎總是無法以任何明確的方向閱讀，部分原因是難以跟上速度，以及有太多令人分心的資訊；同時，因爲我們在網路上閱讀的許多文本是由演算法推薦的，這削弱了我們有意識地導航想要吸收哪些資訊的能力。

我們在網路上進行的許多閱讀或活動，都是逃避現實的一種方法，就像是輕鬆地看電視一樣。利用白天的零碎時間隨便瞄一眼手機，打開新瀏覽器標籤頁查看新聞：當我們將控制權交給我們的裝置和螢幕上的內容時，我們進行的是被動的閱讀，這與迪伊主動努力的閱讀方式完全相反。我們不可能在一分鐘內閱讀一個網頁並期望在一段時間後記住其內容。要使文本變得有意義，就必須充分投入我們的記憶和注意力：我們必須投入相當的精神與專注力來充分處理資訊，並將其與我們的先前擁有的知識連結起來。我們大部分時間在網路上閱讀時所使用的工具，如網頁瀏覽器或新聞動態，故意設計成被動閱讀的形式，以讓我們不斷地瀏覽。社群媒體動態最清楚地體現了這一點，其內容的優先順序由看不見的演算法和廣告費用驅動。我們的眼睛鎖定在螢幕上，新聞和貼文不斷滾動，長時間被動閱讀後，我們經常會感到精神渙散。是的，我們可以與貼文互動，但點擊「讚」或選擇其他按鈕只投入非常少的精神；而寫評論需要更多的思考，但我們留下來的想法很快就會消失在視線中。

大部分時間，當我們在手機和電腦上閱讀時，很難邊讀邊在文本上標記，不管是劃底線標出重點，還是在邊緣記錄想法。當然，我們可以輕鬆保存數位副本，保存成PDF或者複製貼上到別處，但很少有人會這麼做。同樣，現在也有一些數位服務可以模擬隨筆札記的許多好處，但它們的使用並不廣泛。在紙本書籍的頁面上，我們可以隨處留下標記，而且它們之後可以保留下來；但對於我們在網路上看到的絕大多數文本，則無法進行注釋。大多數時候，文章是透過瀏覽器或即時應用程式閱讀的：這些都在網站的伺服器上或以動態貼文的方式發送，不屬於我們。除非我們有意識地採取一些步驟，有條理地保存我們閱讀的材料以供將來使用，否則閱讀就變成了一種短暫的經驗，任何學習都會在視線中迅速消失。

問題不僅在於我們會忘記讀過的內容，更令人擔憂的是，被動閱讀會削弱我們的批判能力，因此我們更有可能輕易認爲作者的觀點是正確的，而不加以仔細檢視，特別是當它與我們自己的理念一致時更是如此。被動閱讀會導致我們的觀點僵化，因爲我們錯過了論點中的細微差異、模糊或缺陷，跳過了只有眞正閱讀才能達到的理解和欣賞階段。要開始形成對文本的批判性理解，我們需要完整地閱讀；需要空間和時間來形成更具體、持久的想法作爲回應。透過仔細閱讀與思考，我們可以學習新的概念並調整我們的觀點。簡單地說，沒有任何工具或裝置可以爲我們做到這一點。

大英博物館收藏了一系列由納西瑟斯．盧特雷利（Narcissus Luttrell）編纂的隨筆札記，這位十七世紀初的英國國會議員在他的隨筆札記中記錄了日常資料來源，如新聞小冊子和指導手冊，這些就像我們今日在網路上看到的新聞文章和指南。盧特雷利會小心翼翼地將文本中提出的論點提煉到最精簡的形式，努力消化之後，再進行新的閱讀活動。他在其中一本筆記本中明確地爲自己設定了一條格言：「人類有特權和義務在相信或判斷之前進行詢問和檢驗，並且永遠不要在沒有充分和合理的理由的情況下輕易同意。」我們今日在網路上閱讀時，如何遵循這些原則呢？

✧ ✧ ✧

學界並未忽視數位科技造成的閱讀習慣變化，他們多年來在這個領域進行了大量研究。二〇一八年，一組歐洲研究人員發表的一項具影響力的綜合分析，提供了最清晰的觀察結果，這項分析整合了二〇〇〇年至二〇一七年間十七萬多位受試者和五十八項單獨研究的結果。研究發現，閱讀紙本文本的人比閱讀螢幕文本的人具有明顯更好的理解能力。研究人員還比較了不同年份、紙本閱讀和數位閱讀理解水準的差異，結果發現，自二〇〇〇年以來，紙本閱讀的優勢增加了，而我們在網路上閱讀的效果則下降了——換句話說，相較於傳統的印刷品，隨著數位環境的成熟，大家在螢幕上閱讀對理解能力反而造成了負面影響。

然而，到目前為止，學術研究僅僅針對讀者的被動閱讀進行實驗，尚未研究生成效應或注釋等主動閱讀技巧在紙本或數位文本中的應用效果。

閱讀在我們周邊複雜的媒體界面上運作，這是敏感且滲透性很強的界面。批判性的主動閱讀技巧相當多元且可轉移——可以應用於任何媒體類型，無論是電視、電影、影像或數位技術平台上的多媒體內容，甚至可用於生活中的大多數情況。然而，文藝復興時期的教育為適應印刷術的出現，以及其對日常生活方式的各種影響，當時教導學生更高級的閱讀方法以應對資訊量的增加，而今日針對數位內容的教育卻完全沒有發生類似的變化。在過去幾十年中，傳統的閱讀課程直到研究生階段及其以後的學習內容基本上保持不變。自二〇一八年以來，我們花在手機上的平均時間持續增加，如今幾乎達到每天四小時，這還不包括我們坐在電腦前的時間，這些時間大多數都用於消費性文字和各種形式的視覺媒體。因此，令人驚訝的是，沒有任何正式的教育教我們如何更有效地、批判性地、有意識地利用這些時間。個人發展或專業訓練通常集中在數位裝置上的快速閱讀，許多應用程式服務試圖幫助我們儘快掃描文本；然而，這正是我們已經做得相當好的領域。在主動閱讀技巧作爲抵抗演算法的決策、假新聞和分裂性政治言論舉足輕重的時候，我們的閱讀卻比以往任何時候都更加被動。深度、專注的閱讀是一項珍貴的社會成就，花了數千年才培養出來，因此我們需要保護它。只需一些微調和改變，就可以在現代生活中恢復和採用傳統的主動閱讀技巧，更清晰地過濾、處理和批判每天呈現在我們眼前的資訊。

成為主動的讀者

迪伊使用的技巧至今仍未過時。科技或許改變了你使用的媒體類型，但主動解釋資訊的方法並未有本質上的改變。仔細、質疑式的閱讀可能大幅改變你的觀點，這是理解和欣賞他人觀點的強大方式。這也是學習任何新課題的基本手段。許多迪伊或愛默生的閱讀方法都可以直接採用，或者稍作調整，就能應用於線上閱讀。

如今，你也非常幸運地擁有豐富的資訊，這意味著你不必像文藝復興時期的讀者那樣辛苦工作。主動閱讀的極致是一項嚴肅的心理工作，需要長時間的專注和努力，是你學習新的、複雜的概念和主題時相當重要的方法。但也有許多其他形式的閱讀並不需要過去那樣的努力，因此重要的是能夠辨別何時以及如何使用主動閱讀方法。擁有一本隨筆札記，無論是實體的還是數位的，就是主動參與閱讀、組織思路並記錄資料的絕佳方式，日後要使用時就能輕鬆找到。

何時進行主動閱讀

當你閱讀時，通常是由於以下一個或多個原因：娛樂目的、釐清一個簡單的想法、獲取具體資訊，理解他人的觀點或學習一門新課題。我們在使用數位裝置時所採用的被動閱讀模式非常適合前面三種類型，只需要進行一些微調即可變得更有效。搜尋引擎和網路上的豐富資源，意味著我們不再需要像以前那樣親自記錄資訊——在娛樂閱讀、查看新聞或查找事實時，通常不需要進行標註文本、記筆記或做隨筆札記等這類更深入的閱讀練習。只需對數位裝置上的閱讀方式進行幾個小改變即可。但要理解新的世界觀或概念，或學習一門新課題，則需要進行主動閱讀。寫一本書、建造一個小屋、撫養四歲的孩子或新的工作領域的重新培訓等，這些個人計畫和生活追求最能受益於更有意識的努力和全面的主動閱讀技巧。

數位閱讀

對數位裝置進行一些小調整，即可創造一個更有利於閱讀的環境。在桌面瀏覽器上安裝一個好的廣告攔截器來消除網頁上廣告的干擾：uBlock Origin 非常可靠，完全免費且是開源軟體。花點時間了解桌面和手機上的不同顯示模式。瀏覽器通常都有全螢幕選項，可以優先顯示螢幕上的網頁內容，還有其他可用的設定可停用工具欄和其他靜態資訊欄；手機的網頁瀏覽器通常有一個閱讀模式，可以簡化網站的外觀，優先顯示文本，這樣你更容易專心地閱讀。在電腦上，使用預設爲最簡單模式的單獨瀏覽器進行閱讀或其他需要專注的工作，這麼做非常有幫助。

數位螢幕非常適合快速閱讀，例如查找特定的技術資訊，還是掃視較長文本的概要。分頁瀏覽器模式使你能夠同時瀏覽多篇文章，確定哪些值得更仔細的閱讀。嘗試記住文章的關鍵特徵，如作者及其目標，以及發佈日期。慢下來閱讀引言或結論，並嘗試辨別文章的整體結構，這樣你就可以跳到最相關的部分，並在必要時準備重讀較複雜的部分。如果深入地主動閱讀某些內容對項目有幫助，就迅速將其歸檔以供稍後仔細閱讀，然後繼續下去。

衡量一下你花在重複造訪偏好的新聞網站上的時間，與你投入尋找新替代來源的時間：在網路上很容易陷入例行和重複的點擊流。預留幾個小時來尋找其他來源，以補充你已經閱讀過的內容，盡量尋找平衡涵蓋全主題或政治光譜的文章。儘可能廣泛思考，進行廣泛的網頁搜尋。資金雄厚且經過搜尋最佳化的網站，通常會出現在搜尋結果的第一頁，所以一定要透過問對問題來深入挖掘。整合的AI和自然語言搜尋指令比基本的關鍵詞搜尋讓你更能掌握搜尋的結果。以前的搜尋引擎是透過簡單的關鍵詞搜尋，而現在你可以使用如ChatGPT這樣的AI來輸入或利用更多對話式的搜尋指令來找到你需要的東西。

網路上最有價值的一些資訊來源，往往來自部落格平台或自架網站的伺服器上，擁有小而熱情的讀者群，要找到它們需要一些努力。注意不同網站之間的連結，無論是建議閱讀清單還是文章中的超連結，並在閱讀過程中不斷擴展你的閱讀列表。將你想更頻繁造訪的網站列入書籤並組織起來，這樣可以更容易將它們整合到你的持續閱讀中。

避免使用廣告過多或由不透明演算法控制內容的社群媒體網站。如果你選擇繼續使用這些網站，嘗試將你關注的帳戶數量減到非常少，僅保留那些經常給你帶來意料之外或真知灼見的連結和想法的帳號。

採取行動

・安裝廣告攔截程式：在你的網頁和手機瀏覽器中添加廣告攔截工具以減少干擾。

- 調整顯示模式：精簡電腦桌面和手機上的閱讀體驗。
- 擴展你經常在網路上閱讀的來源：審慎地研究新網站，並使用最新的AI自然語言指令來拓寬搜尋範圍。
- 避免社群媒體網站：減少在社群媒體上的時間，減少關注的用戶數量。如果能完全刪除你的社群媒體帳號會更好。
- 規劃你的數位閱讀：選擇一天中能夠專注的時段，將需要主動閱讀的主題留到你能夠極為專注的時候。

在一天中休息的時候，你最容易陷入無效且浪費時間的閱讀。此時最好不要在裝置上閱讀，而是嘗試探索哪些不適感促使你回到網路上。當然，避免在這些短暫的時刻進行主動的閱讀，而是將這些閱讀內容留到你可以極爲專注的時段。至於要了解最新的新聞，與其整天返回網站反覆查看，不如在早上設定一個時間，有意識地瀏覽你選擇的網站，然後其他時間再來看新聞。這樣，你就能在新聞流之間創造出一個空間，幫助你建立更清晰、更不偏頗的事件觀點，而不是只處在自己所屬的群體或政治立場的同溫層裡。儘可能放棄將閱讀當作塡充空閒時間的習慣，取而代之的是，透過將閱讀規劃爲有意識的活動，來提升你的閱讀價值。

紙本閱讀

數位閱讀是不可或缺的，因為那在任何主題上都提供了無與倫比的內容廣度並且可利用強大的搜尋演算法來過濾所有內容。然而，如前所述，那也限制了深入閱讀的機會，並且充滿了干擾。相較之下，閱讀紙本頁面上的文字是最容易和最直觀的方式，可以將注意力集中在一個主題上，並在閱讀時標記文本和做筆記。將你的閱讀任務視為漏斗，初步閱讀時廣泛而多樣——數位閱讀就非常容易做到這一點；而深入閱讀時，則需要閱讀紙本。對於任何需要深入閱讀的專案，盡量將你的主動閱讀移至紙本。選擇實體書籍而非電子書，選擇紙本而非數位雜誌訂閱。投資一台好的印表機，將你打算深入閱讀的網路文章列印出來。整理你的書籍和雜誌，使你能夠輕鬆參閱，並將列印出的文章放進多孔活頁夾中。

注釋

標記和注釋文本是主動閱讀的重要部分，這在閱讀紙本時，手持鋼筆或鉛筆最容易做到。用螢光筆大量標記也很有用，這麼做確實有助於在重讀時讓重要部分在頁面上特別醒目。畫底線或圈出值得注意的片語、句子和段落。不要擔心它是否凌亂。如今，人們往往認為書籍是神聖不可侵犯的，不應在自己的書上進行標記或修改。試著盡快克服這種觀念：添加自己的隨手塗寫確實能使一本書成為你自己的，變成更有價值的資源。經過一段時間後，像迪伊一樣，藉由隨手塗寫，你會逐漸形成自己獨特的風格，並開始為之感到自豪。

採取行動

・嘗試標記和注釋書籍：發展你自己的一套符號和標記方式，未來重讀時一眼就能看見重點和你的發現。
・標記一篇有挑戰性的文章：列印一篇文章，並在閱讀時註記你的想法，質疑文本的準確性及其對你個人計畫的重要性。
・嘗試數位注釋：註冊並嘗試使用免費的數位注釋服務。

思考一下有哪些個人計畫需要進行主動閱讀，並嘗試在一些紙本文章或書籍上做標記。大膽地做標記，在閱讀時進行回應，並畫出重點。你可能會注意到這些標記能夠讓你的閱讀體驗更完整，與你在頁面上看到的內容同步，並在你努力理解某些內容時提供支持。在閱讀過程中添加注釋，寫下你隨著文本進展出現的想法。刻意評估你所閱讀的內容，質疑文本的準確性和精確性、邏輯和重要性、深度和廣度，以及與你計畫的相關性。開發自己的符號和筆記系統，例如在重要結論或總結關鍵點的句子旁邊加上驚嘆號，或者在你不理解的地方加上問號。簡單的提示在你日後重讀時非常有用。完成閱讀後，花點時間查看你的旁注，看看是否能幫助你跳到最相關的部分，讓你回想起第一印象和學習到的內容。

有時候，留在電腦前並快速地做標記會更簡單。在這種情況下，數位服務就能發揮作用，這些服務可以支持個人和群組注釋。網路上有許多可用的工具，允許你直接在查看的網頁上做螢光標示和注釋，並永久保存注釋頁面。

隨筆札記

在任一項主動閱讀中最重要的步驟就是分析、改寫和用自己的話解釋你所閱讀的內容。將主動閱讀分為兩個階段相當有幫助：第一次閱讀時標記和注釋文本，然後再次閱讀並將其記錄在隨筆札記中，利用你的筆記和隨手塗寫作為導航內文的個人指南，用來汲取最重要的重點。將這些長篇內容寫在筆記本中，抄錄引文或拓展你在閱讀過程中產生的想法或新點子。這是一個非常有用的過程，最終可以將你的所有閱讀學習整合成一個靈活的格式，成為以後任何專案的主要資料來源。無論範圍或複雜性，這種方法都可以輕鬆應用於任何專案。

你可以先買一本簡單的Ａ４筆記本，預留前幾頁作為目錄。將筆記根據不同主題分類整理的方法非常方便。花時間仔細思考與你正在主動閱讀的內容相關的主題結構：主題列表會自然地隨著閱讀進度增加，但初步先做一些規劃有助於讓你從一開始就能以更完整的方式整理筆記。將你的主題分配在筆記本中，並在各頁面頂部設置該主題的標題，為對應的筆記留出相應的空間，同時預留一定的頁面以便於之後增加其他主題。為筆記本的頁面編碼，並在目錄標記每個標題的位置。

在閱讀書籍的同時，將筆記本放在手邊，寫下任何引起你注意或你認爲有用的內容，除了記錄事實、資料或引文以外，其他部份則盡量不要簡單地逐字記錄內容。停下來充分理解更詳細的重點，並透過在筆記本中以重述的方式來增強生成效果。每次都要記下內容的原標題和作者，因爲這樣在未來引用或進行延伸閱讀時會變得更加簡單；另外也要記下內容來源的頁碼，以連結任何特別有用的部分。塡滿一本筆記本後，如果可以，請將每一頁都拍成數位照片，並將這些照片保存在雲端硬碟中，使用清晰的編號結構命名檔案，以便你日後能輕鬆找到單個頁面。這樣，你就可以輕鬆地將之載入手機或筆電中，不需要隨時攜帶實體筆記本。

數位注釋服務讓你在數位閱讀中可以使用類似的技術，透過標記文章連結，以便你日後能輕鬆造訪。這些工具與先前提到你在網路上主動閱讀時可以用來做螢光標示和替文本加注的工具相同，所以你所有的標記和筆記都能整齊地納入你規劃的主題中。設定標籤，就像隨筆札記中的主題標題一樣；更好的作法是，嘗試在數位和實體筆記本之間相互對應，這樣你就可以輕鬆地在兩者之間切換。

編寫自己的隨筆札記索引尤其有幫助，如果你正在認眞研究某些事物時更是如此。妥善的索引讓你能快速找到筆記中的特定資訊，還可以促進思想的交互影響。在某處中記錄的筆記，通常對其他主題也非常有幫助，並且可以爲各種個人計畫提供意想不到的觀點。

你寫滿了一本隨筆札記後，用一本新的筆記本作爲索引，如果能製作電子表格會更好，其內容可以更輕鬆地進行搜尋和過濾。閱讀你的隨筆札記中的筆記，開始將每個主題中涵蓋的不同重點分項列出。使用簡單的編號來表示子題，並在隨筆札記頁面上的每個要點旁邊寫上這些編號。在索引中記錄這些子題的編號，並註記筆記本標題和每個重點的相關頁碼，以便你日後可以快速找到筆記內容。

採取行動

- 開始建立你的隨筆札記：為你的個人計畫設置主題標題並編列頁碼，以便在目錄部分能夠輕鬆找到。
- 再次閱讀你已標記的文本：打開你的筆記本，根據你寫下的旁注作為指南來找到關鍵點並將之寫下來。
- 讓一切維持井然有序：記錄資料的原標題、作者和頁碼；完成一本筆記本後，拍照並將每頁的數位照片儲存在雲端硬碟上，以便日後可以輕鬆查找。
- 開始編列筆記的索引：寫滿一本隨筆札記後，根據札記標題或子題給每個重點編碼。使用電子表格或單獨的筆記本來幫助你以後能輕易找出這些筆記內容。

第六章

寫作

人類的通用尺寸

在一四八〇年代後期，李奧納多·達文西（Leonardo da Vinci）創作了一幅作品，至今仍被公認為世界上最具辨識度的畫作之一。在他的隨筆札記中，可以看到不少草繪，他從詳盡解剖學研究開始，然後輔以圖書館閱讀和自由聯想的筆記進行補充。在研究羅馬建築時，他發現了一個已有一千五百年歷史的假設，即比例勻稱的人體可以完美地嵌入在一個圓和一個方形的邊界內。透過悉心收集人體各部位的座標和精確測量，達文西累積了前所未有的大量資料。隨後，他巧妙地將複雜多樣的發現濃縮成一幅簡單的圖像。他的作品《維特魯威人》優雅地嵌在圓形和方形中，體現了文藝復興時期觀眾心目中的理想小宇宙，也就是人類，存在於世界這個大宇宙中，並與之密切合作。

我們今日所知多數有關於達文西的資訊，都來自於他個人的筆記本。他一生中寫滿了約三萬頁手稿，其中現存七千二百頁，這些手稿包括大型書冊中的精緻書寫，以及掛在腰帶上的小筆記中的隨手塗鴉，每一頁都充滿了各種雜亂的圖畫、待辦事項和對無數主題的書面筆記，展示了他跳躍的想法和廣泛的聯想。一開始，他主要記錄藝術或工程項目的想法——誇張的臉部特徵和身體姿態的畫作，或者是黑帆隱身船和潛艇的設計——但經過一段時間後，他開始純粹爲了好奇心而追求知識。達文西每天花數小時在他的筆記本上寫作和繪畫，他的作品展示了人類擁有無窮盡的想法和觀察力的驚人力量。

達文西的父親欣賞他兒子早慧的藝術天賦，當達文西十五歲時，把他送到著名的雕塑家暨畫家安德烈·德爾·韋羅基奧（Andrea del Verrocchio）那裡當學徒。在佛羅倫斯，達文西首次接觸到藝術家的字帖和工程師的素描本，並在一段時間後學會了將這些視覺媒材與隨筆札記（在義大利語中稱爲zibaldone）的實用資訊處理能力互相結合。作爲一個孩子，他只接受了有限的學校教育——閱讀、寫作和數學的基礎訓練——很可能是達文西在早年自學寫作，很快便創造出自己的速記和鏡像文字：由於他是左撇子，他從右到左倒著寫字是爲了避免手沾到濕墨水。他很快就習慣了自己探索知識，並且發現書寫下來的想法和他在畫作中構思的視覺概念間沒有任何眞正的界限，他在筆記本中記下他的印象、撰寫信件或散文，與此同時也畫風景、設計機械或繪製城鎮和城市地圖。

達文西今日以藝術家身份最爲人所知，但他透過傑作傳達的複雜思考脈絡卻不是那麼容易理解。他的線稿和畫作不僅展現了深厚的技術能力，還顯示出他對機械運作和事物內部原因的深刻理解。當達文西畫出上揚的眉毛或試圖捕捉緊繃肌肉的扭曲時，他總是盡可能根據自己的實證研究做出決定：他不斷爲自己設下挑戰，探索事物的運作方式和原因。他的傑作源自無數的準備研究和科學實驗，並透過視覺來傳達自己的理解。經過一段時間後，他的研究速度迅速加快，幾乎涵蓋了人類探究的所有可能主題。他的筆記本不僅展示了他的精神生活和他非凡的視覺思考模式，還呈現了他個人興趣和自學範圍皆是與日俱增。

達文西自己發現了影像具有解釋的能力，透過在紙上繪製線條，他可以更清楚地表達和澄清自己的想法和目的。他的草圖完美地展示了生成性視覺活動——以自由、富有想像力的模式收集和呈現資訊——文藝復興時期的人們也經常在他們的手寫筆記中不時這麼做。文藝復興時期的學生將文摘、想法和見解寫入他們的隨筆札記中，並且還會繪製視覺上的輔助說明，試圖結合他們所學——使用線條、箭頭和圖表以及更複雜的草圖來解釋概念是相當常見的。

當時典型的學生在繪畫方面比今日大多數人的技巧更熟練，也更有能力。義大利文的「disegno」，指的是由智識作爲基礎的美術繪畫，在文藝復興時期的初期開始發展，最終傳遍歐洲。寫作和繪畫被認爲是認知過程，一種透過問題思考來找到解決方案的方式，學生經常透過影像表達難以用文字溝通的想法。由於他們自然地手寫，學生們可以輕鬆地在文字和插圖之間切換，以充分表達他們的想法。繪畫活動成爲學校許多主題訓練的核心部分，視覺的再現成爲了組織和探索想法及大量資訊的重要工具。留存至今的學校筆記本中可以看到許多草圖，有些是在聽課期間製作的，有些則是後來爲了吸收學習內容而製作的。這些顯示了我們過去使用視覺策略來妥善管理和組織資訊是多麼普遍的事。繪畫課和相關訓練在當時確實往往持續到晚年。

然而，達文西的與衆不同之處，在於他的野心以及他在視覺方面的持續探索。身爲藝術家，爲了準備他被委託創作的肖像時，他做了許多研究，除了雕塑外，也包含其他人體形式的再現，並開始更加密切地研究人體的運作機制。在他生命中的黃金時期，尤其是在他已經創作了一些最受世人推崇的線稿和畫作之後，他致力於學習拉丁文，以便能夠閱讀古希臘和羅馬的著作、伊斯蘭的傳統科學以及中世紀的權威學術著作。他開始得太晚了，無法完全流利地表達，但因爲夠努力而勉強能理解。他很快便獲准進入當時最大的圖書館之一——位於帕維亞的法齊奧．卡達諾的私人藏書圖書館。在研究了當時存在的大多數醫學和解剖學文本後，達文西發現了其中的謬誤和誤解，並對人體解剖學的基本插圖和錯誤描述感到愈來愈沮喪。他意識到當時並沒有任何一本全面且實證研究的人體指南，於是在一四八九年初，他決定親自著手編寫。

達文西在他的筆記中寫道，他的《論人體》（*On the Human Body*）解剖論文將與以往所見的任何作品不同，將從子宮中的受孕開始記錄，然後呈現人類的普遍狀況，以及我們所有身體部位和運動方式。在他筆記本上迅速湧現的思考和想法中，他突然頓悟，那就是他的作品主要會以視覺的方式呈現。他剛完成了一系列的工程和建築研究，並深刻地意識到精心繪製的影像可以是多麼有效的工具。在接下來的幾年裡，達文西親自進行了三十多具人類屍體和更多動物屍體的解剖。他一手持筆一手持手術刀，邊解剖邊繪畫，逐層描繪他所發現的東西，即使是未經處理而腐爛的屍體，他仍對每個細節都不放過，全面地研究了身體，甚至解剖了控制嘴唇的深層神經和肌肉，以尋找將情緒傳遞到臉部表情和人類微笑的實際機制。

他以精確的方式呈現了他發現的事物，並使用一系列新的建築和透視繪圖技術，呈現了整個人體的旋轉、剖面圖和透視圖，搭配精心設計的平面圖和立面圖。他現存的解剖學研究令人驚嘆不已：頭骨和骨骼、肌肉和組織都從多個角度進行了詳細記錄，呈現了強烈的明暗對比，也就是運用他著名的明暗對照法（chiaroscuro）繪製，讓這些構圖栩栩如生。同樣地，他的文字筆記圍繞著線稿圖，並占據了幾乎同樣多的空間來說明他的外科手術方法，並清楚地描述他的測量結果。或許最令人驚訝的是，最終這二百四十幅繪畫和一萬三千個文字從未在達文西生前公佈，也確實是在幾個世紀後才被公開：這些一直藏在他的個人筆記本中，他也從未找到時間完成完整而有計劃的論文。現存的紀錄只是他爲了自己使用而設計的視覺提示和筆記。

達文西主要是視覺型的思考者：每個圖表、線條或隨手塗寫都是一種富有創造性的實驗；透過在紙上繪製各種運作機制，無論是測量工程原理，還是區分肌肉和肌腱如何控制四肢，透過這種方式，他更能清楚地想像這些在現實中如何運作。他用筆進行腦力激盪，不斷設計新的方法來展示資訊，他對文字或字母、線條或形狀，又或是完整的視覺呈現沒有特別的偏好。當他發現影像比任何語言更容易闡明一個想法時，他很快就開始繪畫；當寫作足以表達想法時，他就繼續寫作。達文西的主要技能之一，就是這種在影像和文字之間的流暢轉換，使他能夠更清楚描述事物之間的關係，並更流暢地分解一個問題或難題。達文西透過視覺方式豐富了自己的知識，並且透過在頁面上結合文字和影像，達到更高層次的理解。

達文西有次在進行令人毛骨悚然的解剖和驗屍檢查時遇到的插曲相當值得一提，那無可避免地延誤了他的解剖學論文。這件事就是他決定進行一次全面的人體比例調查。他開始對活體模特兒進行比較研究，並進行了一系列驚人的詳細測量，仔細審視人體的每一部分，並在四十幅圖畫和圖表以及六千字的筆記中詳細記錄他的結果。他讓模特兒移動，並在他們扭動、轉身、站立、坐下或跪下時，用測量繩記錄他們相應身體部位的比例和關係變化，光是一個條目就包含了八十則運算，因爲他努力想找出的人類的「通用尺寸」。

達文西在米蘭和帕維亞大教堂的建築工作，讓他開始研究傳統的羅馬設計，最終他深入閱讀了西元前一世紀工程師維特魯威的著作。他的多卷著作《建築十書》（*De architectura*）闡述了建築的關鍵原則，並提供了達到完美比例的方法，達文西仔細地閱讀了這些內容。維特魯威十分堅定地強調使用「圓」和「方」來形成自然簡潔的設計，這成爲了許多知名建築的靈感來源，從羅馬的萬神殿到白宮都是。這種基本幾何學與達文西產生了共鳴——他長期以來一直在努力解決「化圓爲方」的古老數學挑戰——尤其是它包含了象徵崇高的多層涵義。古代的哲學家、數學家和神祕主義者認爲，圓形代表了一致和完整；其絕對一致的特性被認爲可以代表自然界中涵蓋所有一切事物的系統，包括宇宙本身。對於維特魯威和他的同時代人來說，圓形象徵著自然的創造力量；而方形則相應地表示人類在地球上的存在。

維特魯威在他的《建築十書》中提出了一個跳脫當時的想法，立即吸引了達文西的注意力，並在此後讓他著迷很長一段時間。維特魯威依據古老的哲學概念，即人體作爲宇宙的縮影，並將其視爲自然法則的具體體現，接著以此建立一個以理想人體爲標準的建築測量系統。人類向來使用身體部位來測量世界——用腳來測量距離，用拇指來校準英寸，或用伸展的手臂來量測海洋的深度。想當然耳，所有的人體比例都不盡相同。維特魯威爲了解決這個問題，替寺廟設計和建造擬定一些原則：他提出了理想人體的精確測量建議，並在最後說明這樣的完美人類樣本如何精確地置入一個圓形和一個方形中。《建築十書》中沒有插圖來佐證維特魯威的文字，從他寫作完成到達文西閱讀之間的一千五百年中，沒有人曾試圖驗證這個邏輯。達文西對這個問題產生了極大的興趣，決定嘗試創作自己的維特魯威人。

他精密繪製的圖稿如今鎖在威尼斯學院美術館的溫度控制室內，那是一張簡單的紙張，尺寸爲三十五乘二十六厘米——略大於A4紙張。達文西首先畫了圓形和方形，使用圓規和三角尺來檢查他的測量結果，然後用鋼筆和棕色墨水仔細地將他繪製的人類形象放在這兩個形狀內。在用圖像解決這個問題的過程中，達文西不僅解決了如何將人體同時置於圓形和方形內的主要問題，也認識到我們的肚臍實際上並不位於頭部和腳部之間的中間位置，因此相應地降低了方形。然後他重疊了兩個相同人類形象的影像，以展示如何能夠和諧地置入每個形狀中。

達文西還加入了其他創新，包括稍微扭轉左腳，以此作爲視覺重點，突顯人體作爲基本測量單位的角色，並在他的圖像底部添加了繪圖的詳細比例尺，分為指和掌的單位。他使用了超過維特魯威建議的測量資料，從《建築十書》中汲取他能找到的內容並自行進行完整的測試，還加入了他自己進行的大量人體比例研究中所得到的發現。他的維特魯威人涵蓋了他數月來測量人體精細座標和比例關係的成果，但與他豐富的筆記相比，這幅畫感覺幾乎毫不費力；一目了然地展示了一切，清晰而簡潔。

畫面中的人物頭部位於頁面的正上方，直接望向外面，很難讓人不聯想到這幅畫可能描繪了達文西本人。他完成這幅畫時已經三十八歲，臉部外觀和波浪狀的頭髮，這些特徵與他的同時代人所提供的描述相符。他的臉部繪製得比身體的其餘部分更加詳細和富有情感，呈現出一個人在鏡子裡尋找自我的鮮明形象。《維特魯威人》赤裸地懸浮著，呈現一種個人推測和自我探究的生動行為，顯示出達文西努力理解自己本質的追求。這幅畫作為我們人類的通用自畫像，傳達了我們為了更全面地理解自己所做的深入努力。文藝復興是一個令人振奮的時代，當時藝術、科學和哲學融為一體，探討關於我們究竟是誰以及我們如何適應宇宙秩序的永恆問題；《維特魯威人》捕捉了那個時代的人類潛力。

✧ ✧ ✧

今日，畫中人所嵌入的侷限方框可以簡單地代表電腦螢幕，而周圍的圓圈則象徵日益被我們遺忘的實體世界。文字處理器和網路工具的功能使得在鍵盤上寫作成爲一個合理的選擇；但有許多情況下，尤其是當我們在尋求新想法或努力得出結論時，轉換到紙筆上寫作才是正確的選擇。在鍵盤上打字使我們的思考方式面向螢幕，文字從左到右流動，並且總是向下，而一張空白的紙張則使我們能夠以非線性的方式連接我們的想法和筆記。我們的指尖擁有和整個軀幹一樣多的受器，因此當我們用手寫或畫時，是直覺地利用了身體中最靈巧和敏感的部分。我們可以在文字和繪畫之間交替，將相關的想法寫在一起，或者用線條將它們分組和連接。這種視覺思考方式使我們能夠更熟練地處理複雜情形，並成爲更清晰和更具批判能力的思考者，尤其是在我們尋求自我理解並避免被動接收資訊時更是如此。

達文西的工程和計算頭腦會在我們今日擁有的數位技術中感到如魚得水，但如果他放棄了手寫筆記和相關的視覺思考方式，那麼跨學科連結的能力以及對自然現象整體的崇敬將不會如此深遠。當我們用手寫和畫時，使用的是最簡單的工具，但沒有軟體或螢幕來限制我們思考空間，我們更能敞開心胸，迎接新的連結和更自由的思考方式。

我們擁有的最精緻工具

二〇一二年，有場獨特的展覽在白金漢宮和聖路德宮開幕。達文西去世後，他的所有繪畫和手稿都被遺贈給他的一位學生，這些作品最終被貼進相冊，並開始在全球各地轉手。至於其中最著名的一本筆記是如何成爲英國皇室的收藏尚不得而知——很可能是查理二世在一六〇〇年代後期獲得的——但其內頁，包括達文西所有現存的解剖研究，都是今日皇室收藏中最珍貴的寶藏。二〇一二年的展覽首次展示了達文西的所有解剖圖，並與現代高科技醫學影像掃描進行比對。比對結果顯示，儘管他事先獲得的知識有限，也沒有現代技術，但達文西的研究結果卻準確到令人驚訝。他的許多作品預示了二十一世紀的醫學實踐，並使用了與現今醫務人員訓練時相同的影像序列。如果達文西的生理研究在他有生之年發表，將會使人體解剖學的理解提前好幾百年。

有一張達文西繪製的特別圖紙展示了手的分層結構，透過四幅不同解剖階段的插圖呈現，他從骨骼開始，然後添加手掌的深層肌肉，最後加上了肌腱的第一層和第二層。這是他最精細的繪圖之一，因爲我們身體中約四分之一的骨骼都在手上——他對此進行了仔細的研究。在皇室收藏信託基金展覽中設計了一個電腦動畫模擬，幫助參觀者更理解達文西對我們手部精細結構及其運作原理的欣賞。我們的手是感覺器官，我們對它的依賴就像對眼睛一樣，在我們獲取周圍世界的資訊方面發揮著至關重要的作用——尤其是我們的指尖，佈滿著數以千計的觸覺感受器，使我們擁有細膩的觸覺，而我們手指關節和手腕的傾斜則提供了對運動的敏銳感知。達文西在研究手的時候了解手是精密的工具，當然，他也巧妙地運用了他的雙手。

然而，當達文西仔細研究手部時，探索範圍很快擴展到肩部的肌肉。他最大的一幅畫作展示了一隻被解剖過的右臂，標示了作用於拇指的肌肉和肌腱；達文西深知，我們的手是整個手臂不可分割的一部分：它們與我們的頸部、背部，甚至腿部的肌肉達成動態協調，並與身體的其餘部分同步。他認識到手與人體各處的連結，展現了驚人的先見之明：最近的神經科學研究證實，手在大腦中的表現是如此廣泛——手的神經和生物力學運動極易與我們神經系統的其他部份自發的互動與重組——以至於我們運用手的深層動機和努力幾乎與人類生命的基本需求密不可分。人類學和醫學研究顯示，手在人的智慧演化中扮演了重要角色：現代神經科學認爲，大腦不僅存在於我們的頭顱中，而且延伸到我們整個身體。當我們伸手觸摸周圍的世界時，我們的思維主要體現在我們的手上。

我們的手是我們擁有的最精緻的工具，可用於理解事物，但我們使用它們的頻率遠不如以往，特別是在寫作時。令人驚訝的是，迄今爲止，還沒有任何全面的研究來確切評估自數位技術廣泛使用以來，我們的手寫能力下降了多少，但日常經驗證實了這一點，而且數量可觀。儘管仍有許多人會動手塡寫表格或在家裡隨意寫下筆記，但如今我們的大部分寫作都是在鍵盤或手機上完成，因此我們很多人發現自己的手寫的清晰度大幅下降。在電腦上打字會讓寫作感覺簡單許多，而且在許多方面確實如此：文字處理器允許我們剪下和貼上，移動文字，現今大多數電子郵件都含有一些智慧撰寫的功能。對於我們的許多數位任務來說，打字的便捷性，讓我們輸入的文字可以簡單複製、共享並且在日後可以搜尋，使得鍵盤成爲一個顯而易見的選擇。然而，在今日也有許多情況下，手寫仍然是較好的選擇。透過了解我們的認知過程在打字時如何變化，並且更密切地關注我們在手寫和畫圖時的想法，我們可以自行確定何時最好拿起一張紙。

當我們打字時，運動自由度會大幅降低：一個標準的QWERTY鍵盤有一〇一個固定按鈕，無論我們正在輸入哪個字母或數字，我們的運動幾乎都是相同的。打字主要的活動僅限於手指，而手寫則涉及我們身體的大部分平衡和運動。我們依靠核心力量來穩定姿勢，並在手寫時進行微調，以至於母親們在分娩後常常發現手寫變得較爲困難，只有在休息和恢復並讓腹部肌肉組織充分復原時才能恢復到過去的狀態。所有這些身體活動與我們打字時的身體狀態形成鮮明的對比。

我們的大腦也會有不同的反應：二〇一七年，挪威科技大學的一項研究發現，當孩子和年輕人在鍵盤上打字時，他們的腦波模式與手寫和畫圖時會有顯著不同。他們頭戴擁有二百五十六個金屬偵測器的高密度陣列腦波紀錄儀（EEG）的電極感應網，這是一個覆蓋在頭部的顆粒狀頭罩——記錄了完成一系列書寫任務時的神經電活動變化。當人們手寫和畫圖時，他們的腦電波模式更適合學習。打字時，人們的神經元活化情形顯然沒有那麼複雜和明顯，這個結果被歸因於打字時手部運動不需要那麼精確的控制力。手寫和畫圖更有利於學習和喚起記憶的重要發現也得到其他學術研究證實，特別是二〇一四年由普林斯頓大學和加州大學所提出的備受關注的報告，以及最近二〇二一年約翰霍普金斯大學的研究，都再次發現手寫時的學習率遠高於鍵盤打字。研究人員認爲，手寫時的感知運動經驗有助於我們鞏固並更容易吸收所學。

目前還沒有任何學術機構能夠確切評估像ChatGPT這類的語言模型會如何影響我們寫作時的思

考過程，而且相較於比較使用鍵盤和手寫的差異，這種影響可能會更明顯。「GPT」代表「生成式預先訓練轉換器」（generative pre-trained transformer），它允許與之連接的任何網路工具以人類語言形式生成原創內容。像ChatGPT這樣的AI語言模型，可以透過提供新想法或觀點來提升我們的創造力，並可以藉由分析和總結大量文本來幫助我們提高生產力。然而，當我們將寫作任務轉交給人工智慧，而不是自己思考詞彙或片語來表達我們的想法時，「生成效應」會減弱是顯而易見的。當我們過於依賴人工智慧來幫助我們寫作時，將出現「認知外包」的風險，這會降低我們自己產生新想法和獨立表達思想的能力。平均分配使用人工智慧工具寫作的時間與使用紙筆的時間，有助於減輕這些風險：在我們手寫和繪畫時，沒有任何人工智慧生成工具能夠侵擾我們的思考。

當我們在紙上寫作時，能讓自己自由地以空間的方式思考：一張空白的紙讓我們隨意放置標記、連接頁面各處的想法，或輕鬆透過陰影表示三度空間。我們可以用筆創造自己的視覺語言，可以很簡單，也可以很複雜：通常在詞彙或片語之間的箭頭和線條就足以擴展我們的想法。速寫、圖表或心智圖可以幫助我們看到各部分如何整合成一個整體；紙上空間的布局呈現了新的視角和聯想，讓我們的想法可以從字面上改變或顛倒。儘管我們可以在電腦上更精細地琢磨作品，但對於大多數人來說，平面設計軟體所要花費的時間和精力多上許多，而且感覺並不像拿起紙筆那樣直覺或流暢。

在一九三〇年代末，寫給法國數學家雅克．阿達馬（Jacques Hadamard）的一封著名信件中，愛因斯坦在信中解釋，對他而言，字詞或語言在思考機制中並未扮演主要角色；他的想法通常是「視覺和某種肌肉類型」的。愛因斯坦在進行一些最具影響力的物理學突破時，大幅地依賴視覺思考實驗，包括想像自己騎在光束上以發展狹義相對論，以及在研究廣義相對論時想像一個男人乘坐電梯並從太空中自由下墜。愛因斯坦敏銳地察覺到我們的思考與身體動作的密切關聯，以及它們之間所具有的動覺和多重感官的特徵。透過多多運動我們的身體——無論是透過手勢還是透過在紙上做標記，就可以擴展語言的線性局限。

在面對大量文字、例行性強或不太需要創造性的輸入時，鍵盤往往是最合適的工具，讓我們高效地記下想法——如今我們大多數人打字的速度比手寫更快，在紙上的生產力很難與網路工具匹敵。然而，在涉及到用視覺概念擴展我們的想法，或自由創造新想法的組合時，科技很快變成一種限制。文書處理軟體——或任何類型的軟體工具——建立了很難超越的標準化工作方式：簡單的選單及選項可以讓我們輕鬆切換字體或更改頁面佈局，但很難創建更自由的視覺內容；對於今日的大多數人而言，我們輸入到裝置中的內容幾乎完全由規定好的字母和數字、滑鼠點擊和螢幕點擊組成。即使是經常使用平面設計軟體的專業人士，或使用類似軟體的建築師和工程師，也會明顯感受到在電腦上的靈活性和創造力受到限制。

我們每天會花上超過一半的清醒時間，完全依賴鍵盤、觸摸螢幕或滑鼠來記錄我們的想法和決策。然而，儘管我們在數位裝置上花費大量時間，我們實際上用這些裝置寫出來的文字卻遠比想像的少。根據過去二十年來收集的資料，Whatpulse應用程式[5]顯示，人們平均每天在電腦上打的字只有九百四十一個鍵——相當於寫二百個單字。當然，有些職業幾乎不需要文書作業，而另外一些職業則每天需要寫數千字，但值得注意的是，我們會花更多的時間在網路上瀏覽、選擇和消費資訊，而不是進行創造。Whatpulse顯示，人們通常每天點擊四百九十七次；而Mousotron應用程式[6]發現，辦公室工作者的滑鼠每週實際移動距離平均超過一英哩（一．六公里）；二〇二二年的美國和佛拉蒙研究顯示，人們使用智慧型手機時，每天平均觸控、點擊或滑動裝置二千六百十七次。顯然，我們在使用螢幕時最常進行的是掃視、滾動和選擇，而當我們打字時，通常是輸入簡短的搜尋指令以獲取更多資訊或簡單的訊息交流。

使用者體驗設計師和開發人員使用「熱點圖」密切追蹤和引導人們在網頁上滾動和點擊的位置，然後確保網頁上的重要按鈕和元素被刻意放置在最顯眼的地方；網站或應用程式的使用者會根據這些提示和指示，將注意力放在那些位置上。我們會用滑鼠或觸控螢幕重複進行非常相似的手勢，在螢幕的相同區域選擇按鈕和操控，一整天下來，這些累積的動作的形成了一團重複的線條——這與我們在紙上經過思考後所決定的標記和設計完全不同。滾動和點擊滑鼠、滑動和觸碰螢幕的模式變得如此普遍，以至於開始改變我們的思考過程：我們操作數位裝置時，我們的想法和印象大多是按照順序排列，並在很大程度上由演算法或軟體設計影響，但卻好像是我們自己的個人動機或發現一樣。相較之下，當達文西依賴他的實體調查、手繪影像和隨手筆記作爲產生自己想法的工具時，他能完全掌控全局並在每種不同的思維模式之間自由切換。手寫和繪畫是我們操縱想法最私密的手段，在文藝復興時期，我們比以往任何時候都更能意識到這些方式所擁有的個人力量。

手寫和手繪

寫字和繪圖是生活核心技能，但如果你像今日絕大多數人一樣，已經習慣在鍵盤上打字，你可能會忽視在某些場合使用紙筆更能讓你深入思考，幫助你更清晰地整理思緒或激發新想法。

你不需要任何特殊訓練或藝術能力，就可以在紙上整理你的想法，良好的視覺思考並不在於知道要如何在頁面上排列標記，更重要的是要花時間去做。透過練習，你可以培養自己的書寫技巧，並發展出分析和質疑的個人習慣。最初可以選擇一些簡單的練習，有助於建立自己的思考習慣。一旦你對重新使用紙筆感到自在，就可以找到或開發新的書寫工具來進一步增強你的想法。經過一段時間後，你會對使用紙筆的益處變得更加敏銳，並且會愈來愈傾向於放棄鍵盤。

何時使用紙筆

當你在電腦前思緒停滯不前，或需要一些新的輸入或想法時，嘗試關閉螢幕或闔上筆記型電腦，拿起筆來。更好的做法是，如果可以的話，遠離你的辦公桌和線上干擾，給你的創造力足夠的時間來充分探索一個主題。

在公事包裡放一本小筆記本和筆，並試著隨身攜帶：想法可能會在一天的空隙中突然湧現，往往是在你最意想不到的時候。最好把這本筆記本與其他隨筆札記分開，因爲當你在移動中記下想法或檢視時，記錄在頁面上遠比按主題組織更重要。盡量不要打開手機上的筆記應用程式，因爲打字會限制你的思考過程，而其他應用程式太容易分散你的注意力，並中斷你的創造流程。手寫筆記可以讓你更靈活地保持想像力的聯想品質，並對進一步連結和組合保持開放的態度。

當你在筆記本上隨手記下創造性的想法後，如有需要，可以拍照並保存在手機上以防遺失，或者將一些最重要的要點輸入數位筆記中，以便之後能輕鬆搜尋，但請務必在完成手寫後再進行這些動作。想法是轉瞬即逝的，所以儘快捕捉下來：尊重這些想法，並保護它們不受干擾。

採取行動

- 闔上筆記型電腦，拿起筆：下次當你在電腦前思緒停滯不前時，試著在紙上收集你的想法，看看會有什麼新的靈感出現。
- 隨身攜帶筆記本和筆：準備好在靈感出現時記錄和擴展新想法。
- 手寫記錄新資訊：盡量在會議或研討會以及閱讀時改用手寫筆記。

當你需要在會議、培訓課程中做筆記，或是閱讀特別有遠見的文章或觀看線上影片時，不要當場在筆電上打字。使用紙筆，把內容記錄在你的常用筆記本或寫作筆記本上：手寫的動作，加上任何手繪圖表或視覺筆記所提供的見解，將更能鞏固你的學習成果。你會更容易記住首次接觸這些新資訊的確切位置和時間，這些資訊也會在你的記憶中停留更長時間。

在紙上組織你的想法

列出簡單的清單就足以讓新的想法流動，但充分利用頁面上的所有空間也非常有幫助。特別是心智圖，這是能展示不同主題之間連接和關聯的絕佳方式。在文藝復興時期的學校筆記本中就能發現心智圖，並且提供了一種自然、直觀的方式，用來激發我們大腦在解決問題時使用的視覺空間技術。達文西本人就曾用它們來清晰地闡述、重申和生成他的構想雛型。首先在紙的中心寫下你要探討的主要概念，然後在距離中心一小段距離的地方寫下你首先想到的相關想法，並在每個想法周圍畫一個圓圈。在中心到周邊的各個想法之間畫一條線，並且對每一個新成形的個別概念重複這個過程。隨著你的進展，你會發現你的想法在頁面上逐漸成形，形成一個連接網路，使你能夠跟隨自己的聯想連接起來。當你發現額外的連結時，用額外的線條和箭頭標記出來，如果你開始感覺被頁面的邊緣限制了，可以畫一條特別突出的線條移到新的一頁上。

採取行動

- 用心智圖進行創意挑戰：提出一個概念並嘗試聯想，在頁面上用線條將之連接起來。
- 畫出自己的流程圖：嘗試在頁面上列出你的想法並測試不同排序，試著用不同的順序以找到最佳解決方案。
- 嘗試康乃爾筆記法：將一張紙分成三欄，分別用於筆記、關鍵詞和摘要。

透過在頁面上繪製流程圖來處理需要釐清步驟順序的想法或線性流程，比使用軟體或任何網路工具要容易得多。首先快速畫出初稿，然後尋找任何可能需要調整的空白或改善之處：你很容易就能用紙筆修改和建立新版本，直到產出最佳順序為止。

康乃爾筆記法也非常有用，有助於組織和擴展你的想法。將一張紙分成一寬一窄兩列，底部則留出空間。左邊較窄的一列用於關鍵詞或問題，右邊較寬的一列用於詳細筆記，頁面底部的空間用於摘要。這種方法鼓勵你更深入、更有批判性地思考，找出關鍵概念並為自己生成問題。

利用直覺式塗鴉筆記找到新點子

你可以使用達文西在寫作和繪畫中使用的許多視覺思考技術，並且不需要擔心最終結果是否達到藝術水準！目標是要透過寫作和繪畫將你的想法記錄下來，而不是創造完美的藝術作品。

設計師麥克．羅德（Mike Rohde）在二〇〇七年創造了「直覺式塗鴉筆記」（sketchnoting）這個術語，指的是將視覺元素（如繪圖、圖示或圖表）整合到筆記過程中的方法。這是一個簡單易學的過程，你可以用來記錄、處理和回想資訊，無論你是在開會、研究新事物還是嘗試提出全新的想法。自那時以來，一個熱絡的塗鴉筆記社群已經發展起來，而缺乏繪畫經驗常常被視爲一種優勢，因爲視覺藝術家在試圖畫出線條、構圖和形式時，很容易喪失視覺思考當中的趣味。

達文西的獨特之處在於他將藝術感性與更多未經訓練的嘗試結合起來，以掌握一個想法的核心。例如，他對飛行的迷戀，使他的草圖出現許多不受限制的設計，從直升機到撲翼機（透過模仿鳥類和昆蟲一樣上下撲動翅膀的航空器），但最終草圖的精美程度與其所展現的想法的實用性無關。他同樣依賴解釋性文字來鞏固他的視覺概念，也更具說服力，正是這些最簡單的標記和他詳細的書面思考相互交織，幫助他闡述了自己的想法。

選擇一個你一直想要解決的問題，拿著筆記本和筆坐下來解決它。首先在頁面頂端清晰地定義你的問題或目標，然後列出相關的關鍵詞或句子。在進行過程中，開始以非線性、更自由的方式繪製出想法的草圖，使用文字、圖示、符號或簡單插圖的組合。透過線條、箭頭或其他視覺元素尋找更深的連結和新想法，試著找出模式、主題和潛在的解決方案。你可以輕鬆地在頁面上把你的想法分組和分類，這樣你就可以看到全貌，並確定需要更深入探索的領域。

採取行動

- 製作你的第一張直覺式塗鴉筆記：選擇一個你當前關注的問題，將其清晰地寫在頁面頂端，然後開始列出你可能有的任何相關想法。
- 在頁面上把你的想法分組：嘗試使用線條和箭頭來建立想法之間的連結，幫助你找到新模式或意想不到的答案。
- 退一步：完成直覺式塗鴉筆記後，花點時間全面檢視，思考你對這個問題的看法是否發生了改變。

直覺式塗鴉筆記最強大的面向之一，是你可以輕鬆地回顧、重複和精煉你的想法。完成後，請檢查你的筆記，尋找任何缺漏或不一致之處——你可以根據需要添加、刪除或修改元素，以更清晰地表示你的想法。給自己一些時間來正確評估你所記錄的內容，看看你的理解是否有近一步的發展。

在電腦前手寫

電腦滑鼠是由美國工程師暨發明家道格拉斯．恩格爾巴特（Douglas Engelbart）於一九六四年發明的。他在國際史丹佛研究院工作，第一個原型是木製的，有兩個金屬輪子，但後來在一九七〇年代被全錄公司和蘋果公司改進。滑鼠從一開始就設計成用慣用手操作，以確保快速和容易使用。這一項設計的決定不僅影響了我們桌面的佈局，而且大幅限制了我們在使用電腦時用手寫字和畫圖的能力；但情況不一定非得如此。

如果你像我們大多數人一樣，在網路上花費大量時間，那麼你在電腦前的大部分時間將花在點擊和滾動上，你的慣用手放在滑鼠上，而另一隻手則閒置。只有在打字時，你才需要同時使用雙手。然而，儘管用另一隻手寫字或畫圖非常困難，因爲這需要非常精細地控制手指、手和手腕的小肌肉，但改用非慣用手來控制滑鼠卻容易得多。

如果你這麼做，會有很多好處。一旦你習慣了用非慣用手使用滑鼠，你的上網活動不會受到影響；但突然間，你可以自由使用寫字的手來做筆記、隨手塗寫或整理你的想法——這有助於補充及支持你的許多數位工作。將筆記本和筆放在滑鼠旁邊會稍嫌礙事，因爲你需要一個較大的半徑空間來自由移動游標。但是，一旦你將滑鼠墊移到另一側，你就可以隨時準備好筆記本，甚至在滾動、點擊和瀏覽時自然地寫下想法。

如今大多數滑鼠的設計都是雙手通用的，具有對稱的形狀和兩側的按鈕，這意味著你可以輕鬆地將它們換到另一隻手上。你唯一需要做的，只有改變電腦上的按鈕配置：大多數滑鼠將左鍵預設爲主要按鈕，如果你是右撇子並改爲左手使用，則需要將這個設定改爲右鍵。

你的非慣用手需要時間來學習新技能，但只要有耐心和練習，這是可以做到的。只需要幾天的時間，就會變得愈來愈容易，並且在一兩週內就會感覺非常自然：一旦你做到這一點，你的慣用手就可以空出來幫你以自由、視覺的方式吸收和審視你的想法。若你更用心，還可以透過均勻地分配重複性任務給雙手來減少重複性使力傷害（ＲＳＩ）的風險[7]。用非慣用手控制滑鼠也可以成為一種絕佳的腦力訓練，挑戰自己開發新的神經通路，並強化現有的神經通路，從而在此過程中提升你的靈活度、手眼協調能力和創造力。

採取行動

- 將滑鼠移到另一隻手上使用一個月：給自己足夠的時間來適應。
- 重新整理你的書桌：將滑鼠移到桌面的另一側，購買一個尺寸合適的空白筆記本，隨時準備在使用電腦時使用。

第七章

藝術

從內向外探索

十九世紀美國藝術教師羅伯特．亨利（Robert Henri）生活的時代，攝影的發明顚覆了繪畫在生活中的功能。他透過區分照片與繪畫或素描的不同，鼓勵學生利用自己的視覺能力，讓自己更貼近周遭的世界。他最初因領導一個藝術家圈子而著名，這些藝術家中許多人在照片報導出現之前，就曾在報紙上擔任能夠快速、準確繪製現場或記憶場景的熟練畫家。隨後，他在多所著名藝術機構任教，並創辦了自己的學校。在他的一生中，他成爲影響美國一代藝術發展最具影響力的人物。他的影響力至今依然存在。

亨利的祖先來自堅毅的拓荒家庭，這些家庭從法國和不列顚群島移民後，在維吉尼亞州、俄亥俄州和肯塔基州建立了家園。亨利出生於一八六五年，在家人定居於內布拉斯加州之前，他度過了幾年的旅行生活，他的父親在那裡打造了一個繁榮的五萬英畝的社區和小鎭，並將其命名爲科扎德（Cozad）。亨利的童年時期過著眞正的美國拓荒生活：他在大草原上騎馬，在小溪中游泳和釣魚，並在廣袤的未經開發的自然環境中漫遊。亨利和家人十分支持他的父親，他們在日復一日的努力下建立一個不斷擴張的農業定居地，包括大規模製造磚塊，以及一項深具野心的計畫——建造橋樑跨越普拉特河。小鎮迅速出現了一家酒店、一所學校、幾家企業和一份當地報紙。然而，他父親的領導很快受到了一群牧場主的挑戰，在一八八二年十月，一名醉酒的牧牛人持刀襲擊了小鎮的創立者。亨利的父親爲了自衛舉槍射擊，不幸射殺了襲擊者；爲了預防暴民的暴力行爲和報復，全家人逃離當地以求安全。

亨利本名爲羅伯特．亨利．科扎德（Robert Henry Cozad），但在內布拉斯加州的事件後，全家人更改了姓氏，他父親在逃亡多年後才得以洗刷罪名。他們搬到了紐澤西州的大西洋城，過上了更爲都市化的生活。羅伯特最終適應了新的身份，但他早年的拓荒生活從未離開過他。他一生保持著堅強和好奇心，務實且富有創意的思考方式使他在任何情況下都能迅速找到解決方案。這種自立和頑強的個性，加上他對物質的事物有著堅定而自由理解，讓他在創作中發光發熱，最終成爲他啓發許多人的教學根源。

亨利早年便發現了藝術的樂趣，在抵達內布拉斯加州後不久，他便開始用彩色鉛筆和蠟筆繪製各種主題，經常是憑想像創作，但也常受到新環境的刺激。他設計了向新移民宣傳科扎德小鎮的廣告，並保留自己的視覺筆記本和剪貼簿。亨利抵達大西洋城後完成了他的第一幅畫作，隨後於一八八六年進入費城賓夕法尼亞美術學院就讀。在他開始藝術家的生涯時，世界正處於視覺文化和科技的重大轉型中。十九世紀的一系列發明最終催生了攝影和許多相關的影像製作的工業化技術。影像迅速商品化，並且從單一觀察者的身體體驗中分離出來，我們觀看和感知世界的方式也因此永遠改變了。人們逐漸被大量的影像包圍——在雜誌、廣告牌上，並且很快在電影中移動——這些影像成爲環境的組成部分，層層疊加，並且逐漸遮蔽我們對現實的視野。在亨利發展自己的創作與實踐後，逐漸意識到這些變化，他的觀點也開始隨之演變和成熟，並在作品中找到了自己的方向。

亨利待在學院的第二年，學生們興起了一股前往巴黎進修的潮流。亨利也去了，在朱利安學院（Académie Julian）學習。在這裡，他完整地接觸到了作爲標準慣例的學術傳統，和藝術家這幾個世紀以來重現現實世界的既定方法。很快，亨利開始感到不安和失望。當時的巴黎是視覺創新的全球中心，其對大衆文化的影響顯而易見：新的影像裝置和攝影圖像吸引了全市的大批人群，亨利在課堂上學到的繁重手工技藝開始變得相當過時。

他在巴黎停留時，恰逢攝影進入主流文化的時期：有照片的新聞報導變得司空見慣，賽璐珞膠卷也愈來愈普及，在亨利抵達巴黎的那一年，柯達推出了第一款給大衆使用的相機。這些都是日常視覺體驗的劇變，影響相當深遠。尤其是在巴黎，早在攝影技術出現的幾十年前，相關的技術發展早已呈現在大衆眼前。從一八二〇年代開始，對殘像（又可稱視覺暫留）的實驗研究，也就是原始影像出現又消失後，其影像仍繼續殘存在眼睛的視覺中，這催生了許多不同的光學儀器和技術的發明，最初主要用於科學研究。然而，對這些新視覺形式所自然產生的興趣及其吸引力很快地推動了新的大眾娛樂形式出現。幻景畫（Diorama，也被稱爲立體透視模型）就是一種起源於巴黎的戲劇性體驗，觀眾在專門的禮堂內觀看，這是最早呈現在大量觀眾面前的新視覺形式之一。觀眾緩慢地在一個圓形旋轉平台上移動，景觀畫隨之移動變換——不同的畫作被手繪在亞麻布上，選定的區域保持透光，這樣多層的影像圖板可以透過陽光和彩色百葉窗的照明來產生場景變化的效果。另一個法國的創新是費納奇鏡（Phenakistoscope），這是第一個廣泛使用的動畫裝置，能夠從靜態影像中創造出流暢的運動錯覺。它由一個圓盤組成，圓盤被均分成相等的區段，每個區段包含不同的影像；觀眾觀看圓盤轉動時，可以看見一系列連貫的動作。巴黎人此前從未見過這樣的東西。

全景劇場、費納奇鏡和其他一系列裝置——從留影盤、法拉第圓盤（單極發電機）、西洋鏡（幻影箱）、萬花筒到極受歡迎的立體鏡（實體鏡），這些裝置將左眼和右眼的視角結合，創造出3D視覺效果——在十九世紀中期到後期遍布於巴黎和世界的其他城市。人群蜂擁而至，排隊觀看這些著名的視覺奇觀。今日的我們或許很難理解，但這些不斷推陳出新的新視覺技術確實對人們的日常生活中帶來深遠的改變。突然之間，實物的眞實存在透過生動逼眞的方式呈現出來，而且不再需要任何人類的手工或藝術創作。攝影取代了熟練的畫家或畫師來捕捉場景。暗箱（camera obscura），亦即帶有小孔或鏡頭的木箱，可以將影像投射到牆上或桌上，早在西元前五百年左右就被藝術家用來盡可能準確地捕捉現實，但攝影機很快使再現藝術變得近乎完全過時。在法國，中央政府機構大力推廣和提升攝影技術，贏得了各方的關注和讚譽，這引起藝術界不小的關注，對傳統影像的創作方法也帶來極大的影響。藝術家們意識到，攝影顚覆了人類在記錄單一、固定視角的瞬間中所扮演的角色。於是，對感知過程與個人視覺同化的探索，掀起了全新的研究浪潮。科學和藝術領域聯手研究我們的身體感覺和運動會如何影響我們詮釋世界，以及這與攝影影像製作的不同之處。內在經驗探索的萌芽——特別是心理學研究和注意力研究——蓬勃發展，顯示了我們自身判斷和視覺理解的重要性。

當亨利漫步在巴黎的街道上，排隊觀看最新的影像展演時，藝術界的這種斷裂對他來說必定顯而易見。他意識到，藝術家可以做的不僅僅是創造外部世界的鏡像，隨著他的思緒愈來愈轉向自己的內部經驗，以及這些經驗如何影響他的感知，他被同一城市中正在形成的藝術運動所吸引。

法國及最終整個歐洲乃至更遠的地方有愈來愈多的藝術家開始感到自由，而沒有因爲影像複製技術的出現而感到沮喪：藝術的視野不再侷限於正確或眞實地再現外部世界，這意味著創作的可能性要大得多。亨利在十九世紀末抵達巴黎，恰逢藝術界最驚人的發明和實驗爆發期，而這些變化大多最先集中在法國藝術界。藝術家保羅．塞尙（Paul Cézanne）或許最能涵蓋這個時期的許多變化：他的藝術成熟期與亨利在法國的停留時間重疊，他努力在畫布上捕捉純粹、未經修飾的感知。塞尙和他的同時代的人意識到，快速的瀏覽和視野的掃視並不能帶來任何新的東西；就像快速拍照一樣，學院傳統中普遍存在的機械化創作方法，只展現了一個早已因習慣和熟悉而被大家所熟知的世界。透過耐心且專注地觀察，並眞正質疑他們在場景中所發現的東西，新一波的印象派和後印象派藝術家們開始將自己的主觀經驗與外部世界連結起來，並在此過程中創造出全新的東西。亨利在巴黎有愈來愈多的機會研究許多早期印象派畫家的奠基之作，他愈來愈意識到，我們對世界的觀察與我們在建構自身觀念之間的交互作用：我們的視野不斷地捕捉自身周圍的事物，如果我們不參與建構當下的事物，別人就會爲我們完成這個工作。

當亨利回到美國時，他以極大的熱情重新開始了自己的藝術創作，並建立了下午畫畫和晚上素描的規律作息。他的熱情深具感染性，很快他就受邀前往費城女子設計學校任教，隨後在搬到藝術之都後，受聘於紐約藝術學校。他在自己的工作室設立了每週的開放日，吸引了一群藝術家和學生定期參加。他鼓勵大家對彼此的作品自由討論和相互批評指教，並以充滿熱情的觀點主導討論，談論藝術家生活的價值。他是個天生的領袖，很快就有一群現代美國畫家——統稱爲「八人畫派」（The Eight）——聚集在他周圍，決心讓藝術更接近日常生活的現實。爲了反抗依附於歐洲傳統學院的美國學術傳統，他們計劃在馬克白畫廊舉行聯展，描繪紐約居民在酒館、廉價公寓、桌球廳和貧民窟中的眞實、未理想化的生活景象，並將展覽帶到美國的其他幾個城市。這個展覽成爲了當地乃至更多地區的焦點，並獲得了持續的新聞報導，讚揚其激進性。這次展覽至今仍被認爲爲深具美國風格的現代藝術奠定了基礎。

隨著知名度的提升，亨利開始創辦自己的學校。他的課堂非常受歡迎，許多知名的學生都曾在他的指導下成長，其中包括愛德華·霍普（Edward Hopper），他對現代生活中孤立和脫節的片段進行了精確的觀察。亨利教導藝術家們培養注意力、培養記錄個人感受的能力，並找到表達這些感受的方法。他主張透過仔細的研究來形成深刻的印象：透過保持機敏的雙眼，學生們學會看到一件事對另一事物的影響，並將整個場景整合起來。亨利拒絕了大多數傳統的藝術教學方法和技術，要求學生找到自己的表達方式，推崇原創性而非機械式的重複。他尤其鼓勵學生擺脫作爲外部旁觀者觀看藝術的感覺，而是「深入內部，向外表達」。

亨利對攝影和電影的普及特別感興趣，同時體認到，雖然照片或電影是一種佔有瞬間的方法，但它從未能提供完整、具體的體驗。每一次快照，我們都感覺自己對世界有了更深入的了解，但實際上並非如此：亨利認識到這種體驗的匱乏，並努力透過專注的藝術實踐來對抗它。如果他見證了自那以來視覺技術的進步和數位影像的普及，他一定會驚訝不已，因爲網站、線上遊戲和逐漸發展的元宇宙所創造的虛擬和互動世界都遠遠超過了照片、電視或電影的模擬性質。我們現今不斷發展的數位技術，不僅沒有激發觀察力，反而抓住、塑造和控制了我們的注意力，創造出讓人分心的片段，削弱了我們主動關注實際環境的能力。

亨利會讓他的學生進行細微、專注的研究，但他也鼓勵快速、自由的創作，以迅速捕捉姿態或物體的本質。他發現這種刺激通常足以推動學生進入充滿熱情的練習階段，並發展他們自己的表達方式。一件藝術作品匯集了許多生活中的瞬間，發展自己的藝術實踐風格開啓了一扇門，讓我們能夠以全心投入的強度探索生活經驗。亨利倡導的個人方法有助於訓練我們的注意力，拓展我們的視野，但在今日這個充斥影像的消費文化中，這是否足夠？我們可以從亨利那裡汲取哪些相關的教訓，讓我們的感知變得更自由，減輕數位分心對我們世界觀的影響？

全神貫注於一點

亨利的哲思和藝術課上的實用建議、書信、文章和筆記在他過世後由學生瑪潔麗·賴爾森（Margery Ryerson）收集起來，並在一個世紀前付梓，出版了《藝術精神》（*The Art Spirit*）。這本書至今仍不斷再刷。書中汲取了亨利一生積累的創作成果，內容並無邏輯順序，也絕不是系統化的一本手冊，而是體現了亨利對過於嚴格僵化的規則的不信任。「這些觀點，」他寫道，「像畫作一樣掛在牆上，可以隨意觀看，也可以視為粗略的草圖，價值多少，任人評估。」這本書立即大受歡迎，並且到了許多新興藝術家的手中，其中一位後來成為當今美國最受讚譽的創意大師之一：大衛·林區（David Lynch）。

在他的電影製作、繪畫、視覺藝術、音樂和寫作生涯中，林區一直將他的導師布什內爾·基勒（Bushnell Keeler）將《藝術精神》一書交給他的那一刻，視為他成為藝術家的起點。在他年輕時翻閱這本書的過程中，他受到了不必遵循任何既定學派、方法或創意規範的鼓舞，實際上林區更遵循自己的直覺，像是他的記憶或夢境，而不是任何外部影響。如果要選出一位最能展示個人對當今世界的深邃理解的西方現代藝術家，那麼大衛．林區無疑是其中之一。他的電影、繪畫及其他各種媒材的創作作品具有獨特的具體特質和原創視角：沒有任何作品與之相似，「林區式」這個概念也隨之誕生，指的是任何能將超現實、主觀的影像與日常現實互相結合的創作。

與亨利一樣，林區也在費城賓夕法尼亞美術學院展開了他正式的藝術教育。就是在這裡，他突然頓悟，最終催生了他一些最有原創性的電影作品，包括《橡皮頭》（一九七七）、《藍絲絨》（一九八六）和《穆荷蘭大道》（二〇〇一），以及電視劇《雙峰》（一九九〇～一九九一；二〇一七）。林區回憶說，那時他對電影這個媒材並沒有特別感興趣，有一天，他正在創作一幅四平方英尺的畫作。當他坐下來欣賞自己的作品時，他聽到了一陣風聲，促使他想像畫作變得像動畫一樣。他決定拍攝自己的電影，但卻不是以傳統的方式。他從一開始就打算製作一幅「動態畫作」。他的首部短片在學校的比賽中獲獎，並獲得了一千美元的獎金，也讓林區得以購買自己的攝影機。他搬到了費城郊區空間寬敞之處，創作其他電影，最終獲得了洛杉磯美國電影學院的學位。

這種「風」的感覺——一種隱藏的、無形的力量推動他的電影或畫作中的事件——從未離開過林區的創作。例如，《雙峰》中的不明確敘事形式或他的藝術作品中拒絕固定的影像符碼，將注意力集中在其他難以區分或無法抑制的力量上。林區的作品反映了他自己的創作過程，以及他將內在經驗作爲原始材料所產生的新想法和意念。這股移動的風，這種個人創意意圖的展現，支撐了林區的所有作品，同樣也貫穿於亨利的《藝術精神》之中。在日常生活中，我們身處在大量製作的視覺環境，以及沈浸在愈來愈多的數位體驗中，我們正面臨著失去這種獨特藝術力量的嚴重風險。

✧ ✧ ✧

在一八五〇年代，德國實驗心理學家古斯塔夫・費希納（Gustav Fechner）首次嘗試建立可測量的感知注意力標準，他的早期研究涉及視網膜後像的主題。費希納因為透過有色眼鏡直視太陽，導致眼睛受了嚴重的傷害，不得不躲進一個完全漆黑的房間休養。就在這段視覺受限的期間，他決心找到一種方法，來研究我們內在的感官經驗與外部世界事件之間的關係。費希納建立了可測量的感覺單位，並將其直接與人類的視覺、味覺、觸覺和嗅覺相連結，制定出一個感官刺激強度的變化尺度。他發表了一個數學公式，稱為「費希納定律」，這是首次將人類的主觀經驗量化，並證明我們的個人印象並不總是與現實相符；此外，人類的注意力也有明確且可區分的門檻。

威廉・馮特（Wilhelm Wundt）是第一位將心理學視為一門獨立科學的人，他延續了費希納的工作，於一八七九年在萊比錫大學建立了世界上第一個心理學實驗室，並配備了一套精確校準的儀器，用來研究人類在面對各種人為刺激時的反應。隨著研究的深入，馮特發現我們憑藉「選擇性注意力」在日常生活中產生統一的意識與感知。為了確保我們在專注於某件事物時的頭腦清晰程度，我們的許多感官、運動及其他心理過程會被抑制，而這個過程通常是在我們個人控制範圍之外。這項發現指出，當我們的注意力增強某些感覺的同時，會削弱或消除其他感覺的印象，這個重大發現帶動了全球對注意力更進一步的研究浪潮。

當動態影像進入電影院時，象徵著過去歷史上的流行娛樂形式就此改變。我們的目光完全被一連串不斷變化的影像所吸引，而在觀看電影、電視劇集或線上影片時，我們的感知大多失去了控制。轉移視線即是中斷觀影過程，而當我們繼續觀看時，視覺場景接管了我們大部分的視覺與聽覺，甚至影響我們的身體動作，以及對接下來發生的事情的擔憂或記憶。除非刻意努力去批判我們所見的內容，否則我們的反應很少是由內在驅動的，也絕非自發性的，而是被展示的影像所引導。我們所經歷的沉浸感當然可能非常愉快且非常刺激，提供了令人陶醉的新視野和意想不到的觀點，但這些都不在我們的掌控或創造之內。

與馮特同時代的法國人查爾斯．費雷（Charles Féré）和阿爾弗雷德．比奈（Alfred Binet）也探討了集中注意力的狀態，並發現這是一種「將注意力全神貫注於一點上，從而強化對該點的感知，並在其周圍產生一個麻木區域」。十九世紀後期，對人類相關主題的持續測試不斷闡明了更多新的管理注意力的系統化方式，並顯示當我們的感知反應愈是堅定、習慣或重複時，我們的自主性與個人自由就愈少。當我們的注意力被竊取時，它確實是被剝奪了，我們不僅失去了自己分配注意力的機會，也失去了對周圍其他事件的覺察。

如今，動態影像透過我們的裝置傳送至眼前，伴隨著電腦生成的圖像和網頁設計的視覺效果。每個網站或應用程式都是由一系列複雜的視覺提示構成——背後的程式碼透過無數個連續操作，展示背景、橫幅、按鈕和工具，而點亮我們螢幕的精緻複雜的像素圖示，則在不知不覺間即時變化。在數位裝置上，由照片和影片交織的複雜視覺環境，其種類與數量前所未見，甚至有時會讓我們達到飽和。我們看到的是順暢、精緻的最終結果，但通常完全不了解產生數位體驗背後的視覺機制運作原理。數位科技灌輸了我們新的視覺符碼與文法，改變了我們對值得觀看事物的觀念，並扭轉了我們與周遭世界的關係。為了跟上螢幕上快速且複雜的視覺世界，數位裝置幾乎要求我們處於一種全神貫注的專注狀態。

我們今日的數位生活十分類似觀影或觀看電視劇時的沉浸感，但也存在一個顯著且重要的差異。我們在網路上持續觀賞的數位內容，匯聚成一種完整的體驗；就像動態影像中的連續照片對我們而言呈現出運動感一般，我們每日接觸的數位影像也逐漸積累，創造出一種全新的個人現實。觀賞電影或電視劇往往是一種逃避現實或放鬆的機會，但我們今日在數位裝置上從事的其他活動，正逐步佔據我們清醒時的大部份時間，尤其是我們最具生產力的時刻。這不再僅僅只是個暫時脫離日常生活的喘息機會，反而成為了現代生活本身的核心活動。

由於我們將愈來愈多的電腦操作融入生活，因此面臨著對個人自主性和創造力的嚴峻挑戰。由費希納和馮特開始的人類注意力的量性研究至今仍在進行，但如今主要由數位科技和媒體公司進行最嚴格的研究。分析技術被用來追蹤和評估人們在大多數網站和應用程式上的行為，甚至設計上的小變動也經常經歷多輪的分割測試或多變量測試。透過整合大量造訪者訪問單一網站的數據，公司可以獲得統計上顯著的資料集，這些資料集可用來可靠地預測人們在網頁上的反應。顏色的改變、按鈕或選單選項的位置調整已經證實能影響人類決策。最顯眼的是「行動呼籲」（Call-to-action）按鈕，通常使用明亮的對比色來鼓勵我們「註冊」或「立即購買」。電子商務網站經常使用所謂的FOMO（fear of missing out，害怕錯過）技術，例如倒數計時器或顯示有限庫存以營造緊迫感。如果網站的訪問人數不足以提供統計上顯著的結果，公司通常會安排一組用戶並監測他們使用網站或應用程式時的狀況，並據此做出設計決策。儘管我們可能覺得是自己在網路上做出決策，但螢幕上所見的背後通常有其他力量在操控。如果我們允許數位刺激源源不斷地促使我們做出反射行動，而不給自己需要的空間和時間來消化自己的感知，就有可能瓦解我們的日常經驗，從好奇心和獨立思考轉變爲更加條件反射的自動化生活方式。

✧ ✧ ✧

當林區與作家馬克．弗羅斯特（Mark Frost）共同創作的懸疑電視劇《雙峰》於一九九〇年首播時，很快便獲得了狂熱的追隨者和評論家的讚譽，並被視爲電視劇的一個里程碑。該劇以華盛頓州東北角的虛構小鎮爲中心，圍繞著返校節女王蘿拉．帕爾瑪的謀殺展開。當時大多數電視節目都是按照標準的攝影棚製作慣例在棚內拍攝的；然而，《雙峰》則是在林區自己童年時期生活的太平洋西北地區拍攝，擁有令人耳目一新的強烈地方感。林區的導演手法幾乎以實景的方式呈現事件，將場景設定在滿是針葉的道格拉斯冷杉的森林中、從小溪升起的晨霧中，以及在他年輕時引起他共鳴的其他回憶中。劇中反覆出現一些特定的意象——風穿過無法辨識的野樹，鏡頭經常在鎮上的高速公路交叉路口停留，懸掛在高架電纜的交通號誌在微風中搖曳：正如往常一樣，林區的創造力存在於螢幕上的每一幕畫面之中。

法國哲學家亨利·柏格森（Henri Bergson）在十九世紀末出版了他深具影響力的著作《物質與記憶》（*Matter and Memory*），當時正值攝影和電影的萌芽期，他得出的結論相當驚人。柏格森堅信，我們的每種感知，無論多麼短暫，都有可能透過我們對其反應的主動吸收而眞正成爲自己的一部分。他認爲，我們的注意力實際上在兩個相反的方向上運作——向外，直接對外部感覺和事件做出反應，但也向內，對過去的經歷做出反應和比較。柏格森將這兩種截然不同的個人心理能量的交匯點稱爲「未確定性區域」，這似乎正是林區和其他成功藝術家在完成最具創造性工作時所處的位置。

爲了發展和改善我們的生活，例如變得更機智，或是對自身希望如何度過時間有更深入的理解，我們必須克服阻力和反對的點：在主動反思可能的解決方案以及採取我們選擇的行動過程中，我們將獲得新的見解。正是在這種與世界的直接互動中，透過充滿活力的行動和沉思的節奏彼此互動，來尋找不同的前進方式，這樣藝術和任何創造性工作才能眞正蓬勃發展。無論媒材爲何，最終創作出來的藝術品都見證了其所付出的努力，但眞正的價值在於創作過程本身。對亨利和林區來說，無論藝術形式爲何，都是一種更爲強烈的生命體驗，是我們內在自我與外在現實之間的連結，是在世界上保持活躍和機敏的方式。

沒有來自電影和電視行業持續湧現的頂級創意產出，我們的生活將會變得平淡許多，數位技術也能爲我們的生活帶來令人著迷的新視角和挑戰。但我們的數位生活中有太多是預先安排好的，我們也需要創造自己的存在方式，以理解我們在世界上發現的東西，並以更符合個人視角的方式重新去定義。

像林區這類的創意人員，無論是電影製片人、程式設計師還是數位企業家，都理解他們作品最終形式所具有的傳播力量，但如果我們過於沉迷最終結果，可能會失去自己的創造力。如果我們過度消費爲我們創造的內容和體驗，並逐漸放棄形塑自己的世界，生活可能會變成一系列短暫的刺激，毫無深刻或持久的個人意義：許多人認爲這種現象完美描述了今日許多數位互動的本質。

但亨利和林區，以及過去和今日的其他創意人所帶來的教訓，也提供了明確和經過驗證的技巧，可以用來提高自己的感知，最終在日常生活中提升我們的意識；這些技巧同樣可以應用於我們的數位生活以及我們對自然和物理世界的體驗。每個人都有能力發展自己的創意技能，以便更主動地塑造個人經驗，從而開創出更愉快、充實的生活。

創造你自己的視野

在二〇二一年，紐約大都會藝術博物館舉辦了一場畫家愛麗絲．尼爾（Alice Neel，一九〇〇至一九八四）的回顧展。尼爾曾在費城女子設計學校學習，亨利曾在那裡任教一段時間，留下了深遠的影響。尼爾身為一名苦苦掙扎的藝術家，直到晚年才為人所知，在職業生涯中，她始終將亨利認為人類經驗應擺在首位的說法作為她創作的核心。在一九五〇年，她對一位記者宣稱：「對我來說，人是最重要的。我一直試圖強調人的尊嚴和永恆的重要性。」在尼爾那精緻的眞實人物畫作中，她肯定了畫中人物在面對科技和消費主義時的能動性和自主性，亨利的哲學或許得到了最清晰的闡釋。尼爾發展出自己獨特的繪畫模式，將繪畫視為一種素描；她學會了非常專注地對待她的模特兒，並有意識地開始在畫布上留下更多她創作過程的痕跡。這個過程讓我們得以窺見如何控制注意力，並開始創造具有獨特的個人經驗視野的作品。

重拾繪畫

尼爾辯才無礙，十分擅長說故事，但當她畫畫時，就不再說話。她透過觀察坐著的模特兒微小且幾乎察覺不到的身體移動、檢查和瞥視，試圖維持靜止卻徒勞無功的樣子來了解他們，而不是透過他們所說的話。她逐漸了解一個人，一筆一劃地在畫布上記錄下她所看到的東西，接下來的一筆又再次確認其準確性。經過一段時間後，她的工作方式變得非常緊張，她自稱有時在完成一次作畫後會感到極度疲憊，但透過這個過程，她以一種更加深究和揭露眞相的方式質疑她所看到的東西。

尼爾的肖像畫散發出眞實的個性和獨特感，這點其來有自。雖然照片記錄了一瞬間，但畫布上的筆觸和色彩斑點顯示了尼爾在長時間內進行細緻觀察的直接體驗，並同時記錄了大量專注的瞬間。畫布的任何一部分都是尼爾主動探索某一特徵的結果，這些特徵代表了模特兒的特質，她在放下筆時仔細接收資訊並進行測量。尼爾沒有隱瞞她的工作方法，她的筆觸中清晰地留下了她反覆嘗試的痕跡。她透過畫下她所看到的東西來投入主動的注意力。

無論你的藝術訓練程度如何，你都可以掌握這項技巧。繪畫是讓你眞正看清事物最強大且直覺的手段，在這種手、眼和心靈之間最敏感的協調中，你獲得的強烈體驗能讓你感到無比活躍。

我們大多數人今日對拍照的偏好源自探索和詳細記錄我們世界的自然衝動。但繪畫提供了更深層的體驗：拍照讓時間靜止，繪畫的行爲則隨時間流動，讓你更接近自己覺得有趣的事物。我們大多數人在成年之前就放棄了任何個人的藝術實踐，所以當你再次拿起紙筆時，需要進行訓練以讓你的眼睛留意，並讓手更能夠記錄你所看到的東西。然而，繪畫的好處很快就會顯現，而且一開始不需要花費太多時間。每天五到十分鐘就夠了：只要你嘗試每天撥出這段時間，你會發現自己的能力很快就會進步。

亨利的建議是，學習繪畫的最佳方法就是開始動手畫。他鼓勵從生活中取材以發展觀察技能。

從具有簡單、可識別形狀的日常物品著手，是很不錯的選擇，但保持動力和參與感也很重要，所以優先選擇任何引起你興趣的東西。亨利會選擇具有不同紋理或圖案的物品，例如布料、木材或金屬，並且會盡可能到戶外觀察自然界中豐富多樣的紋理、形狀和形式。他透過愈來愈複雜的主題來挑戰學生的繪畫技能，隨著你的進步，你也可以對自己提出同樣的挑戰。

還有一些自由形式的技巧可以加速你的練習。亨利偏好的一種方法，是在短時間內瘋狂地記錄你所看到的東西。透過不斷描畫讓線條交疊的過程，你可以讓一個形狀自行發展，形成粗略的輪廓，並能逐漸清晰地感受到整個場景。另外，他還會鼓勵學生放慢速度，花費更長的時間，冷靜而有條理地專注於細節。他發現，當你逐漸將這些特徵整合成更大的圖像時，這帶來的興奮感和個人成就感通常足以推動你進行更規律的練習。

在你變得更加熟練之後，你會開始注意到，每次你的眼睛落在頁面上時，你所做的每一筆記錄都處在大腦和手之間的互動中並根據記憶所產生的。亨利喜愛的其中一種教學方法是請一位模特兒到課堂上片刻，讓學生進行專注的素描。然後，他會要求學生在模特兒離開後從記憶中完成這幅畫。爲了提升形成自己的印象並在日後記住的能力，你也可以嘗試這種方法，只需背對著你正在繪畫的物體坐下：因爲每看一眼你都會十分費力，所以每一次觀看，你都會吸收更多，並迅速學會提升你的觀察能力。

亨利最敬仰的一位藝術家是塞尙，特別是他對畫作主題的投入和專注——這麼做也能讓你更接近你所研究的東西。塞尚儘可能地沉浸在自己的注意力中，尋找一種眞實的視野來看穿事物的本質，而這可能隱藏在日常理解和觀察世界慣性模式所強加的秩序之下。透過更集中的注意力和前所未有的強度來研究一個場景，他發現他需要不斷觀察，直到經歷到知覺的解構：當他注意到明顯的形式消失和分解時，他就能更清楚地理解事物如何眞正地彼此連結。他自豪地將自己的作品描述爲「記錄機器」或「感光板」，但他發現他捕捉到的更多是他自己的內在經驗對外界所做出的直接反應。

塞尚練習正念觀察，而你也可以這樣做。繪畫時，花時間眞正放慢速度，以新的好奇心觀察你的繪畫對象。從不同角度進行觀察，注意獨特特徵，並尋找新的、有趣的方式呈現你的作品。你愈常這樣做，你就愈會意識到在平時觀察中你錯過了多少。透過練習，你將變得更善於注意細節，並更接近事物和周圍環境的運作，這將對於你生活中的多個方面有所助益。

最重要的是，相信你自己的內在經驗，試圖傳達你對物體、人物或場景的獨特視角，而不僅是簡單地再現眼前的東西。

採取行動

- 嘗試速寫：拿出五分鐘，試著畫下你面前能看到的一切。

- 有條理地畫一個場景：花一個小時的時間，慢慢地將注意力在場景或主題的各個特徵間移動，並盡可能詳細地記錄下來。
- 憑記憶繪畫：背對著你要素描的對象坐下。盡量少看你的對象，而是憑著靠記憶來繪畫。
- 每天畫一點：承諾每天花五分鐘時間畫下你所看到的東西，持續一個月，並注意你的技術和創造力的進步。

掌控你的數位體驗

轉移你的注意力

當你發現自己在螢幕前時，你可以善用從繪畫過程中學到的一切。為了減少螢幕上那些刻意設計的元素奪走你注意力的可能，試著回想像尼爾這樣的藝術家所遵循的逐步觀察過程，更全面地去理解某件事物。尤其當你瀏覽新網站或首次測試應用程式時，花些時間停下來，透過小範圍地轉移注意力，逐步移動你的焦點，瀏覽首頁或主頁面——或者如果你計劃在那裡花費相當多的時間，請熟悉該網站或應用程式的結構。在這個過程中，試著以分析的去方式看待，有意識地將你的焦點從一個地方轉移到另一個地方，試著連結你所看到的所有關鍵元素。質疑爲什麼按鈕和選單選項會放置在你發現的位置，並試著確定頁面每個部分設計的作用，以維持你的注意力。

採取行動

- 放慢注意力：下次使用網站或應用程式時，慢慢移動你的焦點，瀏覽整個頁面，了解不同按鈕、選單選項以及注意力需求之間的關係。
- 進行分析：選擇一個你經常使用的網站或應用程式，花時間確定其主要佈局元素設計背後的主要動機。
- 注意你在網上的注意力被偷走的時候：回溯找出最初吸引你注意力的因素。

透過養成批判螢幕上所見內容的習慣，並試圖了解數位體驗如何控制你的注意力，就更能掌握那些容易讓你在網上陷入自動體驗的不同模式。這樣做能幫助你對抗干擾，更容易保持清醒和專注。

創造你自己的數位生活

當你在網路上創造自己的體驗時，與單純消費隨處可見的內容相比，你的注意力表現會有明顯的不同。當你開始將創意投入到任何在網路上的活動中時，你就像藝術家一樣，能夠掌控整個過程，篩選出你找到的內容，並將其轉化爲個人化的東西。無論是寫部落格貼文、建立播放清單，還是編寫網站的下一個版本都好，當你在網路上創作時，所經歷的一系列生成性動作將與簡單地在螢幕上跟隨指令的品質會完全不同。

採取行動

- 監測你的被動性：花一週的時間，注意你可能養成的任何線上習慣，或留意那些僅僅消費注意力而不創造內容的網站和應用程式。反思是否繼續使用這些網站和應用程式會對你很有幫助。
- 變得更具數位創意：花些時間考慮你最喜歡的線上活動，並思考如何讓這些時間變得更有創意。
- 隨時準備停止：當你意識到數位科技佔據過多你的思考時間時，就要停止使用。

花時間在網路上漫無目的地瀏覽，與頻繁切換電視頻道的行爲並無不同，你應該注意自己有多頻繁地這樣做。留意你僅僅在選擇選項而不是輸入新的搜尋時，停下來考慮這是否是利用時間的最佳方式。數位科技可以提供大量創意潛力，但也會帶來個人分心的浪費，因此注意你最喜歡在網上做什麼，看看是否有機會讓你在這過程中扮演更主動、更有創意的角色——如果沒有，可能就不值得你花時間。你消費得愈多，就愈沒有機會更清楚地了解自己的存在和個人願望。網路上顯示的廣告、搜尋內容和社群媒體推播的內容，常常承諾你改變自己的機會，但你在當下的實際生活經驗往往會被推遲。

試著將你的手機、平板電腦或電腦視爲一個工具，一個你可以用來創造新事物的強大應用軟體。換句話說，這些應用程式可以爲你做什麼？別再讓科技爲你做決定：創造個人空間，當你注意到數位體驗是被提供給你而不是由你創造時，立即下線。這點說來容易做來難，而科技巨頭在留住你的注意力方面的經驗相當豐富，但意識到並抵抗數位操作對你思考的影響，能讓你在網路上和線下重新獲得積極的精神參與感和控制感知的主動空間。

重新點燃創意體驗

在亨利寫的一篇評論中，他回憶了一位藝術家畫畫的情景，「就像一個人唱著歌翻過山坡」他用這句令人難忘的短句總結了對生命充實的看法，他堅信，當你開始自己的創作之路時，是有可能體驗到這種充實感的。當你投身於創作計畫時，你會鍛鍊自己的感官，創造出自己獨特的體驗。你採取的行動和你能夠累積的洞察力範圍和深度都是全新的，你可以讓自己打開心扉，體驗新的情感和人類感受。對亨利來說，這種精神充沛的工作時間，即使只有三十分鐘，也比一整個星期過得庸庸碌碌要有價值得多。

藝術家通常會一直工作到生命的最後一刻（在撰寫本文時，林區已經七十多歲，仍然像以前一樣多產），這麼說是有充分理由的。一種藝術實踐，最能提供充滿變化和複雜性的生活節奏，並廣泛發揮個人的全面能力。創意工作需要不斷以非例行的方式運作，並且需要主動與外界積極爭辯，你會因此培養出自己的態度和觀點。

回想一下你最後一次畫畫、繪圖或製作藝術或工藝品是什麼時候。也許已經是幾十年前了。試著記住紙張的質感、油漆或膠水的氣味、素描鉛筆的感覺，並沉浸在當時的感受中。今日你在哪裡體驗到這些感覺？把這種想法擴展到你的工作生活或學校和大學專題，試著找出你覺得自己成長最多的時刻。亨利認為任何一種創作方式之間都沒有什麼區別，你也不應該有所區別：想想你可以嘗試的數位創意工作以及你可能創作的實物。你在生活中最自豪的是什麼創作？哪一件作品給你帶來了最深的個人滿足感？是否有什麼特別的東西是你想在離世後留給親人的？

採取行動

- 回憶生命中的亮點：找個安靜的時間，拿起紙筆，認真思考過去那些你認為最有價值的時刻。
- 再次沉浸在創意瞬間：回想你最佳的創意體驗，想想你今日是否有很多機會體驗到這樣的時刻。如果沒有，想想有什麼方法可以再次體驗。
- 尋找新的催化劑：刻意尋找你想從事的新創作計畫。

任何真正的創意作品都始於你自己的衝動，但靈感的最初悸動往往是短暫的：只有當你的想法經過深入探索後，真正的目標或計劃才會逐漸成形。如果你現在沒有創作的重點，請不要擔心。只需留意任何新想法的浮現，在出現時，請留些時間透過筆記或素描來充分探討。給任何可能的新創意專案足夠的時間去孕育，並在你感覺準備好時開始行動。一個創意專案的完整形式和目的往往只有在你開始著手進行時才會顯現。

第八章

工藝

太空旅行者

喬治．丹尼爾斯（George Daniels）的「太空旅行者」（Space Traveller）懷錶是有史以來最令人印象深刻的工藝品之一。這款懷錶受到美國太空總署阿波羅任務的啓發，顯示我們常規的二十四小時太陽時間和恆星時間（根據地球相對於恆星的旋轉計算）。整個懷錶完全由一個纖薄的金質外殼包裹，手工雕刻的顯示盤上精細地刻有日曆、月相和天文時差。整個懷錶由一個複雜的機芯自動驅動，並輔以幾個世紀以來最重要的製錶創新之一：同軸擒縱裝置，這是丹尼爾斯於一九七四年從夢中醒來後構思出來的機制。

「太空旅行者」是四百多年來首批完全由同一人製作的機械錶之一。（在此期間只有六塊懷錶是由一個人獨立完成的，全部都是丹尼爾斯製作的，他一生共製作了二十三塊懷錶。）自十七世紀以來，鐘錶都是由分工細緻的三十四位不同工藝技術匠師負責生產的，光是製作錶殼就需要四位專家。到了二十世紀，工業化導致這些工藝大多數變得過時，鐘錶製造者愈來愈常將時間花在進行調整、維修和保養等日常任務上。丹尼爾斯單槍匹馬地重新確立了個人鐘錶製造者和手工製作鐘錶的重要性。從錶殼、面盤和指針到螺絲、寶石、輪系，他學會了製作每一個零件。

掌握三十四種不同的工藝是一項複雜且艱巨的任務。丹尼爾斯在一九六九年完成了第一塊手工製作的鐘錶，耗時三千個小時，他並沒有接受過正式培訓，因爲到一九六〇年代，提供這些領域及此水準教育的機構都已經關閉。他也沒有使用任何電腦化的機具。他依賴自身的實務知識和使用傳統工具來確保每個零件的品質和能夠精密吻合，而他最終完成的卓越作品既簡單又自然。微小的、互嵌的零件彼此協作，一個零件帶動另一個零件，形成一連串的反應。各種齒輪和螺絲的功能匯聚成一體，形成一種穩定而精確的秩序。看到他的鐘錶實際上「活了起來」，令人相當著迷。

丹尼爾斯在職業生涯的初期是一名鐘錶修理工，負責修理送進店裡的任何東西，這絕非巧合：他的早年經歷是在成堆磨損或損壞的鐘錶和零件中度過的。修理工作迫使他注意細節，並找出問題背後一連串的原因，他學會了辨識鐘錶零件和他所使用的材料的獨特性。他逐漸開啓了自己的鐘錶修理事業，並承接更具挑戰性的古董鐘錶修復工作。他還開始養成一個維持終生的習慣，記錄他的鐘錶工作，寫滿一本本筆記，裡面充滿了繪圖和評論，並拍攝所有零件的照片。機會隨之而來，讓他得以修復幾百年前的著名鐘錶。

技藝在時間的累積下逐漸成形。代代相傳的經驗，讓文化經過一段時間後變得更加複雜和精細。過去的工藝學徒制和工會提供了機會，讓人們能夠掌握一個行業中的知識積累。這種健康但強烈的臨摹和競爭精神，不僅存在於同輩之間，也存在於前後輩之間：匠師們將個人的發展視為綿長的歷史進程中的一個篇章。由於缺乏正式的學徒訓練，丹尼爾斯透過研究他修復的鐘錶來學習，他一點一滴地開始理解幾個世紀以來機械鐘錶的創新進展——這是由多位著名的大師連接而成的進步的弧線，其中最受推崇和尊敬的鐘錶大師是亞伯拉罕-路易·寶璣（Abraham-Louis Breguet）。

在十八世紀中期，寶璣建立一個由一百名工人組成的團隊，來解釋和製造他的鐘錶設計。他最早的創新之一是自動上鍊的鐘錶，這款鐘錶會隨著佩戴者走動而在口袋中自動上鍊。這最終促成了有史以來最著名鐘錶的設計：瑪麗·安托瓦內特（Marie-Antoinette）懷錶，這是為法國皇后製作的，並在寶璣去世後由他的兒子於一八二七年完成。這被認為是世界上最複雜的懷錶之一，擁有萬年曆和溫度計，自動上弦的機芯由八百二十三個零件和組件組成。喬治·丹尼爾斯是幾十年來最後一個檢查並觸碰這塊鐘錶的人，這塊錶在一九八三年耶路撒冷展出時，在一宗惡名昭著的竊盜案中消失，直到二〇〇六年才在一箱贓物中重新出現。今日，它的價值超過五千萬美元。

丹尼爾斯對寶璣錶極度著迷，並在發現沒有人對他的作品進行過詳細研究後，決定接手這個項目。巴黎的寶璣品牌擁有者允許丹尼爾斯查看檔案，其中包括十八世紀的書籍在內，這些書籍包含了詳細的構造細節。丹尼爾斯仔細分析寶璣製作的鐘錶，並為其編列目錄，因此對這項具有數百年歷史的製造工藝流程有著深入的了解。

他花費了十五年研究寶璣，並以他所著的《寶璣的藝術》（*The Art of Breguet*）一書集其大成。到了那個時候，寶璣的鐘錶已經相當珍貴，以至於收藏家們出於安全考慮經常隱姓埋名。丹尼爾斯是最後一位近距離接觸並仔細檢查每一件作品的人，他對寶璣作品的優雅手工感到驚嘆。在他的寶璣著作中，有一〇九幅由丹尼爾斯繪製的線稿，每一幅都在研究和解釋複雜的運作原理和創新概念。他對寶璣在製錶時發明的新機械原理印象特別深刻，這些原理至今仍在使用。寶璣將鐘錶製作的工藝提升到了藝術層次，這與生產線上的標準化作品完全相反。

✧ ✧ ✧

當丹尼爾斯在一九六八年開始製作他的第一塊鐘錶時，他缺乏導師手把手的指導。工藝技術歷來都是遵循嚴格的當地傳統並流傳下來，因爲那需要親自接觸和親身示範的學習——實務知識是非常難以用語言傳達的。丹尼爾斯必須自己學習複雜的製錶程式，數千個微小的操作方式加起來才成爲一門技藝。他對寶璣技術的深入研究，幾乎是他在一九六〇年代所能找到，最近似一位專業工匠親自指導的方式。其餘部份則必須透過反覆進行實務操作，透過經驗來學習，從磕磕絆絆的第一次嘗試到擁有快速、流暢的專業技藝。

在這樣的過程中需要克服無數挑戰。零件必須用金屬和其他材料精密製作，通常需要多道工序。機械錶由極小的零件組成，即使是尺寸或角度的微小變化也會對整個錶的性能產生不成比例的極大影響。如果丹尼爾斯發現問題，就會重新製作零件，巧妙評估所需的品質，以找到更好的解決方案。他必須用手指思考，抓握和擺弄零件以掌握技術，讓他的小肌肉控制更趨穩定。這是一種隨時間增長的身體智慧。自學開始為他打開了新的可能性。

丹尼爾斯的鐘錶是巧妙操作日常工具的結果：一個稍顯原始的鐘錶匠車床、鉗子、剪線鉗、螺絲起子、錘子和鋸子。經過一段時間後，他投資了更多精密機械和測量裝置，但這些都是手動操作的。丹尼爾斯經常會先畫一張放大五十倍的草圖，剪下個別零件的圖樣，將它們釘在繪圖板上，並慢動作移動它們，以預測它們如何協同運作。為了快速解決問題，他會在紙上畫出設計圖，以利推理機械運作的情形。但更多時候，丹尼爾斯會親眼看著眼前工作的進展，或在腦中產生立體的影像；比起事前做出過多計劃，他更喜歡在製作過程中自由進行選擇，並在過程中加入新功能。他完成的每一塊鐘錶都會經過四個月的測試，他會將鐘錶放在不同位置及不同溫度下，包括在烤箱和冰箱中進行實驗，以確保它們每天的時間誤差都在半秒以內。每塊鐘錶可望運行三百到四百年。

丹尼爾斯意識到鐘錶的核心機械結構已經好幾個世紀沒有改變。瑞士鐘錶業一直在鐘錶上添加複雜功能，但沒有實質性的創新。丹尼爾斯開始思考自己如何做出貢獻。世界上第一款石英錶由日本鐘錶商精工（Seiko）於一九六九年推出，使用石英振盪器計時，丹尼爾斯預見這將成為主流。到一九八〇年代，固態數位電子技術的出現，使電池供電的石英錶得以縮小體積並降低成本。但機械錶具有歷史和美學價值，丹尼爾斯不希望看到它消失，他堅信機械錶仍有生存空間。他很快將注意力轉向擒縱裝置，這是機械錶的心臟，自托馬斯・穆奇（Thomas Mudge）於一七五四年發明

「槓桿擒縱裝置」以來就沒有改變過。我們上發條時產生的動力儲存在主發條中，其動力釋放由擒縱裝置富有節奏的滴答聲控制。每天滴答六十萬次，擒縱裝置的微小零件必須完全可靠，以確保精確計時。齒輪上塗抹了油以確保其運轉順暢，但經過一段時間後，這些油會變乾、剝落或蒸發，最終導致鐘錶失去準確性。寶璣本人曾極力嘗試解決這一問題，並投入二十年時間進行實驗，最終放棄了。

丹尼爾斯自己接受了這一項挑戰，開始了一個將主導他接下來二十五年思考的項目。他每天都在製作具有實驗性擒縱裝置的鐘錶，仔細測試不同的設計。他的努力在一九七四年夏天的一個凌晨三點集大成，他突然醒來，腦海中清晰地浮現出他想做的事情。他迅速地將其草圖畫出，從各個角度探索他的想法，愈來愈確信自己找到了答案。他發明了「同軸擒縱裝置」，這是第一個提供雙向動力、上弦後自動啓動並幾乎消除所有滑動摩擦的擒縱裝置。丹尼爾斯隨即申請了專利，並多次前往瑞士向主要鐘錶品牌展示他的創新。最終，歐米茄決定將同軸擒縱裝置以工業化的方式生產：今日，它仍是槓桿擒縱裝置唯一且更爲傑出的替代品，迄今已在超過一百萬塊高品質鐘錶中使用。

在大型鐘錶製造商工作的經歷讓丹尼爾斯大開眼界。穿著白外套的技術人員在電腦前使用最新的電腦輔助設計（CAD）軟體。要實際應用同軸擒縱裝置，歐米茄勢必要經過長時間的電腦設計和模擬研究後才能拍板定案。在數百名員工中，沒有人像丹尼爾斯那樣使用手工工具或以類似的方式工作。顯然，一名在工作台前的孤獨匠師超越了配備最新電腦和製造技術的龐大工程師團隊。丹尼爾斯的製錶實踐經驗賦予了他對機械無與倫比的理解。歐米茄的技術人員可以放大到極其精細的細節，並模擬極其複雜的設計，但他們缺乏實際操作的知識來將整體融會貫通起來。而丹尼爾斯則能依靠直覺和預感，在腦海中完整地模擬鐘錶運作的影像，而歐米茄的團隊則必須仔細分析他的設計，將測量和統計資料輸入到電腦模型中以釐清一切。

使用軟體設計鐘錶的危險在於，電腦程式會建立自己的預設樣式和程序，設計師很難保持警覺，意識到軟體可能會施加的限制，如果沒有實務方面的知識很難做到這點。丹尼爾斯親手處理現實世界的材料，無論是直接在他的掌中或者透過他直接控制的工具處理，並擁有完全的創造自由來不斷發明。透過長期的實踐和熟悉各項媒材的物理特性，最終讓他擁有無與倫比的精湛技藝和創作的自主性。相較之下，歐米茄的軟體工程師則受限於預設系統內可量化的參數，隔著電腦螢幕遠程體驗鐘錶製作的基本物理性質。

電腦或許能輕鬆達到完美，把邊緣磨到平滑，但在工藝方面，明顯的手工痕跡爲物品增添了美感。如果仔細觀察「太空旅行者」，可以分辨出丹尼爾斯親自刻劃的淡淡線條和刻痕。這讓人更加驚嘆於他的藝術性。製作手工物品每一步都存在風險：隨時可能毀於一旦。但正是人類在每個時刻所做的獨特決定，確保了手工製品的獨特性，並將我們與製作者的個人生活連結起來。

工藝是一種將我們的想法轉化爲實物的強大方式，我們會在現實世界中整理經驗並做出決策。在工作完成時，我們努力的成果就能明確地展現出來。透過實際的操作過程，我們可以更深入地了解自己、了解所處的情況和周遭的世界。透過製作和照顧自己的作品的能力，不僅證明我們的獨立能力，也實現了自我價值。丹尼爾斯的自學推動了他的生活，造就他不平凡的人生：他對工藝的掌握是自我轉化的核心，也是每天學習和成長的積累。

然而，他為挽救一門即將消失的工藝所面臨的實際困難，突顯了自當時以來我們工作生活所面臨的巨大變化。我們根本不像過去那樣處理或實際接觸物品。我們在電腦前工作時，對世界的多重感官體驗就會變得平淡：我們放棄感覺身體動作的細微差別，轉而專注在螢幕上移動的像素的複雜變化。我們坐在固定位置上，主要依賴眼睛掃描圖片和資訊。我們的身體運動在絕大多數的時間是高度受限的：當今典型的工作站的限制，使我們的身體運動僅限於鍵盤打字，以及滑鼠點擊和滾動的小範圍動作。我們很容易忘記這有多奇怪。每當我們在線上工作時，我們幾乎停止了身體的活動，將身體的感知拋諸腦後，彷彿完全脫離了身體。

如今，鐘錶製造商使用一種由瑞士公司開發、名為Tell Watch的CAD工具，進行從研究開發到最終生產的完整設計過程。立體動畫可讓裝配過程的每一步以影像呈現，就連擰緊最小螺絲的步驟也包含在內。設計和製造機械錶的時間免不了被縮短，商業效率的提高自然推動公司相應地重新規劃營運模式。今日，萬寶龍、百達翡麗、法蘭克穆勒、蕭邦和其他許多高端鐘錶品牌都使用這款軟體。

當鐘錶製作變成點擊滑鼠幾下的過程，讓電腦組裝現成零件，並經過運算默默解決必要基本物理問題，當中人類所需的技藝會大幅下降。丹尼爾斯爲了確切地理解鐘錶每一個彼此連接的零件所付出的努力，轉變成一個個軟體代碼，複雜、耗時的過程被壓縮爲簡單的選單選項或按鈕。鐘錶製造者在工作過程中也無法得到直接和即時的回饋，例如，失去了聽到零件不太合適時發出叮噹聲的機會。

喬治．丹尼爾斯及其之前無數代匠師的工藝技能正在失傳。隨著時間推移，技術不斷精進而代代相傳的工藝和勞動職業已經漸漸衰退。這有什麼關係嗎？畢竟，我們從未如此準確地計時：連接上網際網路時，我們智慧型手機上的時鐘準確到五十毫秒之內。今日CAD軟體的改進，爲工程師提供了設計實物無與倫比的能力，包括鐘錶在內。在技術方面，我們從數位化中獲得了很多好處。然而，我們也失去了難以計算的身體能力，失去了必須透過時間學習與磨練的美好和技能。用我們的身體思考的重要性是什麼？當我們停止這樣做時，我們又失去了什麼？

體現認知與螢幕現象

喬治．丹尼爾斯最頂尖的鐘錶作品以阿波羅登月任務命名，這是對此次壯舉的致敬，因爲這些壯舉依賴非常精確的計時。雖然人類登月仰賴指揮艙和登月艙上的阿波羅導航電腦，但太空人擁有令人驚嘆的個人技能，這種飛行能力和工程知識的組合，在今日幾乎很難找到。這些頂尖戰鬥機飛行員習慣了一九六〇年代噴射飛機的快速變化，並且全面理解高級物理學和其飛行路徑下的數學排列組合；他們還對其所駕駛的太空船的機械結構有詳細的了解，甚至到最小的細節。當阿波羅十三號任務發生重大故障，氧氣罐失效引發一系列危及生命的錯誤時，太空人能夠採取令人驚嘆的解決方案，這唯有深入理解他們所操控的儀器才能做到。這些登月壯舉發生在我們歷史上的一個特殊時刻，當時我們仍過著充實且仰賴身體技能的工作生活，而電腦才剛開始以全新且深遠的方式支持我們。

在當時，我們對思維的理解與今日大不相同，大腦被看作是一個完全獨立於身體的運算裝置。自十七世紀以來，法國哲學家勒內．笛卡兒的研究，提出了許多人相信的一個看法，就是心靈與身體本質上是分開的，即任何身體感覺都必須在心靈中先行解讀才能被我們理解。直到一九九〇年代，體現認知這個概念，亦即我們不僅僅用大腦思考，而是透過我們的整個身體經驗來思考，才開始受到重視並蓬勃發展。現今的認知科學認爲，我們的運動系統、感知，以及身體與廣闊環境的互動，就和大腦本身一樣，對我們形塑世界的基本認知至關重要。有趣的是，AI和機器人領域在這方面做了一些最具突破性的工作。一九六〇年代早期的AI過於樂觀，預測機器能在二十年內完成任何人類能做的工作。這顯然沒有實現，反而，機器人研究發現基於邏輯推理的計算在現實環境中是非常低效的。只有透過模仿體現認知的原則，最新的機器人才得以在能力上取得顯著的進步，更接近我們與周圍世界互動的方式。然而，矛盾的是，正當科學在身體行動和感官感知如何影響我們的思想、記憶和技能方面取得重大進展時，我們卻與自己的身體愈來愈脫節。

長期以來，人們之所以誤解體現認知，以及爲什麼我們在工作方式發生巨大的改變後卻未能察覺到對自身影響的原因：是我們的內心對學習或遺忘身體技能和能力這件事缺乏自覺。對於我們獲得的任何身體能力，無論是駕駛汽車、精通一項運動或是進行ＤＩＹ計畫，我們每次練習時都會在不知不覺中變得更熟練，這些進步極難具體指出或表達。同樣的，我們往往對身體能力的逐漸衰退視而不見，直到我們再次嘗試表現這項技能才會發現，這種現象可以稱爲「身體技能盲區」。

觸覺是我們最基本的感覺之一，也是人類狀態的核心，令人驚訝的是，我們每天有多少時間在工作時放棄了這種知覺。我們在生命的開始便依賴觸覺來理解周圍的一切，孩子們抓握、測試和戳刺他們遇到的一切——我們在餘生也會繼續這樣做。實體事物對我們來說更容易理解。我們可以圍繞它走動，拿起它們並以無數其他主動、全身感知的方式與它們互動。另一方面，螢幕技術則將我們與世界以及我們在其中發現的物品隔開；我們在螢幕上看到或控制的任何東西都是一種再現，一幅圖像或利用圖形顯示，意圖呈現現實世界中可能實際存在或不存在的事物。

我們在電腦前工作時，頭腦會迅速適應。螢幕上的視覺資訊成爲我們的臨時現實，而我們對周圍環境的意識則減弱到最低的狀態。我們的行動是由螢幕上的數位提示引導的。實體手工藝則完全不同。視覺仍然至關重要，但是觸覺也同樣不可或缺：例如，丹尼爾斯會感覺到鐘錶外殼開始成形，這個過程是他無法在紙上預先規劃的，他會根據手中材料的感覺來做出即時的決定。今日的科學家聲稱我們有多達二十六種感覺——遠超過傳統理解的五種。其中包括平衡感（平衡感覺）、前庭系統（讓我們感受到速度）和動覺（運動感覺）。當我們與數位裝置互動時，這些感覺的參與受到明顯的限制，因爲我們的身體接觸通常僅限於滑鼠、鍵盤、觸控螢幕、震動提醒和最近整合到智慧型手機中的觸覺回饋。與此同時，在現實世界中蘊含著運動、質地、壓力和溫度等無窮的感覺，沒有人會說我們的感官生活是平凡的，但我們在螢幕上互動的多元豐富的資訊，無論其內容是什麼，都是透過相同的基本控制方式來傳遞。

每當某個工作領域或職位數位化後，其結果都是一樣的：現實世界的互動被螢幕所取代，職業所需的實體技能被閱讀和操作資訊串流所取代。建築師、科學家、商品交易員、時裝設計師、音樂家和製錶師：這些看似不同的工作領域，正在被標準化，成爲出奇相似的工作體驗。隨著軟體變得愈來愈不可或缺，每個工作變得愈來愈久坐不動，漸漸地，職業之間的差異只出現在軟體界面的差別上。是的，不同職業所需的知識基礎和專業技能仍然大不相同，但日常的**身體**體驗卻大同小異。我們所從事的工作可能會產生重大而顯著的實際成果，但工作過程中我們所操作的實際情況仍被層層數位抽象所介入。最終結果是，我們能夠透過在螢幕前工作呈現極高的專業水準，但大量的身體經驗卻消失了。

我們在桌前坐著的時間累積起來，對我們產生了影響：我們變得愈來愈仰賴視覺，而非身體經驗。每花一小時在電腦前，等同於我們損失了一小時與現實環境互動的時間。我們放棄了許多更主動、積極的活動，以騰出時間從事數位工作，然而我們並沒有察覺到明顯的變化。「身體技能盲區」使我們沒有注意到身體能力的逐漸衰退，以及這對我們的影響。

當我們減少使用身體來思考後，會失去什麼？我們都可以想像一個典型的「書呆子」形象。他們可能帶有一種典雅的氣質，但我們也想像得到更虛弱、更脆弱的身體，有黑眼圈、戴著眼鏡、動作稍顯笨拙。而一個「螢幕族」又會是什麼樣子呢？他們的視力可能也會受到影響，如果不進行鍛鍊，他們的體能也會衰退。但「螢幕族」最主要的特徵更加明顯且微妙：成為螢幕族意味著在生活中失去了一種身體能力，也就是動手能力。我們在螢幕前工作的時間愈多，我們在生活其他領域的能力就愈低。反之，我們與世界進行更多的實際互動，我們的協調能力和精細動作控制的水準就愈高。這一點最明顯的表現之一，是不同世代在修理東西上的能力差異。修理我們周圍的物品，迫使我們充分理解它們；我們必須努力釐清它們的運作機制，找到症狀和原因才能修復它們。然而，年輕一代，包括我自己在內，常常無法理解為什麼一個燈具、牆壁掛件或管道會故障，更不用說如何修理它了。我們不再像以前那樣建造東西、打孔或釘釘子：我們背對了這一切，只面對著電腦。

今日許多數位工作需要高水準的知識和技能。大量的資料和快速演變的軟體工具，意味著任何工作職能都不會長期保持不變。在更進階的工作中，需要進行密集且長期的教育和培訓。掌握一個新的數位學科，會面臨許多丹尼爾斯在工作中所經歷的各種挑戰：面對新的情況，應對預設的特性和規則，克服限制條件，並不斷重新嘗試。因此，數位工作與任何實體工藝一樣，具有一定的智識要求。然而，數位工作帶來了一些根本性的變化，進一步威脅到我們的能力。

自動化在職場已經成爲媒體經常討論的主題，對於機器最終會取代人類工作到什麼樣的程度，一直有不同的爭論。然而，有關先進人工智慧將在不久的將來主宰幾乎大部分腦力工作的擔憂，掩蓋了一個重要且迫切的問題：我們的公共討論甚少考慮到自動化的過渡階段——目前我們已經身處其中。我們應該關注**現在**發生的事情，因爲我們的許多工作正在被機器流程取代。隨著工作愈來愈自動化，工作者被迫適應更多的程式化行爲：這讓我們正面臨著成爲機器人的風險。

如果以明智的方式規劃，自動化有潛力讓我們擺脫單調的工作，專注於更具刺激性、複雜的任務。然而，隨著機器學習變得更加具有智慧——隨著ChatGPT等先進語言生成工具的出現——到目前爲止，未受標準化工作流程影響的複雜工作職能也受到衝擊。由AI驅動的內容創造和編輯、爲建築師提供更精美的建議和佈局的CAD工具、利用智慧系統比較和對比電腦斷層掃描以診斷癌症：這類工具都減輕專業技術人士所需承擔的責任，轉而監視螢幕或在預設的欄位中輸入資訊即可。機器學習可以透過過往經驗自動改進，從數據資料中獲取見解，並識別模式來做出決策，這樣的改進方式意味著它在各種任務中的表現逐漸超越人類。我們必須改變工作、行爲和技能，以結合日益依賴的電腦能力，工作開始變得愈來愈呆板。不僅只有身體活動和與現實世界的互動變成了在螢幕前的靜態注視，現在甚至連需要用腦的工作也被簡化和標準化。

在一九三〇年代，一個典型的工藝學徒需要五、六或七年的時間培養；今日通常是三年。大量應用自動化軟體的職業甚至更簡單。如今，大量辦公室工作的培訓時間非常短，有時甚至只需要幾天。倉促採用新軟體，我們有可能需要承擔視野受限及能力衰退的風險，因爲最有啓發性和有意義的工作在這個過程中消失了。軟體和自動化的工作流程帶來更高的工作量和更先進、更複雜的最終成果。有時，這可以提升我們的工作效率，讓我們專注於最後的潤飾或開發新的方向。然而，任何軟體背後的編碼都是循序漸進，且免不了以常規爲導向，這樣一個封閉的系統限制了創造力。我們的技能以及我們創造和建造的東西，包括手錶和摩天大樓等等，就會變得標準化和同質化。正是這些程式代碼，讓我們能夠應對更複雜的問題，但同時也將我們的工作簡化在選項與選項之間：完全從空白開始發想的創意如今變得更爲少見。

第一次登陸月球前的最後幾分鐘，全世界的觀衆透過四十萬公里外的電視觀看尼爾・阿姆斯壯（Neil Armstrong）手動駕駛著太空船。今日的太空人——更不用說商業航空公司的飛行員或郵輪船長——沒有這樣自由發號施令的的權利，他們被層層自動化和電腦輔助監控束縛著。另一方面，眞正令人振奮的工作，則讓我們擁有行使自主權的機會，並承擔自己的判斷。相較於被各種外在因素限制，在一份充實的工作中，我們可以扎根於現實世界並更深入地理解它。我們的思想和身體所參與的工作可以讓我們掌控技術，而不是屈服於它。

找回你的工藝技能

大量研究證實，手工藝能夠顯著提升整體幸福感。多感官參與和各種活動的預期滿足，如烘焙、園藝或家俱製作，可以增加改善情緒的神經傳導物質，並減少壓力荷爾蒙的產生。做手工藝使人心情變好，也能改善你的整體認知和身體能力。中風患者可以透過編織籃子和製作陶器重建神經通路和改善大腦可塑性，而自十九世紀末職業治療開始以來，手工藝課程一直在其中發揮著重要作用，幫助有身體、感官或認知問題的人在生活的各個方面重新獲得獨立。將手工藝融入生活是一種自然的方式，可以增強你的身心健康及恢復力，而且讓人非常有成就感。

雖然數位技術是許多工作領域身心技能退化的原因，但它也讓你在生活中找到做手工藝的絕佳機會，不僅可作爲職業之外的嗜好，也可成爲你日常工作的一部分。

工藝嗜好和社群

想在生活中增加做手工藝的機會？最簡單的方法就是開始從事一項新的嗜好。近年來，傳統消磨時間方式如編織和家庭釀造再度流行絕非巧合：手工藝的嗜好提供了擺脫日常工作中過度依賴電腦螢幕的機會，並給了我們從工作和消費主義生活中喘息和恢復的空間。你可能會找到與你的工作密切相關或互補的工藝嗜好，或者選擇非常截然不同的工藝來作爲調劑或平衡，無論是製作珠寶、養蜂、拼布、汽車維修，還是木工都好。基本上，所有工藝活動都需要全神貫注的練習，以及探索事物如何運作的漫長過程，過程中必須完成許多任務。你可以享受這其中的困難和小小的進步，並拒絕向便利性屈服：在大多數時候，你必須用手工作。

即使近年來大家對手工藝重新燃起興趣，但這些嗜好仍遠不如從前那麼普遍：從十九世紀末到二十世紀末，各式休閒及娛樂活動蓬勃發展，但隨著網際網路的到來，數百萬潛在的愛好者在有機會將興趣化爲更具體的實踐之前，就被網路分散了注意力。

花幾分鐘調查你最常在空閒時間做什麼：列出你的每一項嗜好和興趣，並考慮你在每項活動上花費了多少時間。試著區分每個消遣活動的「螢幕依賴」程度：顯然玩電腦遊戲或看連續劇時缺乏身體活動，但你可能會驚訝地發現大部分閒暇時間中都沒有鍛鍊到身體的技能。回顧過去三個月，試著準確記錄你在任何需要身心投入、學習和逐步精進的工藝嗜好或活動上所花費的時間。比較你在一項嗜好上所花的螢幕時間和現實世界中所付出的努力，看看哪一個佔用了你大部分的時間。這麼做可以顯示出你有多認同某些興趣，但實際上卻很少花時間去做。

騰出三十分鐘來記錄你想要追求的新嗜好，或到目前爲止你沒有時間深入探索的興趣領域。考慮到你的才能、興趣和你想要獲得的新技能。思考你的工作，想想有哪些是相輔相成與衝突之處：是否有任何嗜好與你的工作生活息息相關，或者有其他截然不同的嗜好？你的嗜好最好都來自最純粹的動機：試著深入思考你最喜歡做什麼，你想多做些什麼。一個嗜好絕對足夠，但多種個人追求可以提供更全面的機會，學習可以應用於生活其他方面的各種身體技能。

今日工藝類的嗜好都有許多充滿活力的實作社群支持，這些社群是分享和學習的好地方，也是認識志同道合的人並獲得實務技能的絕佳方式。專門的網站、論壇和聊天群組將不同地區的人連結起來，甚至小衆的嗜好和追求也能找到志同道合的人，而聚會和共同創作空間則提供了在現實世界中相遇並一起創作的機會，類似於過去的工藝協會。工藝社群可以成爲一種振奮人心的良藥，對抗在螢幕前坐著工作的疏離感，並可以成爲新事物的跳板，提供一個窗口讓你了解工作生活能夠如何變得不同且更加有意義。瀏覽你的嗜好清單，看看你所在區域有什麼社群——有沒有讓你感興趣的？

採取行動

- 列出你的嗜好和興趣：區分每個嗜好或興趣有多依賴於螢幕，並考慮你分別花了多少時間在這些活動上。
- 尋找新嗜好：花三十分鐘考慮你想從事的任何新興趣，以及它們如何與你的日常工作互補或衝突。
- 找到製作的空間：研究當地社區的工藝團體和工作坊空間。

・修理東西：儘量養成自己修理家裡物品的習慣；一開始可以使用網路上的指南，嘗試修理幾個壞掉的物品。

此外，就像丹尼爾早期修理手錶的工作一樣，修理物品也是了解日常物品的絕佳方式。藉由找出問題並確定如何解決，你就會對物品的內部運作有更全面的理解。儘可能地嘗試自己修理物品，先不要請人幫忙或花錢修理。將每次損壞視為學習的機會，並留出足夠的時間以專注和全新的心態來解決挑戰。網上有很多逐步指南可以修理多數常見的居家用品，包括看似難以破解的智慧型手機和筆記型電腦，而修理工作當然也是更多DIY或執行其他計畫的自然前奏。

在工作中尋找匠人精神

另一個選擇，自然是改變你的工作方式。客觀地評估你目前的角色：它有多依賴螢幕？多自動化？〈運動〉那一章建議追蹤你每日生活的靜止程度。使用相同的方式，花一週的時間用紙筆記錄你在工作日中把時間花在哪裡、又是怎麼花時間。特別留意重複或單調的任務：監測你在螢幕前花費的時間，是否有任何任務涉及實體元素。如果有，它們是否細緻且技術含量很高？對於每個任務區塊，從一到十評估所需付出的腦力。在週末，冷靜地評估你的工作帶給你的身心挑戰是否能讓你感到滿足。如果不是，為什麼呢？根本原因是什麼？

你或許可以找到方法將更多的實體工作、創意工作或自主性納入你目前的角色中，或者你可能會發現到調整職位或晉升可以實現這一點。當然，如果你願意投入更多，另一個選擇是重新受訓並從事全新的職業。而就業替代方案往往是和你目前從事的行業和技能互補，或者可能直接來自於你的熱情所在、興趣或手藝嗜好。

多年來的社會變遷意味著許多人將水電工或木工等行業視爲較不需要腦力或報酬較低的工作。實際情況往往正好相反。這些行業的需求仍然很高，而且薪酬可以和許多辦公室工作一樣好，甚至更好。

考慮新的職業道路需要清晰的視野：超越社會對職業的評價，以務實的方式了解你當前工作生活的組成部分，然後了解不同工作中的日常情形。在追求最新的數位機會或白領辦公室工作時，更傳統且具體力勞動的工作角色（通常既具有挑戰性又令人滿足）經常遭到遺忘。今日提供的彈性工時的工作種類也打開了機會之門。例如，結合兼職工作是一種很好的方式，可以在你發展的智力或體力技能上創造更多的廣度，同時也擴大了你的就業途徑。透過創意思考可行的不同工作選項，可以減少每日工作的時間，以及你在財務方面對此工作的依賴。廣泛研究，勇敢思考你可能更願意投入的職涯，以及實踐所需的實際步驟。投資一些有教練指導的課程是個好主意，你也可以擔任志工，或是尋找工作見習的機會。

採取行動

- 評估你當前的工作角色：追蹤你每天花費時間的方式和地點，注意重複性或單調且必須待在螢幕前的工作。
- 提出艱難的問題：誠實地考慮你是否覺得你的工作在身心上都有足夠的挑戰。是否有你更願意做的事情？
- 考慮你的職業生涯：調查可能的職業轉變、晉升或全新的工作，以及這些職業是否讓你有更多的體力勞動、創意工作和自主性。

工藝事業

雖然自行創業的風險較大，但是將有意義的工藝工作融入你的職涯規劃，或許是更能獲得回報的方式。由於就業市場與更多元的經濟和科技變化緊密結合，找到未被逐步淘汰的角色變得愈來愈困難。雖然創業也受供需市場力量的影響，但創建新企業提供了完全的靈活性，可以爲自己設置工作流程，解決螢幕依賴問題，並消除當前工作生活的限制。特別是自籌資金的小型企業靈活機動，能夠迎合小衆興趣，提供目標高度集中的產品供應和生產方式。成功管理一家新創企業需要綜合視角，包括整體策略方向以及每個生產階段的詳細工作，這與今日許多角色集中於少數幾項任務而與其他任務脫節的情況完全相反。

位於倫敦卡姆登市場的一個拱門內的卡姆登手錶公司，就是這種靈活創業模式的典型代表之一，也是當代製錶業中最新鮮的面孔之一。安妮基・秀特（Anneke Short）和傑洛米・羅伯特（Jerome Robert）在二〇一四年創辦了該公司，提供以當地公車路線命名的小型手錶系列。他們的手錶設計和原型製作利用最新的CAD軟體，靈感來自附近的機械和建築，顏色和小細節則取自連接運河的橋樑。他們的自動手錶系列使用從日本公司御代田購得的機械機芯，這些機芯會透過佩戴者手腕的運動來產生動力。

除了手錶零件的製造外，秀特和羅伯特自行管理業務的各個方面，從產品設計和組裝到市場營銷和零售，羅伯特還親自修理所有損壞的手錶。透過充分利用現有技術，他們能夠以實惠的價格推出少量生產的獨特手錶，快速成型技術使想法能迅速變爲現實。當然，其工藝水準無法與丹尼爾斯媲美，這些是日常手錶，而非獨一無二的手工藝品，但工作中仍然包含了本質上的實體性，價格較高的錶款也具有更多細緻的作工。業務供應鏈的每個步驟都需要技巧和創意。秀特和羅伯特表示，在面對科技時，保持對傳統工藝的好奇心，就可以以新的方式利用它。卡姆登手錶公司的每一件作品不僅僅是小玩意兒，而是具有情感共鳴和持久性的物品，這些都直接與他們的歷史與環境相關。他們展示如何將工藝知識應用於人性化技術，創造出與大衆產生共鳴的東西，而不僅僅是放在畫廊展廳或價格遙不可及的工藝品。

數位科技下的經濟環境使得各行各業都可能出現像卡姆登手錶公司這樣的企業，因爲對軟體設定的密集測試和對背後代碼的手動調整，就能順利地適應數位工具和靈活地進行實驗：創造獨一無二的產品變得可能，這是以其他方式都無法實現的。如今，工藝行會可能再次從網路上少量和短期生產的工作室中重新出現，因此工藝創業今日不必然是孤獨的追求。丹尼爾斯可能會驚訝地看到，機械手錶和成千上萬的其他工藝技術的未來看起來十分光明。

採取行動

・做功課：如果你認真考慮辭掉目前的工作，請仔細研究與你現有技能、嗜好和興趣相關的工藝創業機會。

第九章
記憶

莎士比亞的劇團演員

在莎士比亞時代，演員這個職業與今日有很大的不同。當時的戲劇還未成爲後來的商業性行業，一個演員團隊，也就是當時所謂的「劇團」——需要依靠富裕贊助人的資助來幫助他們上演戲劇。在十六世紀，製作的戲劇最初在宮廷爲受邀的觀衆進行私人演出，之後則到酒館、旅館，甚至在省城的鬥熊場巡迴演出。莎士比亞晚年時，愈來愈多專門的劇院紛紛出現。由十二名左右的演員負責演出大量的戲劇——通常每週演出六部不同的戲劇，每月推出一部新戲——這些戲劇全年輪流上演。對於演員來說，連續兩天扮演同一個角色是很罕見的，即使劇團每天都有演出，最受歡迎的角色也只是偶爾出場。

因此，劇團演員必須在腦海中持續記住大量不同戲劇的台詞。他們還必須非常迅速地熟悉新台詞：在莎士比亞擔任劇作家的生涯中，多數時間都待在「宮內大臣劇團」，這個劇團在一六〇三年詹姆斯一世即位後改名爲「國王劇團」。有一次，在埃塞克斯叛亂期間，僅用一天時間就重新排練了許多年未曾演出的《理查二世》，以進行臨時演出。此外，演員很少能得到一整部戲劇的劇本，因為當時印刷材料極其稀缺，當然也沒有機會死記硬背台詞。現今專業舞台演員可能會花數週甚至數月的時間來記憶一個角色的台詞，而莎士比亞時代的演員必須依賴其他更本能的記憶技巧來掌握台詞。和今日一樣，大家都會極力避免在舞台上忘詞，這是演員最不希望發生的事情。十八世紀偉大的莎士比亞演員查爾斯·麥克林（Charles Macklin）在八十多歲時，有一晚在舞台上突然忘詞，他轉向觀眾道歉，描述這種情況為「我一生中從未感受過的恐懼」，這完全摧毀了他的「身體和精神機能」。

那麼，莎士比亞的演員們是如何在沒有整本劇本或數週時間來死記硬背的情況下記住多部戲劇的台詞的呢？事實上，人類記住大量戲劇或歌曲台詞的能力可以追溯到有紀錄以來的最早文明，學者們幾個世紀以來，一直在爭論吟游傳統是如何創造荷馬史詩的《伊里亞德》和《奧德賽》，這兩部作品創作於西元前八世紀，總計超過一萬五千行和一萬二千行，都是在古希臘引入字母書寫之前完成的作品。

在一九三〇年代，美國古典學者米爾曼·帕里（Milman Parry）發現了一個有趣的事實，就是吟游詩人或在各種文化中的流浪歌手是如何能夠背誦如此大量材料的方法。他在尋找現存的口述文化時，也就是個人僅憑記憶就能進行複雜長篇演說和演唱的文化的時候，來到了南斯拉夫（現為塞爾維亞和蒙特內哥羅）的一個偏遠地區，遇見了詩人暨農民阿夫多·梅杰多維奇（Avdo Međedović），他能唱出一系列傳統民間故事，其中一個甚至超過一萬三千行。

帕里前往拜訪的期間，恰逢首批行動電子錄音裝置廣泛使用之際，他稍微改裝了愛迪生的留聲機，使錄音對話可以無限延長。帕里發現，一旦梅杰多維奇進入狀態，就不應該中斷。梅杰多維奇的其中一首歌的表演在一次錄音中超過十六個小時。梅杰多維奇從未學會閱讀或書寫，但他非常擅於遵循詩句形式的特有節奏和結構。他用一種叫做古斯萊的單弦樂器伴奏，清晰且動人心弦地演唱著。

在荷馬時代，表演使用的是長短短六步格——這種韻律模式創造了一種自然的節奏和流動，讓聽眾（也包括表演者）隨之而行。《伊利亞德》和《奧德賽》的表演會由名爲「福明克斯」的里拉琴進行伴奏，歌手會在節日或宮廷中進行演出。帕里發現，將文本排列成韻律詩句，這樣更符合我們大腦的自然語言處理能力，並創造了一種結構，使我們更容易形成記憶並回憶起特定台詞。

今日我們很難完全理解在過去人類依賴自己記憶的程度有多大。在生理上，我們與祖先幾乎相同，但我們的思考方式卻截然不同。今日，我們主要將記憶儲存在自身之外，儲存在書籍、照片和博物館中，並且逐漸分布在各種數位格式中——但在人類歷史的大部分時間裡，我們依靠自己對事件的記憶來建立共同的文化，並傳遞我們珍視的美德和價值觀。這就是我們保存自己認爲最重要的事物的方法，並透過形成和傳遞口述故事和民間傳說，對抗生命的短暫和死亡，以確保我們的事蹟能夠繼續流傳。

我們最早的**外部**記憶輔助工具是畫在洞穴牆壁上的、刻在木頭上的，或者以我們創造的實物形式存在的，但隨著書寫的發明，首先是楔形文字的標音符號，然後最終是在歐洲使用的更靈活的字母，這顯示我們能夠在外部持有的資訊的複雜性上發生了根本性的轉變。不久之後，荷馬吟游詩人的舊技術已不再足以傳遞日益複雜的文本文化，經過一段時間後，口述故事和歌曲的主要功能從記錄過去轉變爲娛樂。

帕里注意到，梅杰多維奇在詩句形式的框架內，每次都會重新構建自己版本的歌曲：一個原本只有一百四十一行的場景，梅杰多維奇把它擴展到超過一千行。有鑑於此，帕里認爲，儘管《伊利亞德》和《奧德賽》今日有固定的形式，但這只是因爲它們在後來被記錄下來；在此之前的幾個世紀裡，不同的表演者會發展出他們自己演繹的版本。今日我們理解荷馬的作品並不是一個詩人的創作，而是不同吟游詩人的作品融合而成。《伊利亞德》和《奧德賽》可能早在西元前二〇〇〇年就開始形成，比最終記錄在紙上早了整整一千二百年。

莎士比亞也寫了格律詩，以抑揚五步格爲主，就像荷馬的韻律一樣，這種自然的詩句節奏事實上非常接近我們日常說話的方式，這讓舞台上的演員能夠輕易記住他們的台詞。然而，這並不能完全解釋他的演員是如何記住如此多的台詞：在莎士比亞的時代，寫作不僅普遍，而且本身已成爲一種高度發展的創作媒介，對忠實呈現文本的期望也發生了變化。儘管台詞並不如今日所期望的那樣固定不變——演員在詩句框架和劇情推進的範圍內有些許替換詞語的自由，但靈活度絕不像梅杰多維奇或任何來自古代吟遊傳統的故事講述者所習慣的那樣。莎士比亞的詩句精確無比，其最終形式是經過非常精心的設計。因此，演員們被期望能夠儘可能地達到原作的表現。

中世紀學者將「事物記憶」（memoria rerum）和「文字記憶」（memoria verborum）區分開來，前者是對事物的記憶，後者是對文字的精確記憶。他們發現，記住特定的文本段落特別困難，因爲這不太符合我們記憶和想像的空間與視覺基礎。當我們記住某件事時，我們會在腦海中重建一個場景，我們已經進化到使用與最初感知這些場景時相同的認知能力來回憶我們的過去時刻，當我們在腦海中再次回顧這些記憶和場景時，尤其會用到視覺能力。如果我們回想起過去任何戲劇性的時刻，無可避免地會回到當時的情境中。即使是回憶第一次在手機上看到的重大新聞或在電視上看到的新聞時，我們也會在腦海中重新回到接收到消息時所處的實體情境，依靠我們的感官記憶來重新回顧這一切。當然，如果我們在一開始就更加留意，之後就能調動更多的感官記憶，使我們更容易喚起回憶。相較之下，記住大量書面文本，遠離多感官的現實生活，會讓我們面臨最困難的記憶挑戰。

在今日與近現代的戲劇製作之間，最大的不同之一就是演員對個人提詞劇本的依賴，這對他們的記憶有著最大的影響。以前的演員們只得到包含他們台詞和上場提示的卷軸，他們從未見過整個劇本。這種將角色台詞個別分配的劇本十分發散——沒有人能夠眞正得知另一個人的角色或台詞，這以一種非常經濟的方式將一部戲劇拼接在一起。每個演員只獲得最低限度的指導，然後被扔到舞台上。場景之間，演員們會在後台圍繞著稱為「劇情大綱」的大型手稿，這些手稿會掛在牆上明顯之處。這種手稿今日僅存七份。儘管這讓演員有機會看到整部戲劇，但上面顯示的資訊卻出奇地簡單。每個新場景都用粗底線清楚地標示出來，但唯一的其他指示只有角色的進場和退場；除此之外，演員們必須自己解決問題。演員們訓練自己去聆聽來自同伴演員的一兩個提示詞（這些通常是不尋常的、令人難忘的詞），並在對即將發生的事情幾乎毫無了解的情況下走上舞台。

十六世紀的舞台相當簡樸，只是一個沒有佈景或燈光的簡單表演空間，但也因此能幫助演員集中注意力，密切關注劇情的發展。被盲目地置入新場景，會激發出自身的自發性和能量，這讓上台表演更像是一場充滿張力的真實互動，而不是一場精心排練過的演出；演員們學會了活在當下，充分參與演出。比起記住台詞的其他技巧或方法，這種高度的機敏和注意力是促成莎士比亞演員們驚人記憶的主要因素。透過儘可能深入地投入角色，並專心地跟隨對話，演員們會深深地融入角色，本能和直覺會如同台詞一般引導他們。戲劇當然需要透過演員的肢體表演來傳達故事，演員們會密切關注舞台上其他角色的動作，利用眼神接觸、手勢和最輕微的呼吸停頓來提示接下來應該發生什麼。透過這些技巧，他們對劇情的發展有了深刻的理解，演員們對台詞的選擇不僅來自他們自己的記憶庫，也來自舞台上發生的事件。簡而言之，演員們愈專注，他們記住的就愈多。

莎士比亞演員的記憶能力在當時並不罕見。我們人類過去花大量時間訓練記憶。歷史上充滿了逐字逐句背誦書籍或按順序背誦龐大軍隊士兵名字的事跡記載，或是帶有機智對答的對話及充滿無數事實和數據的對談。我們的大部分時間都花在記住或回想物品上。

事實上，記憶訓練是古典教育的核心。學生們不僅會學習文本內容，還學習**如何**記憶，並且在自然記憶和人爲記憶之間做了重要區分。自然記憶深植在我們的大腦中，與我們的思維方式以及我們在學習和經驗之間建立的連結有關——這正是莎士比亞的演員在舞台上所依賴的。我們在全身心投入某件事情中時，自然而然地會利用我們的自然記憶能力，這也是我們提升技能的方式，透過累積專業知識、吸收細節並將之與我們的其他經驗相融合並得到更深入的理解。

人爲記憶建構在我們的自然記憶之上，作爲一種架構，用來保存超出我們日常思維運作的額外資訊。古希臘和羅馬的人爲記憶技巧，一直延續到莎士比亞的時代及之後，依賴於在我們的腦海中創建「記憶宮殿」，將我們想要記住的事物的心像，保存放置在一個想像的空間中。儘管這使我們能夠保留獨立的細節，但這並不等同於我們自然創造的記憶連接網路，而且人爲記憶的訓練有可能使人們在缺乏充分知識背景的情況下，只是淪爲反覆背誦事實和資料而已。然而，當人爲記憶宮殿技巧與自然記憶和思維相結合時，可以變得非常強大。這使羅馬演說家能夠長時間雄辯，並使中世紀的修士能夠從閱讀中獲得大量的見解；這也很可能是莎士比亞的演員們用來學習台詞的技巧，但相較於他們全身心投入生動的現場演出，並高度關注劇情發展，這種方法顯得沒那麼重要了。

記憶劇場

老普林尼在西元一世紀所著的百科全書《博物志》（*Natural History*）是羅馬帝國時期流傳至今最大的著作。書中記錄了當時一些傑出記憶的範例。據說盧修斯．西庇阿（Lucius Scipio）能記住羅馬所有居民的名字；皮洛士王的使者西尼亞斯（Cineas）在抵達羅馬一天內就能背誦所有元老的名字；著名的演說家暨律師霍爾滕修斯（Hortensius）能記得所有過去案件中涉及的人名和款項金額。當然，老普林尼的資料並不是全部可信，但這些有關人類記憶能力的趣聞本身就很有啓發性。大多數古典作家似乎認爲記憶技巧相當廣爲人知，所以不需要詳細描述。如果不是因爲寫於西元前八十六年至八十二年的一部簡短的匿名著作《獻給赫倫尼》（*Rhetorica ad Herennium*），古希臘和羅馬時代的記憶訓練方法就不會流傳至今。

《獻給赫倫尼》將這些古老的記憶技巧的發明歸功於抒情詩人西蒙尼德斯（Simonides of Ceos），他站在色薩利大宴會廳倒塌後的廢墟中，意識到如果閉上眼睛並在想像中重建這座建築，就可以輕鬆憶起先前晚宴上每位客人的座位。據說，西蒙尼德斯發現他可以將其他人或任何他想到的東西放在宴會桌周圍的同一位置，並透過這樣做，他就可以利用空間記憶來排放物品以供日後記住。《獻給赫倫尼》僅用十頁紙解釋了如何在心中創建一個空間，然後用要記住的圖像填充這個想像中的地方。羅馬人稱之爲位置法的這種空間定位技巧，後來發展爲「記憶宮殿」，成爲中世紀尤其盛行的一門「記憶藝術」，並在莎士比亞時代繼續發展下去。

自從西蒙尼德斯發現這點以來，記憶藝術在兩千五百年的時間裡取得了顯著的進步，但其基本原理一直保持不變。今日參加記憶比賽的選手們也使用同樣的技巧，包括來自印度的馬哈維爾．賈恩（Mahavir Jain），他最近記住了《牛津英語詞典》中全部八萬個單詞和一千五百頁的內容，並且可以給出任何詞條的準確頁碼。當我們造訪一個新地方時，很容易在腦海中記下事物之間的關係，如果是房間，我們甚至能記住其確切的尺寸和物品的排列。儘管我們沒有意識到，但只要花幾分鐘來觀察一個空間所見到的東西，就可以記錄下大量準確的資訊。西蒙尼德斯認識到我們強大的空間記憶，也正是人類歷史上無數人依賴的能力，同樣可以應用於任何其他形式的知識。如前述的自然導航能力顯示，人類非常擅長學習空間的特徵，而如澳大利亞原住民或美國西南部阿帕契人的文明，獨立發明了類似的空間記憶技術，利用當地地形來嵌入他們自己的文化記憶。

在人類大部分歷史中，強大的記憶力一直被視爲最受推崇的個人能力和美德之一。除了日常的實用性，我們最崇敬的是在不斷鍛鍊之後的記憶力，能夠內化對整個宇宙的理解。人們對於記憶非凡者的崇敬，從古希臘和羅馬時代延續至中世紀，那時記憶主要用於深入的宗教和哲學研究。但在文藝復興和莎士比亞的時代，記憶藝術達到了頂峰。由於努力復興和超越古典時代的思想，加上印刷術發明帶來的爆炸性資訊增長，促使人們重新努力擴展記憶藝術的多樣性和準確性，以更全面地容納不斷增長的人類知識體系。

道明會修士喬丹諾．布魯諾（Giordano Bruno）在一五八二年出版了一本書《觀念的影子》（*On the Shadows of Ideas*），首次提出一種動態記憶裝置，可以用來將任何單詞轉化為獨特的圖像。他詳細設計了一系列同心圓，這些圓可以在腦海中旋轉和移動，透過想像力來把這些圓形圖像化，就可以創造任何字母的組合，然後將單詞與一整套象徵不同動作和情境的符號連結起來。藉由記住這些圓旋轉的運算組合，布魯諾發現他可以創建一個能隨意控制和校準的知識庫。這個發現，亦即記憶的圖像可以以任意數量的組合相加，並透過刻意運用人類的想像力在腦海中形成動畫，意味著大幅進步。不僅僅是用記憶技巧來儲存資訊以供日後檢索，布魯諾發現運算記憶可以用來創造全新的資訊序列——這一種現象成為我們現今用來處理和利用數位裝置上的大數據的基礎。

布魯諾的發明可說是義大利哲學家朱利奧．卡米洛（Guilio Camillo）的後繼者，他曾靈機一動，製作了一個真正的木製記憶空間。卡米洛獲得了一些知名人士的資助，包括法國國王弗朗索瓦一世，並利用這筆資金建造了自己的「記憶劇場」。這個精心建造的記憶宮殿形狀像羅馬圓形劇場，但觀看體驗卻反過來：不是讓觀眾坐在座位上，而是設計讓人站在舞台上環顧周圍的劇場。畫作會放置在七層圓形看台上，每個看台的底部都有一排抽屜，裡面塞滿了卡片，這些卡片旨在包含所有人類知識的總和。這棟建築的縮小比例模型曾在威尼斯和巴黎展出，但最終卻未建成，卡米洛在臨終前快速口述，把他的想法保留給後世子孫。英國哲學家暨數學家羅伯特．弗拉德（Robert Fludd）汲取了這一記憶劇場的想法，並結合布魯諾對計算的追求，將記憶藝術提升到最高境界。

到了一五九九年，也就是莎士比亞職業生涯的晚期，環球劇院才在泰晤士河南岸建成。環球劇院是當時倫敦大大小小的劇場中最爲壯觀，也是最令人印象深刻的劇院。據說劇院前面的標誌描繪了海克力斯肩負世界的形象。莎士比亞在《皆大歡喜》中的著名比喻：「世界是一個舞台，所有的男人和女人都是演員；他們有他們的出場和退場，一個人在他的一生中扮演許多角色」即根植於現實。環球劇院設有觀眾席並終於使演員們擺脫了臨時舞台演出的條件。其圓形建築和內部的方形舞台及入口，是按照古羅馬建築師維特魯威的風格建造的，旨在暗示一個微型的人類世界。

當弗拉德設計自己的記憶劇場時，是以環球劇院爲基礎。一六一九年，莎士比亞去世僅三年後，弗拉德出版了自己的詳細記憶系統，堅信它可以用來理解宇宙運行及其內部一切事物。在獻給贊助人詹姆斯一世的詳細論文《兩個世界的歷史》（*The History of the Two Worlds*）中，弗拉德試圖設計一種方法，使人類能在自己的頭腦中收集所有已知文明的全部知識，這是現有文獻記載中最後有人試圖這麼做。他依據《獻給赫倫尼》中的建議，反對使用虛構的地方進行記憶術，因爲這可能會有礙回憶的原始清晰度和強度，並將卡米洛的記憶劇場移植到環球劇院內。

在莎士比亞時代的後期劇場形式中，舞台上方的天花板上描繪了「天堂」的畫作。環球劇院是國王的主要劇場，天花板上描繪的太陽系和更廣闊的宇宙圖像可能最爲華麗和精美。弗拉德提出了一個喚起大量記憶的計畫，並進行視覺化練習：透過想像站在環球劇院的中央舞台上，環顧四周，正如卡米洛所設想的那樣，藉由上方的宇宙物理定律繪圖可以促使觀眾向上看並獲得啓發。弗拉德既是一位化學家暨實驗室技術員，也是富有創造力的思想家，他試圖奠定人類理解世界的基礎，這一點非常符合他的時代。他設計了極其全面的符號和圖像計畫，以便在他的記憶劇場中進行記憶，並在腦海中以新的組合方式運用，但最終，他想收集所有人類知識所付出的巨大努力，變得超乎一人能力所及。他的抱負影響了同時代的人，使他們能夠以更加實證和數學的方式記錄資訊，從而開創了科學和技術革命的開端。

十七世紀德國科學家暨數學家哥特弗利德．萊布尼茲（Gottfried Leibniz）開始研究記憶藝術的方式與布魯諾和弗拉德相同，但他成爲了最早用數字取代圖像和符號的人之一。他同樣在尋求一種組合方法以理解不斷增加的資訊量。在這個過程中，萊布尼茲發明了微積分，這是最早成功建構的靈活語言之一，可用來表示運算資料，至今仍在任何科學或電腦操作中使用，以數學方式對複雜、不斷變化的許多資訊進行建模，包括像ChatGPT這樣的AI系統。在記錄周遭世界方面，其他更易於計算的方式開始取代記憶術，一六二〇年，弗拉德展示了記憶劇場僅一年後，英國哲學家法蘭西斯．培根提出了新科學方法的基礎，透過直接實驗和觀察來收集和分析資料。我們很快開始以更容易量化的形式在頭腦之外儲存資訊。

今日我們隨時可取用的深厚的電腦記憶，可說是人類發明和技術工程輝煌成就的結果。數位科技和網際網路已經實現了弗拉德記憶劇場的目標：儲存到目前爲止收集的所有人類知識。然而，與其說是由一個人的頭腦在掌管這些內容，倒不如說是全世界大部份的人都可以取用這些前所未有的知識財富，讓我們對世界擁有更深刻的理解，並賦予我們創造新技術及現實的力量。不過，如果我們過度依賴數位裝置作爲記憶儲存庫，很可能會變成被動的觀衆，只是觀賞外部記憶的巨大成就，而不是自己進行記憶。

數位裝置依賴兩種截然不同的記憶類型。「儲存」是指用來保存資訊以便稍後訪問的空間，例如硬碟或固態硬碟。這讓資料能夠長期保留，類似於西蒙尼德斯設計的古代記憶技術；然而，現代儲存裝置的速度和容量比過去類似的東西更爲驚人。另一方面，「隨機存取記憶體」（RAM）是與電腦記憶最相關的功能，負責隨時正在執行的工作：當我們啓動軟體或載入新網頁時，一切都在RAM中發生，裝置的「記憶」愈多，能處理的任務就愈多。我們今日使用的這兩種數位記憶類型之間的區別，事實上是由布魯諾和弗拉德等人發現的，他們意識到當儲存的資訊與工作記憶結合使用時，可以以更有創造力和更強大的方式使用。

事實證明，我們自己的自然記憶與電腦記憶非常相似。認知心理學認爲，我們既有長期記憶能力，可以儲存大量資訊以備後用，又有工作記憶，用於執行任何認知任務。一個人類大腦具有驚人的長期儲存容量：我們可以在大腦中保存多達二．五千兆位元組的資料，相當於二千五百兆個位元，或相當於五千億頁標準印刷文本！人類不斷證明，當我們努力時，我們可以在腦海中保存大量資訊——比我們實際上需要的還多。人類與數位記憶之間的主要區別在於我們的工作記憶容量相當有限：而今日電腦運作的速度讓RAM能同時以迅速組合的序列處理大量的任務，多年來的研究顯示，人類一次只能處理四到七個不同的資訊塊，而且實際上取決於我們正在進行的工作類型。

正如莎士比亞的演員們發現的那樣，我們的記憶與注意力密切相關：透過儘可能自然和專注地生活在一個角色中，演員更有可能在長期記憶中將台詞牢牢記住。我們需要集中注意力在一項任務上，才能完全掌握（別無他法），當我們這樣做時，我們的心靈常無法進行其他任何事情，因爲在我們進行這項任務時，我們用完了工作記憶的處理能力。那麼，當我們的注意力被數位裝置分散時會發生什麼事？很明顯，我們的記憶能力會面臨風險。要眞正記住某件事，就必須在工作記憶和長期記憶之間積極切換；當我們陷入更被動或分心的注意力模式時，我們通常只會啓動工作記憶。

二〇二二年倫敦大學學院的一項研究顯示，使用智慧型手機記住重要資訊，實際上可以提高我們的回想能力，因爲它會在需要時刺激我們的記憶，並釋放我們的記憶空間以用來記住更重要的事情。儲存在我們裝置的記憶與人爲記憶系統是以相同的方式運作：它擴展了我們可以儲存資訊的地方，以利之後需要時取用。如此一來，數位科技當然增加了我們能夠取得的資訊量。但研究還發現，當智慧型手機被拿走時，人們最容易忘記那些他們認爲最重要並且儲存在裝置上的資訊。

記憶塑造了我們，成爲我們的一部分。當我們思考新想法或解決問題時，都十分依賴我們的記憶和想法。這最常發生在我們安靜的內省時刻和全神貫注的時刻。因此，如果記憶和關鍵資訊沒有儲存在我們的頭腦中，而是存在裝置上，我們在這些沉思時刻中就無法使用它們。因此，將記憶外包給裝置會對我們的思考能力產生負面影響。

直到最近，大多數心理學家還認為我們的大腦像高傳真錄音機一樣工作，但事實上，我們的記憶與整齊存放在硬碟上資料夾中的檔案完全不同，而是綁在一起，形成了一個複雜的聯想網路，這本身就是大腦實體結構的反映。人腦主要由神經元組成，而這些神經元之間傳遞的電流波才是關鍵。一個神經元本身無法產生太大的作用，但當人腦中的一千億個神經元一起工作時——每個神經元最多可以連接到一萬個其他神經元——我們的大腦能夠產生一千兆個不同的連結。我們的記憶由這些無數連接之間的關聯模式組成：我們記住的每一種感覺或穿過我們腦海的每一個念頭，會改變這些連結，並且實際上改變我們的大腦。

記憶藝術在中世紀修道傳統中之所以成為熱門研究主題的主因，是人們意識到我們愈能完全地記住某件事情，就愈能靈活且用有創意的方式運用並創造自我。這種對記憶和想像力之間積極互動的細微理解，顯示了非凡的遠見，因為這正是今日認知科學的發現：當我們記住某件事時，會重新組合大腦中各種聯想所連結的多個資訊來源，而我們的新想法來自於過去獲得的經驗。我們最深的連結往往是我們生活中感受最強烈的那些事物，無論是透過所有感官感知，還是透過不斷努力解決問題，從不同角度審視它，正是這種深刻的經歷，讓我們產生直覺，以及自然、多方面的理解。這是任何快速搜尋或掃描裝置上的文本都無法匹敵的。（事實上，直到當人工智慧的嘗試從使用序列代碼進展到使用大量資料集和模式進行辨識時，複雜的機器學習才變得可能。）

數位記憶輔助工具，相當於我們曾經在頭腦中持有的龐大人為記憶系統的現代版本。我們在這方面非常幸運。畢竟，建立和維持我們自己的人爲記憶是極其艱難的工作，數位記憶的力量超過了任何記憶宮殿，即使宮殿再怎麼華麗也比不上。但是，數位記憶的普遍性也開始取代我們大部分的自然記憶——只有將自然記憶與人爲或外部記憶結合使用，我們才能維持自己頭腦中的連結，並使其更豐富。

記憶在人的狀態中扮演著至關重要的角色——莎士比亞本人經常提到這個主題——所以當我們將自己的自然記憶讓渡給電腦時，其實正在失去自己重要的一部分。幸運的是，我們的自然記憶技能可以透過運用和練習來培養。透過在接受新資訊或體驗時更加專注，我們可以調節以後任何回憶的深度、清晰度和強度。整理我們的感官環境——特別是移除數位干擾——有助於讓我們的初始感知更加生動，從而更容易回憶。我們的記憶是透過運用以及聰明的聯想來維持，因此透過經常地調用我們自己的回憶，就可以增加視覺化能力。找出數位科技造成我們無法充分發揮自然記憶的時候，例如，當我們過度依賴照片來捕捉某個片刻，或太快拿出裝置來記下某事時，透過自覺可以幫助我們建立更好的習慣，建立更清晰的記憶，讓它們更長久地留存在我們心中。通常，最好的記憶技巧就是重新投入到周圍的生活中。

我們在改善記憶力的同時，也在提升我們的腦力。這不僅能提高我們的注意力，使我們能更長時間地專注，還能使我們更擅於進行自己的創造性跳躍思考，並達到更深刻、更精細的理解。請不要低估這些對我們個人生活觀點所造成的影響——我們的記憶眞的是我們的世界。無論我們在生活中做什麼，任何接觸或互動都會被我們內心的想法和回憶所照亮。透過心智刺激活動來發展和維持我們自己的記憶，是我們增強日常生活中心智敏銳度的最直接手段，甚至可能有助於減少罹患阿茲海默症或癡呆症的風險。

記憶就像我們可訓練的任何身體屬性一樣——例如我們的力量、耐力或敏捷度——如果不經常練習，它也會因爲缺乏使用而衰退。我們在線上遇到或留下的大量文字、圖像和影片對我們的記憶技能產生了負面影響。當我們將精力投入到管理和過濾不斷湧入的資訊，並讓數位記憶承擔起我們的自然記憶的責任時，對於塑造自己獨特個性的投入就會減少。而且，雖然我們可能會注意到一些似乎是忙碌的數位時代不可避免的微小記憶失誤——比如忘記某人的名字或一個重要的生日——但往往不會輕易察覺到我們依賴數位記憶所導致的長期影響。好消息是，這是可以修復的：您可以繼續享受數位科技的好處，同時也磨練自己的自然記憶。

強化你的記憶

記憶是你的注意力的自然延伸。要形成任何記憶，你必須對其進行編碼和儲存，以利之後進行檢索，在這三個過程中，你的心智最初如何編碼事件是最關鍵的。你的第一次印象愈鮮明，你的記憶就會愈持久，所以當你眞正關注某事時，你記住的機會就會大大增加。任何形式的記憶訓練都是基於這個基本前提。感官記憶尤為重要：你在視覺、聽覺、觸覺、嗅覺和味覺的身體感受中生活得愈多，你的大腦對一個經驗的初始印象就會愈能與你產生共鳴。情緒也起著不可或缺的作用——如果你試圖記住的東西與某些事件相關或讓你感到激動或發人深省，你的記憶就會顯著改善。但你還能嘗試一些方法來提高你的回憶能力。

注意的藝術

某些事情對你而言很重要時，請確保你儘可能專注和充分地體驗。盡量避免因為一些雜念而分心，儘可能地將自己置身於體驗中。生活中的某些時刻，例如你的婚禮或孩子的出生，顯然是非常罕見且值得記住的，但其他明亮、光輝的時刻可能很快就會被你錯過。即使是驚人的美景，也可能只吸引了你片刻的注意力，但是你一生中究竟會見到多少次超級月亮、雲海翻騰或未受光害的夜空呢？當下一個深具個人共鳴的短暫時刻到來時，利用你本能的興趣來幫助你保持專注：觀察細節，將你的注意力從一件事轉移到另一件事，試圖建立一個豐富而明確的記憶。意識到你的雙腳被鞋子包裹的感覺，或者被你握住的手掌的光滑感，專注於在那裡的獨特身體感覺。特別注意你的周圍環境，因為對你所在空間的強烈感知將有助於你後來再次回憶起這一切。

培養感知的深度很快就會成為一種健康的習慣，並且在練習之後，會成為一種愈來愈趨近於常態的生活方式。你愈能透過開放的好奇心激起和保持對某件事的興趣，你就會吸收愈多的細節，你對它的記憶也會愈長久。

採取行動

- 開啟你的好奇心：專注於小的感官細節，幫助你為將來想記住的經驗建立更豐富、更生動的記憶。
- 尋找智慧的連結：刻意在記憶和正在發生的經歷之間建立連結，以更深入地將兩者嵌入你的腦海中。

鞏固你的記憶

回到上週這個時候，你能記得多少當時在想或做的事情？即使是昨天發生的事件，如果當時沒有特別留意，現在可能也沒辦法記得很清楚。除了更專注於當下，花時間鞏固和整理事後的記憶也有助於提高記憶力。

只需花幾分鐘有意識地回顧當天發生的事情，就能讓你更徹底地嵌入記憶。當你在腦海中重溫事件時，透過付出你的注意力和工作記憶就能強化事件。保持每天寫日記的習慣，在日記中回顧並審視你最近的記憶是個很好的方法。講述一個故事也有助於記憶（畢竟，故事是人類歷史上保存想法的主要方式），每天或每週打電話給朋友或親人、寫電子郵件或信件分享消息，也是個鞏固記憶的好方法。

愈是有意識地進行，效果愈好。透過練習，每晚花幾分鐘時間回顧一天的事件，可以對你後來能夠回憶的準確性和細節產生深遠的影響。

採取行動

・堅持寫日記一個月：每天晚上抽出時間，在腦海中再次回顧當天的事件並寫下來。

保護你的注意力

有限的工作記憶容量對你有很大的幫助。事實上，你一次只能思考幾件事，這在過濾來自全世界的資訊方面起了關鍵作用，否則你會被無關緊要的資訊淹沒。你所做的大多數觀察只持續了片刻，然後就會從你的腦海中消失了，你不需要刻意記住它們。但當某件重要事情發生時，你需要更加充分地記錄它，才能有機會編碼並儲存，在這些時刻，更加有意識和小心謹慎地使用你的工作記憶是有益的。

要形成一個具有足夠清晰度和細節的生動記憶，並能與你腦中的其他聯想相連結，就需要時間來充分處理事情。如果你很專注，所有的工作記憶將在你處理的過程中被啟動。但只要有一點分心，就會嚴重限制你的記憶容量。一旦你的注意力受到其他地方吸引，你的工作記憶正在處理的連接鏈就會立即被打斷，並且通常需要非常耗費心神才能重新拾起你中斷的地方。通常，這時候你在腦海中構建的記憶從未完成，將其嵌入你其他想法的機會大大減少。當這種情況發生時，你可以感覺到那種令人困惑和不協調的感覺：當你的注意力被從你所專注的事情中拉走時，你的思緒會震動，並且可能需要一段時間才能適應抓住你注意力的新情況。甚至你可能變得脾氣暴躁起來。請特別注意這些時刻，因爲它們是你一天中最需要保護注意力的寶貴指標。

當你試圖專注時，都要非常警惕其他事物對你的工作記憶的干擾，特別是在你努力學習新事物，或將某些東西銘記在心的時候。安靜的工作環境確實有幫助。當你在處理資訊時，特別是以文本形式或口頭形式進行時，你通常會依賴一種「語音迴路」在腦海中重複這些資訊，直到你理解並吸收它們。這與你整天重複哼著的流行歌曲或其他重複的想法是相同的迴路，但在你眞正專注於某件事情的時候，這可以幫助你在工作記憶和長期記憶之間進行處理和移動資訊。

採取行動

- 觀察你的煩躁情緒：注意哪些突如其來的干擾或分心事件會引發不必要的壓力，思考如何在這些時候保護你的專注力。
- 試著使用降噪耳機：借一副降噪耳機在繁忙的環境中使用，當你需要集中注意力時，留心你的注意力有何不同。
- 找到更隱蔽的地方：在需要全神貫注時，尋找一個方便且安靜的工作場所。

留意每天最容易分散你注意力的事物，尤其是特別讓你煩躁或混亂的干擾，並且仔細思考你可以採取哪些方法來保護你的注意力。如果你需要待在繁忙喧囂的環境，降噪耳機有助於保護你的語音迴路的功能。如果你還是深受干擾，更好的辦法是離開現場並尋找更靜謐的環境，例如，圖書館與擁擠的咖啡館或開放式辦公室相比，通常是更適合深入思考、專注工作的好選擇。當你確實需要反省和思考某件事時，最好的選擇就是出門散步。

訓練你的工作記憶

在二〇〇八年時，兩位神經科學家完成了一項學術研究，證明可以提高你的工作記憶——但不是以你所期望的方式。事實證明，定期的記憶訓練並不能增加你的工作記憶容量，讓你在特定時刻記住更多事物，實際上訓練反而會減少你的容量——至少在涉及與你當前任務無關的干擾資訊時是如此。透過練習，你可以提高工作記憶快速忽略數位和現實世界中的干擾或其他想法的能力，從而可以更全面地投入到你所專注的事物上。

當你開始處理任何複雜的腦力任務時，你會自然地以這種方式訓練你的工作記憶。尤其是閱讀小說，可以給你的工作記憶帶來極大的鍛鍊：當你被故事吸引，從頭閱讀到尾時，你必須在腦海中保留大量有關各種角色和情節發展的細節。早期癡呆症的徵兆之一，是患者不再閱讀小說，因爲這變得太過困難。邏輯遊戲如象棋、橋牌或數獨，也非常適合用來迫使你在記憶中保存大量變動的資訊；同樣需要專注和邏輯精確的電腦遊戲也有幫助。仔細按照指示操作——無論是組裝一件家具還是烹飪一道更複雜的料理——也能以非常健康的方式考驗你的工作記憶。

你可以輕鬆辨識出工作記憶受到充分考驗的時刻。當你下次開始進行一項複雜的任務時，注意你的思維似乎停滯或空白的時候：這種精神疲勞往往會讓人感到非常沮喪，並可能會讓你有停下來或尋求幫助的傾向。但這些工作記憶中的停頓，正是告訴你哪些地方需要改進的明確指標，只有透過堅持完成任務，你才能挑戰自己，並訓練大腦更緊密地專注在你需要採取的步驟。

採取行動

- 拿起一本小說：觀察故事情節的發展如何考驗並耗費你的工作記憶。
- 注意大腦停滯的時刻：留意那些讓你的思維似乎變得空白和困惑的不舒服時刻；專注於做出最能讓你進步的決策。
- 測試你的工作記憶：嘗試列出、記住並為你已閱讀過的本書章節進行排名。
- 嘗試每天進行記憶練習，並持續一個月：每天花十分鐘進行工作記憶練習。

如果你的工作涉及大量的數字或文字，而且經常需要依賴自己的能力來處理大量的資訊，那麼你很可能早就每天都在訓練你的記憶力了。然而，無論你的工作情況如何，總有改進的空間。一種有益的提升記憶力的方法是尋找新的專案或每週要處理的雜事，這些項目能定期地考驗你的腦力，迫使你在進行的過程中記住這些內容。你還可以每天進行記憶練習，如果能認眞訓練你的工作記憶，這些練習很快就會產生明顯的效果。你可以輕鬆地在網上找到記憶測試和練習——基本上，那些都與你在腦海中保留愈來愈複雜的資訊，並以不同的順序進行排序有關。剛開始你可以試著做這個練習：試著找一本你讀過的書，列出書中章節的標題，並在腦海中按字母順序排列這些標題。決定每個章節中你學到的最重要事項，然後根據重要性對它們進行排序。你會注意到，最後兩個步驟需要你付出更多的努力：這正是你需要的那種精神消耗，以發展和維持你的工作記憶。

讓數位記憶爲你服務

照片或影片與你自己的記憶並不相同。任何數位紀錄的過去事件只能刺激你的心理回憶。但是你可能已經注意到，照片有時會佔據你的個人歷史：當你回想過去的一個時間段（特別是那些拍了很多照片的時間段），通常浮現在你腦海中的圖像是拍下的照片，而不是實際發生的各種事件。

數位記憶在計算大量資料以提供你精確答案的方面做了有用的工作。這是無可爭議的優勢，沒有數位處理能力，今日的很多事情都是不可能完成的。但是，當數位記憶和計算能力開始取代你自己的記憶能力時，你的個人腦力就會受到威脅。

如果你發現自己無法永遠信任你的記憶，或者你在某些你認爲應該不會太難的任務上掙扎，那麼數位記憶的使用很可能已經影響了你。自然記憶是爲了在日常生活中支持你的：在人類大部分過去的生活條件下，日常生活的考驗足以讓你維持良好的記憶。然而，隨著數位技術（大部分時間非常有用）包圍了你生活中的許多時刻，你被迫依賴自己記憶能力的場合不可避免地減少了。調整你使用科技的方式可能有所幫助，這裡提出的建議將幫助你恢復記憶能力。你還需要記住的是，你的導航技能和更廣泛的記憶能力之間有著非常密切的連結——僅僅訓練你的導航能力就會顯著提升你的記憶。

這並非意味著你需要極力限制與數位記憶的互動，畢竟它支撐了我們文化的許多面向。記住，過去的人會花費數天、數週、數月甚至數年的時間，將事物記錄在他們心中的人為記憶空間中；而你擁有網際網路或AI聊天工具，這些都是外部的、範圍廣泛且強大的記憶，隨時可供你取用。最重要的是擁有靈活的心智能力，以便最佳地利用數位記憶，而你可以透過其他方式保持你的思維敏銳來實現這一點。

訓練你自己的工作記憶是第一步，也是最重要的一步，因為你所有的心智能力都源自於此。在閱讀較長的文章或消化一些複雜的資訊時，養成遠離螢幕的習慣十分有幫助——試著在不查閱資料的情況下回憶關鍵點，這樣你就可以增強工作記憶，並顯著提高以後的回憶能力。被動瀏覽和未經思考地消費文字資訊不會給你的大腦形成更強的連結，而積極地將網路上找到的資訊應用到現實生活中的情況或專案中，有助於在你的記憶中鞏固概念。如果你特別想記住某些東西——也許你正在學習一種新語言，或者為考試或演講做準備——目前網路上有許多間隔重複軟體，可以讓你把想記住的資訊製作成教學卡片，並且還可以完善觀看這些卡片的間隔和重複次數，以讓你的記憶更容易保留。

從事一項需要你投入精神來吸收新事物而且不需使用數位記憶的嗜好也是個絕佳的方式，讓你能夠保持工作記憶敏銳，且有助於防止依賴數位記憶進而對你的能力造成不利影響。

第十章

夢境

我們真正的內在創造者

一七九七年底，山繆．泰勒．科律芝（Samuel Taylor Coleridge）從夢中醒來，寫下了《忽必烈汗》（Kubla Khan），這是英文中最著名的詩之一。當天稍早，他在北德文海岸漫步很長一段時間。詩歌前獨特的序言指出，科律芝在一個農場過夜，閱讀英國牧師兼地理學家山繆．珀查斯（Samuel Purchas）的旅行文集，內容講述了中國元朝的開國皇帝忽必烈。他在序言中介紹這首詩爲「心理上的奇觀」，是他夢中一系列圖像的瞬間紀錄。他表示這些詩句完全是在睡夢中創作的，醒來時已經全部形成，準備好寫下來。詩歌的開頭鏗鏘有力——「在上都，忽必烈汗/敕令建造金碧輝煌之圓穹離宮」——這來自於科律芝在珀查斯書中讀到的最後一句話，然後在一連串豐富的圖像中，迅速追隨「聖河」阿爾夫（Alph）穿過「浪漫的深峽」和「無邊的洞穴」直抵海洋，並看到「陽光燦爛的離宮和冰洞」。閱讀這首詩無疑像進入夢境一樣，至今仍能讓我們一窺在睡眠或白日夢中的心靈狀態如何運作。

科律芝那一年讀了很多書。他搬到了英格蘭西南部風景如畫的昆托克丘陵腳下，一個名叫內瑟斯托的小村莊，並密集學習，爲寫作做準備。他的密友兼詩人威廉·華茲華斯也與妹妹多蘿西在附近租了一間房子，他們大部分時間都在長途散步中進行交談，經常討論科律芝閱讀的各種主題。十八世紀晚期是一個探索與發現的時代，旅行者們在長篇而生動的書中報告他們的冒險經歷。科律芝刻意讀了這些書，忙於在他的隨筆札記中記錄發現，或仔細在書的邊緣上做註釋。儘管詩不長，但一些評論家認爲《忽必烈汗》引用的文獻來源比任何其他英語詩歌都多。後來有許多研究都推測科律芝作品中那些豐富而富異國情調的場景有著多重文學來源，研究顯示這些都來自複雜的聯想網路，即科律芝的記憶。

在這段時間裡，科律芝創作了許多今日耳熟能詳的詩歌，包括《古舟子詠》（*The Rime of the Ancient Mariner*）和〈午夜的霜〉（Frost at Midnight）。後來，由於鴉片成癮問題，他的閱讀、寫作和創作之路受阻，他常常遺憾地回憶起這段才華和創意輕鬆湧現的早年時光。科律芝是一個做白日夢的人，他早早就培養了在生活中的任何情境下運用想像力的能力。尤其是他不斷尋找和注意新事物——用他自己的話說，「從銀河中採摘花朵」——然後漂移到自己的內心，形成對經歷的深刻連結和複雜印象。爲了解釋人類想像力的作用，他經常引用靜電錶的形象，一小片精緻的金箔在玻璃眞空管中，對外界電荷的微小波動做出反應。對科律芝而言，在自己心靈中創造的能力，是人類擁有的最強大技能，是一切感知的主要載體，我們「眞正的內在創造者」。他搬到內瑟斯托是爲了刻意拒絕更傳統的文學或新聞職業，追求一種新形式的自給自足，爲內心成長和他渴望的更多原創性思考騰出時間。

科律芝一生都堅信詩歌是純粹的想像力量：它憑藉個人心靈的力量，透過文字來構思生動的思想，並創造和運用全新的形式；詩歌能夠引發清晰、豐富的視覺，隨著心靈之眼中形成的變幻圖像，將讀者或聽眾帶入一場視覺之旅。科律芝非常敏銳地指出，我們在閉上眼睛時「創造圖像」的方式，依賴於我們同樣用在回想記憶或設想未來場景的想像力。他極其仔細地關注自己的內在體驗，並注意到在他的私人時間，他在心中建構不同視覺場景的時間與他接收外部世界新事物的時間一樣多。的確，在我們許多最孤獨或私密的時刻，我們是最具創造力的，當我們回顧過去的時刻時，我們經常以相當奇妙和意想不到的方式將之重塑，沒有規則或限制來束縛我們。

科律芝最具創新的躍進，是他認識到這種清醒的視覺傳遞在我們睡眠時也以類似的形式存在。在我們的日常生活中，每當我們有新的想法或遇到需要更密切關注的事物時，一連串的心理圖像會疊加在我們可能正在做的其他事情上，有時會分散我們的注意力。當我們做夢時，同樣的內在視覺會創造不斷變化的場景，但這次它們完全佔據了我們的注意力。科律芝看到了我們在清醒時刻和我們經歷的不同睡眠狀態之間所具有的自然連結。他認識到在生活中的任何時刻——無論我們是完全清醒還是沉睡——我們的潛意識生成了我們心靈之眼中出現的事物，並啓發我們許多最具創意和靈感的時刻。他珍惜清醒和睡眠之間的模糊時刻，發現這些短暫的間隙可以讓他接觸到近乎無限的創意資源。

自從《忽必烈汗》出版以來，它成爲了詩歌或任何其他創作作品對我們具有影響力的典範，也展示了我們的夢境如何塑造記憶和生活。在展示我們的心靈如何創造和發展新思想方面，科律芝展現了我們的睡眠在提供新想法和新視角方面所能發揮的形成性作用。科律芝廣泛寫作，大部分寫在他自己的私人筆記本中，也爲雜誌和報紙撰稿，並出版自己的書。然而，最能代表親密和私密時刻重要性的，只有《忽必烈汗》——僅有三百五十字左右——展示了清醒與睡眠之間的階段如何促進我們的創造力。

長期以來，爲什麼我們需要睡覺和做夢這個問題備受爭議，但很明顯，我們將三分之一的生命花在遠離外界事件的狀態中一定有其優勢，否則我們就不會進化成這樣。僅在過去的二十五年裡，一系列神經科學研究已經確定，睡眠支持我們幾乎所有的身體和心理過程，從細胞的再生、免疫系統和新陳代謝的校準，到情感和生活態度。睡眠比飲食或運動更重要，是我們健康和幸福的關鍵決定因素。沒有睡眠，我們就會死去。事實上，如果我們缺乏大量的休息時間，其重要性就會變得顯而易見：我們的身心都會明顯受損。

近年來，神經科學界最清楚的一項發現，是睡眠如何以多種方式控制我們的記憶和創造力。我們每晚在兩個完全不同的睡眠階段之間交替——非快速動眼期（NREM）睡眠，是當我們從淺眠轉入深度睡眠時；以及快速動眼期（REM）睡眠，通常在大約九十分鐘後開始，這是我們做大部分夢的時候。在整個夜晚，我們會花愈來愈多時間在快速動眼期睡眠中，夜晚的後半段充滿了我們大部分的夢。我們在夢中重溫生活中的經歷，以新奇的方式結合不同的聯想，藉此重塑和更新大腦中的神經迴路。這主要幫助我們管理有限的儲存空間，優先考慮重要的內容，並丟棄可以遺忘的東西。透過做夢的過程，快速動眼期睡眠加強了我們心中的連結，並創造了新的連結，而在非快速動眼期階段，不必要的資訊會被剔除，剩餘的印象則被轉移到我們的長期記憶中。在睡眠中，我們會修剪和塑造我們的記憶，這些改變會延續到我們清醒的時候。

在過去的四十年裡，科律芝經常在他的筆記本中記錄他的夢和不同的意識狀態；在許多情況下，我們從他的筆記中可以看到，他醒來時若有一個句子或一個想法，就會急忙把它寫下來，試圖保存。他通常在醒來後立即寫下他的夢境紀錄，但有時他會延遲幾個小時、幾天甚至幾個星期才寫。那些他立即捕捉夢境的紀錄簡潔扼要——他直接跳到經歷的核心，言簡意賅地寫在頁面上，甚至發明新詞來概括一個形象，或者依賴數字編碼。如果他稍後再回到同一個夢境，通常會更難把握發生的事情，並會試圖在可能的情況下重新獲得某種想法或感受。他認爲，記憶和新的想像力會被一整個情緒或狀態強力喚醒，尤其是當它重複或類似於先前的狀態時。他發現強烈的情感支撐他許多的夢，而這些情感也刺激了記憶的重現。

當我們處於非快速動眼期睡眠時，大腦神經活動以驚人的協調狀態指揮內心的活動：我們在注意力、感知、意識和思考中起著重要作用的大腦皮質層，會放鬆成一種刻意的預設模式，近乎進入冬眠狀態。在快速動眼期睡眠中，情況則相反。我們在夢中往往比清醒時更專注——大腦的某些部分活躍度高達三〇％——同時腦波活動通常是升高的，但與清醒時非常相似。這正是科律芝所發現的：他從夢中回憶的圖像比他日常生活中的許多想像更生動，他推斷這是因爲在做夢時，我們的感官完全排除了所有外界的印象。

在快速動眼期睡眠中，我們觀看自己私密的記憶劇場，沒有干擾或打斷，除非我們突然被喚醒，我們看到生活中的不同事件在不斷變化的序列和聯想中結合在一起。人類花在做夢上的時間與其他靈長類動物明顯不同——我們平均每天睡八小時，而其他靈長類動物則睡更長的十到十五小時，但我們的快速動眼期時間多得多：通常二〇％到二五％的睡眠時間花在做夢上，而其他靈長類動物則只有九％。這是我們在哺乳動物世界中獨一無二的另一個根本原因：沒有其他物種像我們這樣花這麼多時間在睡眠中鞏固記憶或微調大腦中的連結。

神經科學現今確認了科律芝直覺上相信的：當我們做夢時，我們會將最近經歷的事情（由非快速動眼期睡眠清楚地保存）與我們整個人生背景中的其他記憶碰撞起來。就像化學反應一樣，我們的記憶結合在一起形成新的想法。當我們擁有一個良好的睡眠時，我們會鞏固前一天所學到的東西，而在快速動眼期睡眠期間，我們腦中激發大量聯想的記憶網路會在完全無關的經歷之間創造新的連結。這正是科律芝在農場入睡時發生的情況。當他進入深度睡眠並開始做夢時，他的腦海中將最近讀到的有關忽必烈和上都的經歷與其他混合的想法及圖像拼接在一起。

許多學者仔細研究了科律芝的筆記本和同一時期的書籍註釋，並認爲詩歌的內容涉及四大洲：看起來科律芝可能受到了關於亞洲、非洲和北美及南美的旅行寫作和古希臘作家柏拉圖、希羅多德和史特拉波的作品的影響，還有來自古羅馬的塞內卡和維吉爾的著作，以及十七世紀英國詩人約翰·彌爾頓的《失樂園》等。然而，也有某些詩行沒有找到任何文學來源；這些更可能源於科律芝的廣泛閱讀或他與華茲華斯的散步和長時間討論，但也可能來自於他的潛意識和截至那時的生活經歷的深層汲取。當他醒來時，詩行迅速且輕鬆地從他的筆下流洩而出。

歷史上充滿了經過一夜好眠後便想出解決方案，或在醒來時浮現全新想法的事跡，例如喬治·丹尼爾斯對同軸擒縱機構的構想；俄羅斯化學家門捷列夫在夢中構思了元素週期表，他在睡覺時苦苦思索原子量中的一個模式：他突然醒來，腦海中浮現一個表格，其中列入了當時所有已知的化學元素，讓他立刻著手記錄下來。而同爲化學家的奧古斯特·凱庫勒也是在火爐前打盹，並夢見一條蛇咬著自己的尾巴，才成功確定了苯的環狀結構。作家瑪麗·雪萊在從一個特別可怕的夢魘中醒來後，確定了她的小說《科學怪人》的形式和敘事，而查爾斯·狄更斯的隨筆《令人驚訝的睡眠》描述了他也經常在夢中醒來，腦海中充滿了故事情節或人物，包括《聖誕頌歌》（又譯作《小氣財神》）中的艾比尼澤·史顧己和《遠大前程》（又譯作《孤星血淚》）中的郝薇香小姐。古典音樂作曲家布拉姆斯、普契尼和華格納據說也在睡眠狀態下編排了一些他們最著名的作品，而現代流行音樂中的許多歌曲也在夢中出現：保羅·麥卡尼在醒來時定下了〈昨日〉（Yesterday）和〈順其自然〉（Let It Be），而滾石樂隊的基思．理查茲則在完全睡著時創作了〈滿足〉（Satisfaction）的開頭吉他旋律。

神經科學家的研究已經證實，當我們睡覺時，我們的判斷限制被移除，使得想法和思緒可以以前所未有的方式匯集和影響彼此。此外，在進入深度睡眠之前的片刻，我們的問題解決能力顯著提高，儘管問題的答案通常需要一段時間才能浮現，並且需要我們在醒來時保持意識和注意力。

或許依賴睡眠的發明家中，最有名的是湯瑪斯．愛迪生。他不是等待夢中的偶然靈感來幫助他想出新點子，而是在遇到問題時刻意打盹。據說他會坐在書桌旁休息，把一疊紙和筆放在椅子的扶手上，準備在醒來時使用。但爲了能夠確切得知他進入深度睡眠的時刻，他會握著鋼球。他入睡時，手部的肌肉放鬆，球掉進地板上的盤子裡，讓他驚醒，就能重新思考他正在解決的問題。

愛迪生最著名的發明是燈泡，但諷刺的是，今日正是人造光，特別是點亮我們螢幕的微小像素，最常阻礙我們獲得所需的睡眠，或是無法以最佳方式激發我們的創造力。許多最近的研究概述了科技對睡眠的破壞性影響，特別是手機的近距離使用，使我們傾向於保持上網狀態，即使在入睡前的最後幾分鐘和醒來後的幾分鐘內也是如此。透過限制早晚的螢幕使用——更好的是，讓裝置完全離開我們的休息場所——就可以保護我們的睡眠，並創造空間來充分體驗從夢中醒來的過渡時刻，強化我們的記憶並擴展我們的想法。

《忽必烈汗》的最後一段，是由科律芝事後補寫，當時他無法再重新捕捉到當晚在農場醒來時那股輕鬆而至的意象洪流。這首詩歌的最後一段沒有那麼清晰和流暢，感覺斧鑿痕跡較重。科律芝在序言中解釋說，他從夢中醒來，迅速寫下詩行的過程被來自附近村莊波洛克的一個辦事人給打斷了——他聲稱，否則這首詩會有兩百或三百行。正如科律芝所經歷的，我們的創造力很容易被劫持。可想而知，如今的我們經常受到各種事務打擾，這些干擾通常透過手機送達，而我們短暫的夢境狀態——這些創造力的來源——以及睡眠本身，經常成為我們與外界時時刻刻保持聯繫的代價。

自願停止懷疑

在科律芝的晚年，他經歷了努力戒除鴉片成癮的艱苦奮鬥，以及身體健康的完全崩潰後，他於一八一七年出版了《文學傳記》（*Biographia Literaria*），這是一部他對當時自己已完成的作品的自傳式回顧，並深思了人類想像力的塑造力量。在書中，他重溫了與華茲華斯的合作及合著《抒情歌謠集》（*Lyrical Ballads*）的起源，這本書爲科律芝贏得了早期的名聲，並開創了浪漫詩歌的新時代，其中他寫下了對讀者心靈中想像力運作的最著名描述：「那一刻自願地停止懷疑，構成了詩意的信仰。」自此以來，「自願停止懷疑」（willing suspension of disbelief）這個短語被用來描述創作作品直接控制我們心中想法和意像的能力。我們可以用我們的想像力來創作，但我們也相當願意運用它來解釋他人的創作。

最令科律芝著迷不已的夢境之謎之一，是它們持續不斷的新奇感。他深知夢完全佔據了我們，在大多數夢境中，我們無法控制所發生的事件順序。在研究自己的夢境時，科律芝發現它們具有「流動性」的特質，具有其獨特的連續感；而且總是顯得非常眞實，即使事後回想起來，所發生的事件經常顯得不合邏輯或不連貫。

科律芝經常將自己的夢境比作舞台劇，包含獨特的角色和場景，以及獨特的時間和空間規範。他是劇場的狂熱愛好者，並在復興莎士比亞的戲劇中發揮了核心作用。莎士比亞去世後的幾年中，他的作品的受歡迎程度有所下降，而科律芝的廣泛寫作和公開講座解釋了其作品的複雜美感，重新促使主流觀衆產生共鳴，這種興趣的復興，有助於確立莎士比亞作品至今的聲望。科律芝對夢境的深入了解，以及他對莎士比亞戲劇的詳細研究使他得出自己的獨特結論，即夢境和舞台技藝以基本相同的方式引導我們的注意力和思想。要完全被劇場所吸引，我們不僅需要停止懷疑，還需要在很大程度上放棄我們自己的感知控制——這與我們做夢時的情況完全相同。

對科律芝來說，我們清醒時和睡著時的主要區別之一在於，我們的夢境可能具有最奇幻或滑稽的荒謬情境，然而我們卻將它們當作事實接受。科律芝發現，每當我們閱讀小說或觀看舞台劇時，是同樣的力量在發揮作用：隨著情節的發展，我們會習慣於發生的事件，並以善意接受它們，儘管我們可能會發現這些事件在日常生活中顯得不眞實或令人困惑。科律芝認爲，當我們沉浸在他人創作的世界中時，我們逐漸選擇受其欺騙。對他來說，舞台幻覺的眞實感是建立在我們持續放棄的自主權上：只要我們的體驗不被明顯的情節漏洞或干擾打破，停留在舞台上創造的敘述世界中愈久，我們就愈能接受所見，並沉浸在這個體驗之中。

科律芝透過河流或溪流的比喻，恰如其分地說明了我們的注意力如何在無意識控制下輕鬆地從一件事轉移到另一件，就像水沿著阻力最小的路徑順流而下，並且因重力而往下游漂流。注意力也有其自然的流動性，除非我們努力控制其方向，否則它會按照一些預設的心理模式移動。我們的注意力更容易受到自身的傾向和與外界的接觸所引導，而非受到自己的意識控制。每一個微小的焦點轉移不僅引導我們的眼睛、耳朵或思想，還引導我們整個感知系統，包括我們當下的意識和想像中不斷變化的畫面。

在沒有任何事物引起我們注意的情況下，自然的傾向是會讓自己的思想漫遊。研究發現，我們每天有多達五〇％的時間專注於與我們正在做的事情完全無關的事物上。在有自由時，我們的注意力會按照自己的意願流動，認知研究顯示，我們的白日夢並不像我們的注意力被轉移時那樣被動。事實上，當我們陷入沉思，或者對其他人來說顯得心不在焉時，我們會暫時阻擋自己的感官。如果發生重要的事情，我們會迅速回到周圍的世界，否則的話，我們會將注意力指向內在。我們在做白日夢時，循環在我們腦海中的影像由一些我們深層的關注和願望所引導，其中有許多內容我們可能無法輕易識別。今日的認知科學家將白日夢歸類爲一種積極的注意力形式，儘管在白日夢期間，我們大部分時間對外界刺激的感知較少（就像我們許多夢境狀態一樣），但研究顯示，在白日夢期間，我們的大腦活動與我們專注於一項活動任務時非常相似。

白日夢在重新架構我們的想法和重新校準我們的想法習慣方面發揮著至關重要的作用。研究發現，我們的白日夢執行了許多與快速動眼期睡眠相同的功能：當我們在白天思考不同的主題時，會鞏固記憶，而隨著我們調整想法和觀點，也不可避免地調整我們的個人看法。

我們欣賞戲劇或電影時，自願停止懷疑的情形通常是愉快且具有啓發性的，因爲它使我們對新的、意想不到的經歷保持開放。但在生活的其他情況下，這種效果可能會變得負面，甚至在心理上造成損害。科律芝注意到，當我們放棄控制意識時，它甚至會擾亂我們的個人認同。儘管他區分了在睡眠、白日夢或日常生活中被事物吸引時，個人控制力會失去不同程度的掌控，但他也注意到，有時即使人是清醒的，我們也會像深度睡眠一樣自動行動。科律芝在他的一生中提出，夢境和清醒生活之間有著密切的連結，尤其是我們擁有在夢境自由穿梭、尋找意義的能力。他思考了一個在今日仍然引起共鳴的問題：如果我們的大腦有可能被外在的提示和想法引導，這會如何影響我們的個人自主性以及我們在生活中選擇的方向？

最近的神經科學進展顯示了爲什麼我們容易沉浸在舞台劇、小說、新聞推播或影片中。所有這些都涉及前額葉皮質區，這是大腦負責我們的決策、推理和注意力控制的區域，同時也與想像力和心理模擬有關，無論是透過自我引導或受到外部提示刺激。研究還發現，敍事理解也需要用到相同的大腦執行功能，特別是在構建故事的連貫心理模型時更是如此。而杏仁核是一個參與情緒處理的單獨大腦區域，研究發現，它不僅在夢境中十分活躍，在觀看情感豐富的戲劇場景時也同樣活躍。這兩種經歷似乎都觸發了相同的神經機制來處理情緒。

比較一下製作一部賣座的電視劇所需投入的努力——包括歷經多年開發的劇本、片場的數百名工作人員、數月使用最新攝影和電腦編輯裝置的辛苦工作——和我們輕鬆坐下來觀賞一集節目的容易程度。對我們日常的數位體驗而言，情況也是如此。僅僅向一個人展示一則數位廣告就會排放半升的二氧化碳到大氣中。當今的數位科技公司通常雇用成千上萬的人，可見維護一個主要的社交媒體平台、搜尋工具或網路應用所需的工作量令人瞠目結舌，尤其是當我們再次將之與最終消費的容易程度比較時更是如此。世界銀行估計，數位經濟對全球GDP的貢獻超過十五%：這是匯集了企業和個人思考的力量的成果，其中大部分用於吸引人們的注意力並以預設好的方式進行引導。

許多我們今日習以爲常的多媒體形式，尤其是電影和電視，還有網路上愈來愈多吸引人的內容，都在與我們自己的夢境競爭，特別是我們的白日夢。研究發現，人們觀看電影、電視節目或影片串流時的心理活躍和認知報告與我們閒著或做白日夢時最爲相似；而且不間斷、長時間的電視觀看被認爲是一種特別容易接受的狀態。尋求這些令人愉悅的半意識狀態以暫時逃避現實世界的困擾，並作爲創造新世界的方法是相當典型的。電影劇本和電視節目的許多慣例，如懸念或劇情轉折，都是故意的策略，旨在保持這種心態並讓我們一直觀看直到「完成」體驗。數位技術以類似的方式進化，用來抓住我們的注意力——串流媒體平台的自動播放功能可能是最明顯的例子。

當我們長時間觀看影片內容時，不僅會變得不那麼警覺，而且更容易受到暗示。當代生活的一個主要特徵，是各種裝置會在我們清醒的大部分時間裡，向我們索取不高但持續的注意力，而這會成為一種負擔。在網路上，我們通常陷入一種漫無目的的漂流，會瀏覽、點擊和滾動不同的頁面、圖片和影片，通常只是短暫停留，這些標準化的反應方式創造了一種前所未見的注意力分散和半自動化的混合狀態。這是一種夢境模式，與我們的快速動眼期睡眠或白日夢非常相似，但其內容的發展發生在我們的頭腦之外。我們可能會意識到某些時候自己的行為會被裝置引導，特別是當我們感到疲憊時，但在許多其他狀況下，我們卻沒注意自己的行為其實正受到外部力量的支配。白日夢和做夢都與預設模式網路（DMN）[8]的啓動相關，這是一個與自我反省、心理模擬和社交意識相關的大腦區域，在心靈未集中於外部世界時處於活躍狀態。最近的兩項研究，一項由哥本哈根大學進行，另一項由加州大學進行，都發現使用數位裝置瀏覽活動也與預設模式網路活動增加相關。

夢在我們的情感處理中扮演著重要的角色，幫助我們理解經歷並調節情感，因此當數位體驗在我們實際的睡夢中重現時——根據學術研究顯示，玩電子遊戲等活動會影響夢的內容——我們的數位體驗會融入我們的記憶網路，影響我們如何記住和感知事件，從而影響我們的決策、信念和態度。有關夢境、記憶整合和情感處理的全面影響研究仍處於初期階段，但數位體驗很可能會助長文化或確認偏見，影響我們記住和解釋資訊的方式，特別是當我們長時間上網時更是如此。此外，隨著我們的眞實體驗和科技呈現的虛擬世界之間的界限愈來愈模糊，我們的時間感和區分眞實與虛構事件的能力可能會受到影響，使我們更容易受到操縱和錯誤資訊的影響。

無聊可以成爲許多我們更內在的、探索性時刻的催化劑：當我們閒著時，我們最容易接受。白日夢在許多方面可以成爲一種抵抗形式——一個我們可以在頭腦遠離世界的地方，以便讓我們更能理解世界，可以幫助我們承受現代生活中許多常規化和強迫性想法的不良影響。當我們因爲無聊而上網時，數位體驗佔據了原本可能用來做白日夢的時間，使我們更容易受到外部輸入資訊的影響，威脅到我們的個人認同。

✧ ✧ ✧

我們必須承認，科律芝在《忽必烈汗》中所呈現的驚人意象，可能是受到了他施用鴉片的影響。他會服用鴉片酊（溶解在白蘭地中的飲品），那天晚上在農場時他也服用了一劑。到一八〇四年，當他搬到湖區時，他發現自己正在與嚴重的鴉片癮對抗，在他生命的中期，他下定決心要擺脫這種依賴。

雖然我們可能沒有發現，但透過科技接觸到的視覺意象也可能是有害且令人上癮的。正如鴉片爲科律芝提供了短暫的解脫和豐富的創造力，但最終導致了有害的成癮，過度依賴電視、線上影片和其他數位體驗作爲逃避形式，可能會導致注意力不集中、心理健康惡化、關係減弱以及其他長期的負面後果。

《忽必烈汗》至今仍在激發流行文化的靈感，或許最突出的例子是《大國民》，這部電影經常被評爲有史以來最偉大的電影，劇中報業大亨查爾斯·福斯特·凱恩建造的巨大豪華莊園名爲仙那度（Xanadu，音譯仙那度，爲元代「上都」之意），最終成爲其創造者的鍍金牢籠。《牛津英語詞典》現在將仙那度定義爲虛假的天堂和極度奢華的地方，可作爲警世預言。

網際網路會是今日的仙那度嗎？一個充滿幻想圖像的地方，威脅著囚禁我們？在網路上，特別是借助虛擬和擴增實境技術，我們可以創造近乎所有的視覺效果，旅行到新世界、看到現實世界中不可能出現的奇觀。然而，正如科律芝在依賴鴉片時發現的那樣，這種人爲製造的白日夢可能會帶來巨大的代價。當我們用線上刺激取代自然狀態的白日夢時，我們放棄了內心的修復和清明，並且我們的思想和情感可能在不知不覺中被影響。那麼，我們要如何保護我們的睡眠和自然的白日夢，保護這些有助於我們扎根於現實生活、記憶和身份的東西呢？

留出做夢的空間

研究顯示，過多的螢幕時間會影響你的睡眠，而睡眠不足會對你的認知功能產生負面影響——包括注意力、記憶和決策能力，這些都是你用來評估資訊的可信度和辨別事實與虛構的能力。

要擁有健康的睡眠習慣，你每晚在快速動眼期應該要有兩小時的夢境。認知科學家發現，白日夢占清醒時間的三〇％到五〇％是正常的，並且對大多數人來說是健康的；但如果你像美國的普通成年人一樣，通常在清醒時間裡有七五％與媒體和裝置互動，那麼留給你自己白日夢的時間就很少了。

在了解人類過去是如何爲睡眠和白日夢騰出更多空間和時間之後，你可以更輕鬆地做出改變，進而改善自己的睡眠品質。不妨多花點時間，多關注我們每天經歷的不同意識狀態會是一個很好的開始。

睡眠衛生

在睡眠研究領域中，「睡眠衛生」這個術語涵蓋了你可以遵循的一些自然習慣和做法，讓你在夜間獲得良好的休息。睡眠是現代生活中最後幾個大致與太陽光和黑暗的晝夜節律同步的活動之一；但是，人工光源和螢幕科技當然已經深入改變了睡眠模式，與前幾代人相比有了很大的不同。電燈是人類生活方式最基本的變革之一，當然你也已經完全習慣這種變化。你可以繼續享受相對於祖先時更多的自由：尤其是在冬季的晚上，以前的人們的生活眞的會變得停滯。但你可以採取一些措施來保護你的休息，讓它更接近於人體自然演化的睡眠模式。

對於過去絕大多數的人類來說，一旦天黑，幾乎沒辦法進行什麼活動。火堆是當時唯一的光源，天黑後幾乎無事可做。油燈是第一個改變這個狀況的重大發明——最早的例子可以追溯到古埃及、希臘和羅馬——而且在科律芝的有生之年，倫敦安裝了第一批街燈。然而，直到一八八二年愛迪生在紐約建立了第一座商業發電廠，人類在夜間的光源才發生了根本性的變化。你的眼睛能夠接收涵蓋波長較短的紫光或藍光，以及波長較長的黃光和紅光的光譜。陽光是這些波長的強大混合體，當它消失時，你的大腦會立即注意到。天黑後，你大腦後方的松果體會釋放大量的褪黑激素，向你的身體發出入睡的訊號。但是人工光源——即使只是床頭燈調暗到最低亮度——也會欺騙你的大腦，讓它相信太陽還沒有下山，從而延遲了你需要的褪黑激素，使你無法入睡。

在一九九七年時，三位日本工程師用半導體產生藍光，並創造了第一個明亮的白色LED，這是一種全新的人工光源。筆記型電腦、平板電腦和手機螢幕都是由LED提供動力的，它們是我們欺騙大腦認爲仍然是白天的另一種方式。你從家庭照明和直射臉部的螢幕獲得的額外光照，每晚會將你的生理時鐘倒退兩到三個小時。只有當你關掉床頭燈時，你的身體才能開始獲得所需的褪黑激素量，進入深度睡眠。如果你難以入睡，很可能是因爲你的褪黑激素尚未達到高峰濃度。

在睡前使用螢幕已知會導致顯著喪失快速動眼期睡眠，第二天你會感覺沒有休息到，並且更加睏倦。神經科學家和睡眠專家馬修．沃克（Matthew Walker）建議，你可能會因「數位宿醉效應」而深受其害，即在晚上停止觀看螢幕後的幾個晚上，褪黑激素值的上升也會延遲九十分鐘。螢幕還會在你應該放鬆的時候刺激你的大腦。爲了消除在深夜使用螢幕的誘惑，最簡單的方法是將任何小工具或螢幕從你的臥室中移開：如果需要，買一個無燈顯示的鬧鐘，讓你的睡眠區成爲可以脫離數位生活的地方。

採取行動

- 保持臥室無螢幕：將電視、筆記型電腦、手機或其他螢幕從你的休息區移開一個月，看看會有什麼效果。
- 設定鬧鈴來提醒你睡前的例行事項：計入八小時的睡眠時間，以及保留足夠的時間讓自己自然入睡和醒來。
- 關閉早晨鬧鐘：試著在一週內不設鬧鐘自然醒來，觀察你感覺上的任何不同。

入睡需要大約半小時是很正常的，所以如果不能馬上入睡，請不要擔心。最重要的是讓自己有機會獲得充足的八小時睡眠。（研究顯示，每晚需要少於八小時睡眠的人非常罕見，如果你經常只睡六或七小時，從長遠來看會影響你的健康和福祉。）你可以養成這樣的好習慣，就是設個就寢時間的鬧鐘，而不是設起床時間的鬧鐘，這樣你就可以規劃出你需要的時間，經歷所有的睡眠階段，早晨醒來時也能神清氣爽。早晨的鬧鐘會突然使你的血壓和心率飆升，如果可以避免使用鬧鐘，那麼對你來說會更好。自然醒來可以讓你獲得你需要的快速動眼期睡眠，並且可以享受每一天開始時的一系列愉快夢境。

第二次睡眠

歷史學家羅傑・艾克爾奇（Roger Ekirch）在研究一本關於夜間歷史的書籍時，前往英國國家檔案館找資料——這是一個充滿古老羊皮紙和手稿的迷宮，這些手稿可以追溯到一千多年以前。他注意到，從中世紀晚期到近代早期，有愈來愈多的人提到「雙重睡眠」，即每晚有「第一次」和「第二次睡眠」；當艾克里奇擴展他的搜尋範圍，包括其他書面紀錄的線上資料庫時，他發現這種睡眠方式眞的是非常普遍：在義大利，第一次睡眠稱爲「primo sonno」，在法國則稱爲「première somme」——並且這種現象在世界各地都有證據存在。人們通常在正常時間上床睡覺，但經常會在半夜醒來，這段時間被稱爲「守夜」，通常會用來完成小任務或家務。哲學家亨利・大衛・梭羅會把筆和紙放在枕頭下，並在醒來時在黑暗中寫字；據說佛陀是在夜間守夜時頓悟的。

隨著年齡增長，你的睡眠往往會自然而然地轉變成同樣的模式，從五十歲起，許多人會恢復這種在夜間起床一會兒的歷史習俗。然而，半夜經常醒來對許多人來說可能是焦慮或擔憂的原因，今日很容易被視爲失眠。睡眠科學最近達成共識，大多數人採用的「單階段」睡眠模式並不是我們最自然的模式，「雙階段」睡眠可以帶來明顯的好處。所以，下次當你在半夜醒來時，試著適應這種經歷，並將其視爲你日常休息的一部分——這也是一個獨自沉思的獨特機會。如果可以的話，避免使用螢幕和打開任何燈光，而是可以放鬆你的思緒，目標是達到一種平靜的感覺。這是你最能接受新想法的時候，也是一天中少數幾個沒有干擾的時間。你可以比照棱羅的做法，把紙筆放在床邊：如果你有興趣，寫下任何觀察或想法。

歷史上，在寒冷氣候且長時間的黑夜裡，兩次睡眠通常是在晚上進行，而在較溫暖的地方，正午的午睡往往取代了第一次睡眠。如果你在家工作，白天小睡一下是個好方法，可以讓你遠離辦公桌，並緩解始終在線上的壓力。白天小睡已獲證實可以改善機敏度、認知能力和情緒，而不會造成長時間的昏昏欲睡。你在下午中後段出現「餐後警覺度下降的情形」，這經證實是正常的日常生活節奏；如果條件允許，這是聽從身體需求並休息的最佳時間。午睡可以幫助你鞏固記憶，你只要至少睡二十分鐘，當你在處理複雜的項目或試圖學習新東西時，效果就會大幅改善。如果你前一天晚上沒有睡好，午睡也有助於消除你可能感到的一些疲勞。

雖然經常有人建議二十分鐘的「快速午睡」是個理想的選擇，但愈來愈多的證據顯示，如果時間掌握得當，約一小時的午睡可以更具恢復性。試驗一下，找出最適合你的方法——嘗試不同的時間長度，注意之後的感覺，因爲最好是在一個睡眠周期結束時醒來。確保不要在下午三點之後小睡，因爲這會讓你晚上更難入睡。有項美國太空總署贊助的研究發現，午睡可以提高注意力。美國陸軍的健身手冊中也納入了「戰略午睡」，以「增強體力」和「精神韌性」，並能「恢復清醒和促進表現」——所以值得一試。

採取行動

- 騰出「守夜」時間：利用夜間醒來的機會進行沉思，在黑暗中寫下你的想法和觀察。
- 小睡一會兒：將白天的午睡納入你的日常作息中，最好是在下午稍早的時候，觀察這對你後來的警覺度和情緒有何影響。
- 試試更長的午睡：嘗試一些時間較長的午睡，剛開始進行時，可以每次都設定鬧鐘喚醒。將其效果與較短的午睡以及在下午不同時間的小睡進行比較。

半夢半醒

「半夢半醒狀態」（hypnagogia）這個術語首次由法國醫生阿爾弗雷德．莫里（Alfred Maury）於一八四八年提出，他在一項開創性的研究中，探討了你入睡時可能遇到的生動圖像、想法和感知體驗。關於這些夢境狀態的清晰現實的描述可以追溯到人類文明最早的文字紀錄，但莫里是第一個探討其開始和如何維持的人。大約在那個時期，睡眠研究有了第一次爆發性成長，最近神經科學又重新關注這個話題。如今的共識是，透過引發更多遙遠的聯想和抽象思考，半夢半醒狀態有助於產生新的創意。

研究發現，半夢半醒狀態下的心理意象範圍從微弱的感知體驗到非常真實的幻覺都有。人們傾向描述其細節的清晰度和多感官的現實感。當天早些時候的記憶通常是這些夢境的中心特徵，尤其是做夢者長時間集中注意力關注的某件事，但這些記憶很快就會與更早的回憶連結起來。常見的一個特徵是聯覺（synaesthesia），即其中一種感官接受刺激後，會帶動其他感官的印象。

莫里發現——正如許多其他睡眠研究者自那以來所發現的那樣——半夢半醒狀態對感知非常敏感，並且往往會放大簡單的感官印象，使其更加敏銳。如果你注意到自己入睡時經歷的夢境，你可以開始延長這種視覺或體驗的時間，你還可以控制它。從清醒到睡著之間的時刻，給了你一種在深度睡眠中無法實現的意識和控制力。你的意識可以掠過你的夢境，只要你不太干擾它們，你還可以輕輕地推動或進行引導。這需要一點練習，但在大多數情況下這種體驗是非常愉快的。

夢中的想法不受你認為可能的任何成見所阻礙，它們可以打開全新的視角和答案。如果你有一個特別棘手的問題，請帶著它入睡，輕輕地從不同的角度看待，並隨身帶上紙筆，以便記錄任何值得注意的事情，但只有在事情發展完成後才記下。不要強迫自己入睡；當你放鬆並沉浸在思考中時，睡眠很可能會自然而然地來到。注意你進入夢境狀態的跡象——輕微的迷失感、不同的心情或是不同的存在方式——讓這些自然發生，但保持觀察。

睡眠研究者還區分了另一種你每天經歷的狀態：「清醒狀態」（hypnopompia），即從睡眠中逐漸清醒的時候。研究發現，在你清醒時，生動的感知體驗和清醒夢境的可能性較小，但仍有可能發生。每天早上慢慢醒來——前一天晚上按時上床睡覺並保持規律的睡眠模式，使你不需要鬧鐘——這會讓你更容易經歷這些夢境狀態，它們也可能帶來一些意想不到的想法。更典型的是，早上醒來的第一時間常常會突然出現問題的答案：通常不需要進入夢境狀態就會發生。相反地，你需要對前一晚睡眠中可能形成的新連結保持敏感。同樣，一旦這些想法在你的頭腦中穩定下來，立即記下來，因爲這些可能很快消失。

採取行動

- 床邊備妥紙筆：記錄在夢境狀態或清醒時刻可能突然閃現的任何想法。
- 保持夢境：觀察你在入睡時經歷的幻想情景，並更有意識地注意。
- 尋找自己的答案：帶著具有挑戰性問題入睡，並在入睡時從不同角度仔細進行評估。留意任何可能出現的夢境狀態，並輕輕嘗試引導你的夢境。
- 觀察清晨的想法：當你自然醒來時，準備好記下在腦中形成的任何新想法或點子。

更多白日夢

雖然睡眠中的夢對鞏固記憶、調節情緒和整體心理健康特別重要，但白日夢在你的心理和情緒健康中也扮演著關鍵角色。你的白日夢對於創造力和解決問題尤其有用：在思緒遊蕩時，你會探索各種場景，並從不同角度看待問題，這樣就更容易找到答案。白日夢是一個安全的空間，讓你可以把目標和抱負視覺化，並在內心演練實現這些目標可能需要採取的步驟。你也可以在腦中將不同的情境想一遍，了解可能會如何反應，讓你更能理解和更妥善管理自己的情緒。

空閒時間或進行低需求任務的時候，是做白日夢的好時機，這也有助於創造一些心理空間。冥想和呼吸練習是安定心靈，並清除分散注意力的想法的好方法，特別是在花了太多時間上網後，這有助於讓新想法浮現。研究證實，冥想練習可以訓練你的心靈，在你有機會做白日夢時更妥善準備好漫遊，並且由於冥想和呼吸練習也能增強後設認知——即對自己想法的覺察能力——你也能妥善地監控你的白日夢，捕捉新的見解和想法。如果你在家，或者工作地點附近有公園的話，躺下來進行簡單的呼吸練習十分鐘，是重啓心靈的絕佳方法。在這種場合下，不需要遵循〈孤獨〉章節中介紹的技巧，只需閉上眼睛，專注於深深吸氣到下腹部。試著在呼吸之間建立持續的流動，不要在下一次吸氣或呼氣之前完全停下來。設置自己的節奏，但始終保持深呼吸。時間結束後，你會感到恢復活力，並注意到思緒的穩定。新想法和新聯想可能不會立即浮現，但隨著心靈平靜下來和注入新的心理能量，往往會在稍後出現。如果可能的話，呼吸練習後花點時間坐下或散步，讓你的想法在現在清晰的頭腦中擴展。

其他時候，簡單的散步或從你正在做的事情中暫時抽身一下就足夠了。當你發現自己掙扎於某件事時，花點時間什麼也不做：泡杯茶或咖啡，完成一些家事，或者花些時間泡澡或淋浴。在這些空閒時間裡，心靈處在最悠閒和自由的時刻，一些最深刻或意想不到的想法可能就會到來。在這些想法出現時，儘可能把握這些時刻愈久愈好，你就能更充分地進行探索，然後把這些想法記下來，或錄成語音備忘錄，因爲這些可能轉瞬即逝。

你還可以透過運動心理學中常用的視覺化技巧來完善你的白日夢——研究已經證實心理影像有助於掌握技能，運動員經常在心理上預演他們的表現（心像訓練），以得到額外的收穫。廣泛的學術研究已經確立了積極生成的心理影像與白日夢之間的連結，幾項研究顯示，視覺化練習可以增強你在白日夢時所參與的認知過程和神經通路。試試看，從簡單的物體開始。將一個蘋果或梨子視覺化，專注於它的形狀、顏色和質地，創建一個生動的、立體的圖像，讓你可以在心中旋轉。試著讓它變色，把它切成兩半，甚至把它炸成小片。

一旦你更深刻地掌握了如何在腦中控制圖像後，就可以嘗試一些更複雜的場景。想像你和幾個朋友一起設立水果攤：一個你們每個人都能獲得利益的新業務。想像不同種類的水果裝在盒子裡，堆在架子上。打開你的所有感官，使其感覺愈眞實愈好：注意新鮮水果的顏色、各種氣味，然後想像到處都是絡繹不絕的顧客走入店內。試著融入情感，測試如果遇到難纏的顧客討價還價，或者有人表現出善意時，你會有什麼感受。訓練自己在視覺化影像中添加更多細節，提高你創建和探索自己心理場景的能力——經常練習這種技術的運動員發現這也有助於使他們的白日夢更加生動。

如果你有重大決策要做，比如是否接受一份工作或搬家，即可將視覺化延伸到更深入的想法實驗，在這之中，你可以根據你的決定及其潛在後果來推演出可能的優缺點和事件發展走向。這可以作爲思考目前困擾你的問題或尋找創造性解決方案的實用框架。想法實驗支持了一些人類最具創新的智力突破：哥白尼是第一個透過在腦海中視覺化發現地球繞太陽運行的人；原子概念最早是在古希臘以同樣的方式提出的；還有許多其他理論或發明，從薛丁格的貓到馬達和眞空泵，都是在人的頭腦中率先構思出來的。

但當然，你的白日夢並不一定總是要有實際用途。我們經常爲了純粹的沉思而做白日夢，這是一種非常人性化的活動，是讓人從日常生活中逃離的一個避難所。但這不是單純的「浪費時間」——相較於當你感到無聊時在線上尋找的一些被動活動，白日夢會以更積極、內省的方式讓你的心靈運作，並爲你提供更多自我反思和個人成長的機會。當你做白日夢時，會了解自己的情感、價值觀和最深的願望：簡單來說，就是了解你自己。

採取行動

- 用恢復性的呼吸練習清理思緒：結束後，觀察你的頭腦是否感覺更清晰，想法是否更容易浮現。

- 什麼也不做：當你在一項具有挑戰性的工作上卡住時，看看是否休息一會兒能幫助你想到一些不同的想法或答案。
- 練習你的視覺化技巧：想像一個簡單的物體，專注於它的形狀、顏色和質地，看看你是否能在腦海中旋轉它。接著進一步將更詳細的場景和情境視覺化。
- 嘗試一個想法實驗：使用視覺化技術進行更深入的想法實驗，例如考慮一個重大生活決定的可能優缺點。

第十一章
思想

風雲聚會

以戰時首相著稱的溫斯頓．邱吉爾同時也是一位才華橫溢且多產的作家，並於一九五三年獲得諾貝爾文學獎。很難找到其他任何一位政治領袖能在任內創作出如此大量高水準描述歷史和世界事件的文字。邱吉爾著作甚豐，超過二千萬字，包括出版的書籍、信件、備忘錄和文件，其中包括長達一百五十萬字的《二戰回憶錄》（*The Second World War*），以及四卷本的《英語民族史》（*History of the English-Speaking Peoples*）——展現了人類大腦在理解世界舞台上最複雜的運作機制以及我們如何思考和建構現實方面的奮鬥過程。

在他長達六十年的職業寫作生涯中，邱吉爾發展了精密的工作方法，幫助他處理大量的資訊和事實資料。他建立了由專門研究人員和作家組成的團隊，負責編寫大量的文字，然後由他逐一檢視和批判性地分析。爲了幫助自己分析和反思這些研究，他大量口述，在書房、車內甚至浴缸中整理自己的想法，透過口述整理自己的思緒，並思考看似相互矛盾的思路來得出自己獨特的結論。

邱吉爾在第二次世界大戰期間上台，最主要是因爲他多年來在下議院堅定反對對希特勒實行綏靖政策，並對政府錯誤的決策將帶來的嚴重後果提出警告。歷史學家們難以解釋爲什麼邱吉爾從一開始對希特勒的預測就是正確的，但這可能與他能夠解析大量資料並自己進行解讀，使他能在高度動盪的時期自信地做出自己的決策和判斷有關。邱吉爾還過著非常豐富且充實的生活：他在飛機發明的初期是一名飛行員，參加了兩次世界大戰，並且他還是一位認眞創作的畫家和作家。他將這些豐富的人生經歷帶入他的決策過程中，使他的分析和思考建立在現實世界的學習經驗之上。

作爲馬爾博羅公爵的直系後裔——這位公爵曾領導軍隊對抗路易十四，鞏固了英國在十八世紀初的一流強國的地位——邱吉爾有著優越的背景，但他並不適應傳統貴族對男性的教育期望。他年輕時曾在印度班加羅爾服役，擔任騎兵軍官，與此同時，他開始自學，閱讀了一系列有關歷史和軍事戰略的書籍，並嘗試寫作。他決定成爲一名記者，很快便在古巴、蘇丹和南非的波耳戰爭現場報導中，找到了自己的寫作風格。之後，他被捕並關押在普里托利亞的戰俘營，但他設法逃脫，藏身於煤礦中，然後僞裝成鐵路工人乘火車前往葡屬東非（現今的莫三比克）。英國媒體和大衆密切關注著他的逃亡新聞，當他回到英國時，已經成了一位國民英雄。

他進入政界，在第一次世界大戰期間擔任第一海軍大臣，全面指揮皇家海軍。他開發了一系列新的海軍技術，並採用了護航制度以保護商船免受德國潛艇的襲擊，但他也負責計劃了達達尼爾戰役，這是英法兩國嘗試在戰爭中開闢新戰線並通過黑海向俄國提供補給的失敗嘗試。由於這次戰役的失敗，他的聲譽受到嚴重損害，不得不辭職，逐漸被排除在政界之外。

戰後，他出版了《世界危機》（*The World in Crisis*）。在撰寫這部長達八十二萬四千字的分析文章時，他探討了衝突的起因及最終結果，同時反駁那些對他不利的指控。在寫作的過程中，他完善了自己的研究和寫作方法，以及確立所謂的「三個D」，也就是他的文件（documents）、口述內容（dictation）和草稿（drafts）。

邱吉爾歷史資料庫現存於劍橋，收藏了八十萬份文件，研究人員和大眾可預約參觀。每部已出版作品都有專門的文件存檔，包括《二戰回憶錄》六卷本的四百個案例，展示了邱吉爾如何處理如此大量的資訊。他自稱「像修建加拿大太平洋鐵路那樣寫一本書。我先鋪設從這一岸到另一岸的軌道，之後再添加所有的車站」，他還將他的寫作譬喻爲建造房屋、策劃戰役或畫一幅畫：首先打好基礎，然後仔細收集資料，直到得出結論。在第二次世界大戰期間擔任首相時，他將所有的信件、會議紀錄、指示和電報按月分卷，集結成《二戰回憶錄》時，重新整理了這些原件並「修剪」不需要的內容，直到編輯出最終的文檔作爲出版素材。

邱吉爾歷史資料庫不僅保存了他的個人文件和著作，還包含了他的研究助手的工作成果，這個他稱之爲「聯合會」（the syndicate）的作家團隊，包括成爲北約首任秘書長的黑斯廷斯．伊斯梅（Hastings Ismay），之後的牛津大學學院院長威廉．迪金（William Deakin），以及其他衆多才華洋溢的專家。該團隊會重新審視包括邱吉爾自己擁有的所有歷史資料，尋找可以利用的「亮點」，這些亮點會被挑出來印刷爲文字。助手們還進行了深具創新及遠見的研究，內容以完整的筆記草稿呈現，涉及政治發展和全球大事。這些各式各樣的文檔按時間順序排列，準備供邱吉爾在最終撰寫《二戰回憶錄》時進行更深入的分析，這是一部他用了七年時間完成的繁複作品。

爲了讓自己在檢視早期樣稿時能儘快得出結論，邱吉爾喜歡在深夜口述，經常在書房裡徘徊數小時，整理自己的思緒，有時用精練的句子，有時則是一連串快速湧現的想法。邱吉爾在一九四六年和一九四七年戰後不久，進行了大量有組織的回憶：書寫的內容佔檔案中近百頁，包含了他最栩栩如生的記憶，如他與羅斯福和史達林的面對面會晤。他的口述內容，記錄了他在戰區乘坐改裝的解放者轟炸機飛行的經歷，當時隨時有被擊落的風險：飛機上沒有暖氣，他睡在鋪有毯子的架子上，當他們飛到一萬二千英呎以上時，他不得不透過氧氣罩吸取氧氣。正是在德黑蘭、雅爾達和波茲坦的會議上，規劃了諾曼第登陸的計劃，並決定了戰後歐洲的重組和德國的命運；邱吉爾將這段決策時期的仔細評估寫入他書中的最後幾章。

當邱吉爾口述時，祕書或研究助理會記錄他的筆記，或爲他收集其他文件進行事實核對。他的個人戰時秘書凱瑟琳．希爾（Kathleen Hill）會把打字機的按鍵聲降到最低，以免打斷他的思緒。早上，邱吉爾會在早餐時檢查前一晚的打字稿，並進行更多的編輯和註釋。

從這些大量的文件和口述的思考中，會先產出初稿章節，上面覆蓋著邱吉爾用藍色蠟筆和紅色墨水手寫的筆記。他會差人將這些章節送到印刷廠，通常印刷廠會在二十四小時內送回多份副本，然後再送到助理和前同事手上進行進一步的評論。這個過程會持續進行，不斷添加全新的內容，並將打字稿發展成對一系列事件愈來愈精細的評論；通常，每一章會經過六到十二次修訂。即使在最後打樣準備裝訂時，邱吉爾仍會繼續修改他的文本直到最後一刻。他會「推進」他的文字，清理多餘的想法，以便得出最清晰、最紮實的觀點。

儘管團隊內的每一個人的個人知識和技能豐富，但若寫作過程沒有邱吉爾，就會缺乏連貫性，最終負責產出原創思想的重擔落在他身上。當他同時處理幾卷書時，只有他的思考才能將大量的資訊編織成無縫的整體。他最令人印象深刻的技能，是能夠在無數頁文本中持續並建構論點，同時在這些論點上可以看見他敏銳的分析能力。在所有的寫作過程中，邱吉爾堅持講述自己的故事，並發展自己的見解和原創觀點。

在《二戰回憶錄》第一卷《風暴集結》一書的序言中，邱吉爾強調這場衝突是可以避免的，「若未能將過去的教訓運用在未來就是種錯誤」。邱吉爾經常利用寫作，謹慎地探討經過仔細思考的反事實和替代情景，試圖檢視如果歷史的走向不同，可能會導致什麼不同的結果。他將第二次世界大戰呈現爲「人類悲劇」，堅信這場武裝衝突是由「政治領導失敗」引起的，並且認爲導致武裝衝突的原因「正是今日（一九四七年）正在發生的事情，即在根本問題上沒有一致或持續的政策」。邱吉爾指出了導致戰爭的關鍵轉折點：一九三六年德國軍隊入侵萊茵蘭，直接違反了《凡爾賽條約》和《羅加諾公約》，以及一九三八年九月的慕尼黑會議。這場會議是英國首相張伯倫最後一次與希特勒會面。

大多數學者現在同意邱吉爾的觀點，即慕尼黑會議應該是與希特勒全面對抗的時機。慕尼黑協議允許納粹德國吞併蘇台德地區，即捷克斯洛伐克的德語地區，直到一年後，德國入侵波蘭，英國和法國最終才向德國宣戰。在此期間，希特勒利用西方列強的綏靖政策擴大了德國軍事力量：邱吉爾指出，「到了一九四〇年，他們得以利用大規模生產的坦克打破法國防線」。

邱吉爾在一九二九年大選中失去了下議院席位，一度退出國會。他繼續發表演講，警告納粹德國的崛起以及英國需要重新武裝和加強軍事力量，但當時這些觀點並不受歡迎，也未被重視。直到一九三五年，他才再次入閣。到一九三七年，他再次被調回擔任海軍大臣的職位。當德國在一九四〇年五月突襲入侵法國和低地國家時，英法兩國軍隊迅速被擊敗，敦克爾克的英國和盟軍部隊撤退成為當務之急。在入侵的同一天，由於這一迫在眉睫的危機，以及近期阻止德國佔領挪威的戰役失敗，張伯倫辭去了首相職務，邱吉爾成為唯一能夠帶領國家參戰的領袖。他那種必定能夠勝利的主張，透過全國廣播電台直播演講清晰傳達，次日全文刊登在報紙上，讓全國和他團結一心。邱吉爾在一九四〇年至一九四五年擔任首相的時期，被廣泛認為是領導者在危機時期應該如何行動的良好典範：他果斷行事，能夠快速適應變化的情況，並在努力協調所有盟軍的方面發揮了關鍵作用。不出所料，他每天都會收到大量資訊，他制定了自己的方法來追蹤所有資訊。他在白廳[9]下的防空洞裡設立了一間地圖室，監控軍事單位的動向和戰鬥的進展，許多重大決策都是在那裡決定的。他的情報報告至關重要：特別是來自英國破譯中心布萊切利園的機密資訊。戰爭期間，邱吉爾廣泛且經常在危險中出行，進行北非、印度、緬甸和新加坡的視察之旅，並訪問了東西方的戰略地點。他與其他盟國領袖保持定期聯繫，並有一間偽裝成私人廁所的小房間，他會在那裡與羅斯福通話。

邱吉爾在戰爭期間的決策並非總是受到歡迎——事後來看，我們可以看到決策並非總是正確——但在推動事件發展方面是果斷的，他在結束戰爭中發揮了重要作用。最值得注意的是，從一九四二年開始，在英國經歷了一系列失敗和挫折後，德國軍隊佔領了大部分歐洲大陸，邱吉爾採取了進攻策略，在北非和義大利開闢了新戰線，透過調動原本會在東部前線使用的德國軍隊，緩解了蘇聯的壓力，同時也爭取了美國增援的時間。他整合了豐富的資訊，依靠自己的直覺和本能來決定他認為最好的下一步行動；最終，他的努力取得了成功。

每個人都會在生活中做出決策，儘管這些決策很少會像邱吉爾所面對的那樣具有影響力，但所需經歷的決策過程卻完全相同：我們必須收集資訊，反思並對情況做出最佳判斷。然而，在今日的資訊時代，大量資料和我們對演算法及人工智慧的日益依賴，會影響我們的分析，縮減我們的批判性思考範圍，並削弱我們以個人經驗來評價判斷的能力。電腦計算方法的不透明性以及資料集的龐大規模，有時幾乎完全將人類思考從決策過程中移除，如果資料建模、演算法和人工智慧未能妥善應用於現實，那麼其效用就會迅速減少。

然而，如果能明智地使用科技，這些科技將能強而有力地增強我們的思考，而不會影響我們的主觀性和創造力。邱吉爾依靠的不僅僅是個人經驗來啓發自己的思考：他組建了一個由專家助理組成的團隊，幫助他在寫作中得出明確的結論，並利用廣泛的資訊資源來支持他作爲軍事領袖所下的決策。我們也可以用類似的方式使用人工智慧語言工具、演算法搜尋和其他電腦編程工具來輔助，而不是讓它們引導我們的思考。

在戰爭結束時，邱吉爾可能是世界上最著名的人物，他標誌性的雪茄、洪堡帽和勝利手勢在全球各地與查理·卓別林或聖雄甘地一樣家喻戶曉。但真正鞏固他歷史地位的是他的寫作，尤其是《二戰回憶錄》。他的許多詞語至今仍被廣泛使用，如「鐵幕」和「特殊關係」；「血、汗和眼淚」：他號召大家「永不放棄」的呼聲。邱吉爾身上有一種無法否認的人性：他有時自負甚至傲慢，但同樣也有「黑狗」般的憂鬱症[10]，他強烈的情感和同理心使他能夠對他人的處境感同身受。當然，他的觀點並非總是受到歡迎：很多人無論在當時還是現在，都不認同他的許多政治立場。除了達達尼爾戰役對他的政治聲譽帶來的全面損害外，他在戰爭剛結束時的選舉中，反對黨大獲全勝，帶給他最沉重的打擊。英國人民尋求改變，也讓邱吉爾必須再堅持六年，傾聽並回應人們的要求，直到一九五一年他才成功再次當選首相。他當然有自己的目的，而他的政治動機及爲了爭取未來聲望所付出努力，這些也影響了他投入精力和思考的方向。當時的讀者和聽衆可以從他的立場和更廣泛的全球事件背景中理解他的話語。在他的回憶錄和戰爭分析中，今日一個細心的讀者會看到他有時傾向於誇大某些事件而簡化其他事件，但如果他的文本被輸入資料庫進行搜尋索引或交給人工智慧機器學習，並只以選擇性的片段呈現，那麼這種更爲細膩的見解可能就會消失。

現在我們理解資訊時，不僅需要評論文字和思想，還需要評論它們的技術傳達方式。如果不理解資訊是如何編纂的，在看到呈現給我們的結果時——無論是在工作場所生成的不透明數據，還是搜尋引擎、新聞訂閱或串流服務中顯示的推薦內容——我們就會失去親自尋找新資訊並自行解釋的機會。只有透過這種方式，我們的觀點才能變得更爲細緻。

邱吉爾對未來和個人選擇的願景從來不是宿命論的。他相信沒有什麼是預先註定好的，人類歷史本身就是一系列可選擇的十字路口。正如他在《大河之戰》（*The River War*）這部關於英埃軍隊征服蘇丹的歷史記述中所寫的，「每個事件都被無數可能性包圍，任何一種成爲現實，都會改變整個事件的進程」：對邱吉爾而言，人類總是有機會在不同的未來之間做出選擇。他相當稱頌人類思維的靈活性，我們能夠利用手頭的資訊，做出新的積極決策，而不是接受看似不可避免的事情。但他無法預見的是，這種人類思想自由在僅僅幾十年內會受到如此嚴重的威脅。

今日我們面臨著另一種不同的風暴。意識形態的分歧和新型民族主義，是全球軍事衝突中的明顯因素，但數位技術也能將我們束縛和分化。快速成長的人工智慧產業正從創投中獲得大量投資，並受到大型數位媒體公司的集中戰略關注，很快就會向大眾釋放大量智慧應用程式、助手和聊天工具，這對人類獨立思考的影響相當顯著。不久的將來，人工智慧世代將能夠解析那些邱吉爾所處理的文件的數位版本，並以和邱吉爾相同的風格和語氣撰寫他們自己的《二戰回憶錄》敘述。當整本書可以由電腦創作，更不用說是無數的新聞文章和社交媒體貼文，甚至視覺廣告以及極有可能的賣座鉅片和電視劇更是如此，我們將目睹一種前所未有的外部控制人類思想的方式，無論在複雜性、規模和範圍上都是空前絕後的。

邱吉爾或許最具代表性的是一種堅韌不拔的精神，這種精神結合敏銳的智慧和機智，讓他在生活和政治的複雜性中不斷前行。在需要想出如何將被視爲嚴重威脅的問題轉化爲積極的機會時，仔細思考我們的對策或許就是最重要的人類能力，尤其是在一個劇烈且快速變化的時代更是如此。邱吉爾對自己想法的掌握不僅在他自己的人生中產生了非常眞實和具體的影響，還影響了歐洲人民，而這種遠見和果斷的思維或許是當今領導者比以往任何時候都更需要的，因爲我們正面臨著人類歷史上最複雜、最有可能徹底改變世界的機會以及前所未有的重大風險。

行為與行動的主宰器官

我們的想法來自電能在神經末梢之間的流動。直到一八八八年，西班牙神經解剖學家聖地亞哥．拉蒙．卡哈爾（Santiago Ramón y Cajal）才首次發現了我們想法、情感和身體運動的起源。他用黑色染料將神經細胞染色，以便在顯微鏡下能更清楚地觀察，並注意到腦細胞並不是直接相互連接的。他發現它們之間有明顯的間隙，也就是讓電能跳躍的突觸，並意識到我們大腦中的連接網絡比想像中更加複雜。

當時，人們認爲人體神經系統是一個相當固定的網格結構，連接著全身不同的神經細胞——大腦的一部分總是固定連接到另一部分，訊號和思想也沿著固定的路徑傳遞。但卡哈爾發現，這種「僵硬、不變」的結構以及「無法被改變」的看法，違背了我們對大腦的認知，意即「可塑且可以透過有目的的精神運作使其更臻完善」。他推斷，我們的神經元可以利用其大量的突觸連接，更靈活地與大腦的其他部分互動。卡哈爾畫出了極其美麗且詳細的神經細胞圖，這些圖主要使他與卡米洛·高爾基（Camillo Golgi）共同獲得一九〇六年諾貝爾生理學或醫學獎。卡哈爾一生都在研究人類的思想，特別是夢境狀態，今日他被譽爲現代神經科學的奠基人，同時也是首位將人類大腦與電學連結起來並能夠驗證的人。

一九三四年，卡哈爾在他去世前的幾個小時，寫了一張簡短的便箋：「我留給你們的東西超越了任何感官奇觀：一個具有特權的大腦，是行爲與行動的主宰器官，若能明智地使用，將無限地提高你們的感官分析能力。幸虧有大腦，你們就可以潛入未知世界，並且[⋯]它將無限擴展，以至於智人的每一個進化階段都將擁有新的特徵。」當前我們確實正在進入人類歷史的新階段，而正是人類思想的創造力將我們帶到這裡：人工智慧無疑是自文字出現以來，人類自然思維所遇到的最根本的延伸，它對日常生活帶來深遠且難以預見的影響。

最新人工智慧背後的基本原理，事實上與卡哈爾在一八八八年發現的腦細胞非常類似。大型語言模型（LLM）如OpenAI的ChatGPT，由數千億個參數所組成，並經過數百兆字節的文本資料訓練——從書籍、學術論文到網際網路的絕大部分內容。其結果是，它們能夠執行許多歷史上我們認爲只有人類才能完成的智慧任務，僅僅是透過將它們簡化爲模式識別。當在最先進的大型語言模型中輸入一個問題時，可以透過在其無比龐大的資料集中進行查詢，就能預測最可能的正確答案。這個模型能在搜尋到的龐大語料庫中尋找相似的文本模式，並透過確定接下來最可能出現的文本排列來建構答案。一個大型語言模型將其數百兆字節的文本資料中的每一個單詞視爲一個獨立的資料點，並且可以透過電能在電腦硬體組件中流動的方式，自由地在任意資料點之間建立連結。這種處理資訊的靈活性和自由度相當驚人，與我們大腦中的神經元和突觸運作方式非常相似，以至於大型語言模型用來處理資訊的基本計算單元本身被稱爲「神經元」，這是對人類大腦的一種刻意模仿。

自大型語言模型發展以來，已經結合了各種不同類型的媒體。其中一個最早的應用就是圖像生成：透過在包含文字和圖像配對的多模態資料集上訓練大型語言模型，可以僅透過語音指令來創建任何類型的新圖像。例如，可以輸入數十萬張手的照片及其描述，再加上達文西的素描，然後指示應用程式生成以達文西風格繪製的新的手部圖片。結果可能會令人驚訝地眞實。原則上，這個過程可以應用於大多數數位內容形式。雖然電影、視覺藝術作品或音樂作品爲我們帶來了完全不同的體驗，但當它們以數位格式保存時，其電腦代碼可以被大型語言模型以類似的方式檢視。任何數位檔案都是如此，不論是電子表格、網站還是高度複雜的軟體應用程式，透過仔細的訓練，大型語言模型可以分析任何數位內容的底層代碼，並在提示下生成自己的新創作。

這些影響相當深遠。隨著計算能力的增加和大型語言模型接觸到更多的人類知識量，人工智慧能夠執行的任務明顯發生了轉變，超越了單個人類大腦的能力。我們正處於人類歷史上重要的轉折點：很快地，我們的日常生活將不僅僅是與其他人類溝通，還會與完全基於電腦的類心智實體交流。我們所說的不是線上客服互動中遇到的那種基本聊天機器人：這些新奇的系統不僅能與我們聊天，還能檢視大量的人類紀錄來回答任何問題，並幫助我們創新和創造。人工智慧很快就能製作音樂影片、電腦遊戲或房屋的建築設計，而且每次都能以幾乎無限量的現有範例作爲靈感。

在撰寫歷史時，邱吉爾深刻思考了因果關係的眞實本質，以及我們永遠無法確定一個歷史事件是否眞正導致了下一個事件。他體認到複雜性有時會變得難以理解，可能的結果太多，以至於觀察和理解全球事件的眞正影響往往超出了個人的智慧和能力。他也了解自己保留的檔案的侷限性——「幸運保存下來的這些書面片段，只代表了所發生的事情的一小部分」——並承認沒有任何一部歷史作品能夠涵括整個人類經驗的多樣性。邱吉爾意識到人類大腦是有限的；而我們能夠執行的心理任務的廣度和數量現在很容易被人工智慧超越。

我們的大腦中有一千億個神經元，每個神經元可以與多達一萬個其他神經元連接。這使我們的大腦中可以形成十京（100,000,000,000,000,000）個可能的連接。這確實令人印象深刻，但當一個由一千億個參數組成的大型語言模型在一百兆（100TB）位元組的資料上訓練時（即使在今日，這些數字通常還要高上許多），根據大型語言模型的架構和其被要求執行的任務，原則上可以形成的關係數量上限可能高達八百垓（80,000,000,000,000,000,000,000）。大型語言模型中的「連接」並不是實體連接，而是賦予一個人工「神經元」（網絡中的一個節點）對另一個人工「神經元」影響的數學權重，此外這些也取決於許多因素，不僅僅是參數的數量和訓練資料的量。這些數學權重隨著AI模型的學習而調整，促進了系統內部的複雜互動。雖然AI開發者不會監控或控制每個調整內容，通常也無法直接看到，但因爲擁有足夠的計算能力和精密的設計，大規模的大型語言模型具有的「範圍」或模式識別的潛力可能是人腦的十億倍。

儘管AI擁有超越人類的能力，可以在大量資訊中發現和生成模式，這遠遠超出了我們的能力範圍——我們無法在瞬間掃描數十萬張人手的照片，然後立即創建出達文西風格的圖像——但它卻在許多重要且顯而易見的方面比人類能力要差。大型語言模型，或者實際上是計算機演算法和其他種類的AI，無法完成我們在日常生活中認爲理所當然的許多事情，這在未來也不太可能改變。由於僅限於處理資料集，AI無法像我們習慣的那樣走向現實世界。此外，至少目前人類對任何形式的人工計算能力擁有根本控制權，尤其是現在這些技術可以透過普通人類語言輕鬆操作時——我們可以以最自然的方式提出複雜問題，隨著AI的不斷發展，我們將能夠比以往任何時候都更仔細地檢視資料。因爲存在許多未知數，AI計算的發展規模使得我們無法預測未來幾年後的發展；但就**目前**而言，將AI放到主流社會中，可能不會像最初設想那樣迅速對人類思考造成許多問題：實際上，它目前爲我們提供了更好的方式來檢視和控制我們的數位體驗，這是演算法目前無法達到的。

人類在共同的五百六十萬年過去中演化以共存，我們的文化也在這段時間內發展，以確保我們彼此之間共有一定程度的相互理解。我們在彼此共存的世界中，我們的語言——無論是口語、書面語言還是視覺語言——主要是爲了指出我們周圍的現實。我們是活生生的存在，能在一個極其複雜的三維世界中移動與呼吸，而非依賴於人類生成內容的大量數據所建構的數學模型。無論如何，人工智慧都不是生命形式，它根本無法像我們一樣理解現實。

邱吉爾尋找原因，試圖了解爲何某件事會發生，而人工智慧只能處理資料集中存在的相關性。當邱吉爾在書房裡踱步，咀嚼腦中的想法時，他會透過比較自己的親身經歷、合作團隊的想法和觀點，以及手頭的其他事實參考，來「交叉比對」他的客觀現實：只有這樣，他才會得出最終的觀點。與生活在實體現實中的人類不同，人工智慧無法像我們一樣形成自己的判斷或認定事物的眞僞，而是像百科全書一樣儲存資訊——並且可以以極其強大的方式分析這些資訊，但卻無法直接進入現實世界用自己的眞實感受來判斷。

人工智慧想要獲得像人類本能那樣理解世界的唯一方法，是使事物變得具象化，儘管這聽起來像是幻想，但在這方面已經有了進展。Google的研究人員在二〇二二年打造了開源的SayCan機器人控制系統，該系統結合大型語言模型，利用語音詞彙來設定機器人的任務，並透過偵測器引導它在眞實世界中運作。但這與人類的思考、學習和與現實互動的方式截然不同：SayCan僅能透過文本的資料集來訓練機器人，這與我們每時每刻所經歷的豐富的、類比的感官體驗完全不同。SayCan向我們展示了大型語言模型未來可能更全面地融入世界的方式，但這無法眞正模仿人類的經驗。用工程技術重現人體也是一件雖然遙遠但確實可能的事。

人工智慧或演算法與人類智慧之間的關鍵區別在於我們每個人都有自己的個人想法、記憶和感受，並且可以藉此形成獨特的視角。我們可以憑自己的直覺和感受修改信念和調整我們認爲重要或眞實的事物；這樣做時，我們的理解會變得更富有層次和多元。雖然電腦操作可以大範圍掃描大量資料集，但只有人類大腦才能透過直接的個人體驗來眞正深入並檢視世界。

我們每個人都是透過自己的身體感官來體驗實體位置，但我們也進化出能夠轉換視角的能力，這樣我們就可以想像另一個人可能看到或思考的事情；由於我們每個人都擁有這種人類能力，就可以相互理解和依賴。我們不費吹灰之力就能做到操控視角和調整參考框架，能將不同的資訊片段和事件序列融合成個人表述，這是人類心靈最精細的能力之一，並且支撐了我們每天視爲理所當然的許多複雜思維和各式的心理體驗。

最古老的故事形式之一就是寓言：一個用來說明道德或精神教訓的短篇小說或故事。這展示了人類將敘述的事件序列與完全不同的事物連結起來的能力：通常與我們自己的生活經驗有關。面對遇到的多數新經驗和資訊時，我們都是這樣做的。當邱吉爾回顧他檔案中的文件時，他不僅僅是按時間順序將之拼湊在一起，也會用自己的獨特視角編織和創作，這個視角既是基於他的其他生活經驗，也基於他對所有文本的閱讀。要找出二戰可能如何避免，或者它是否可以更早結束，他依靠的是他所有生活經驗所形成的概念。

我們今日所能使用的先進資料建模系統，特別是自然語言人工智慧系統，必定能大幅協助邱吉爾判定如何能避免未來出現類似的衝突。然而，我們很難想像人工智慧能發展出像邱吉爾那樣對其他政治領袖的細膩反應。他逐步了解史達林和其他世界領袖，並憑藉本能意識到任何可能迅速導致危險的錯誤行爲。

任何形式的人工智慧——無論是控制我們今日造訪網站的推薦引擎和演算法，還是新一代強大的大型語言模型——都奠基於由人類集體創造的大量資料，並且有愈來愈多的資料由人工智慧本身創造。這當然是它的力量所在：人工智慧可以整合大量的工作，發現我們未曾得知的模式和趨勢。但無法保證它提供的資訊或答案確實是我們所要找的，或者是否適合我們。對於邱吉爾而言，「真正的天才在於評估不確定性、危險和相互衝突的資訊的能力」，我們需要人類的頭腦做最後的分析，並評估人工智慧提供的結論——否則，可能面臨將過多的控制權交給這些技術工具的風險。如果邱吉爾是在今日撰寫《二戰回憶錄》，他將能夠運用更廣泛的資源——其中許多資料更具統計依據且更符合事實——但他仍然需要親自理解、分析和整合這些資訊。由ChatGPT或任何其他人工智慧大型語言模型創建的文本可以對所發生的事件進行良好描述，但還是需要由人類讀者檢查收到的內容是否相關、有意義和準確，或者人工智慧生成的輸出內容是否是以現實爲基礎。ChatGPT目前易於出現所謂的「幻覺」，即完全虛構或誤解的事實，儘管即將推出的更新會減少這種情形的發生，但我們永遠無法完全信任大型語言模型送回來的結果——我們也不應該這樣做。

下一代人工智慧工具經常被認爲會威脅到許多需要認知技能的工作，這無疑相當令人擔憂。在未來幾年內，工作場所和聘僱市場可能會經歷劇烈而痛苦的變革。人工智慧有可能讓某些心智任務自動化，但它也將創造大量更複雜的資料和見解，這些資料和見解需要進一步解釋和分析。大型語言模型是龐大而複雜的架構，需要高水準的程式設計、訓練和維護以及人類的持續監督。如果沒有顯微鏡的放大，卡哈爾永遠看不到人腦中的突觸；同樣，演算法過程和人工智慧將爲我們提供其他任何方式無法獲得的資訊，但仍然需要人類密切研究和評估結果。隨著人工智慧必然帶來的新資訊和發現，同時我們又要保持對其的緊密控制，將使我們忙到不可開交。

當OpenAI於二〇二三年三月發布GPT-4時，這是其「生成式預訓練變換模型」的最新版本，宣布該大型語言模型在至少三十四個不同領域的能力測試中名列前茅，這些領域涵蓋總體經濟學、寫作和數學，也包括法學院和商學院的考試。未來對GPT的更新將進一步提升其水準，進入人類從未遇到過的新智慧領域。我們無法預測這可能帶來的影響，但我們即將看到徹底的歷史變革。

一旦人工智慧遠遠超越人類智慧，我們可能會無法理解和追蹤它的發展。這個關鍵點被稱爲「智能爆炸」（intelligence explosion）。如果在達到這個點之前沒有適當的保護措施，人類將難以控制人工智慧的行動。

人類擁有情感，並能夠感知、理解和對自己的感受以及他人的感受作出反應。我們能夠處理複雜的社會情境，具有同理心，並能做出考量他人福祉的決策。而人工智慧則缺乏情感，無法眞正理解情感，這限制了它在具體情境中做出有同情心的決策的能力。人類最基本的特徵之一是我們集體的道德感，透過共同努力，甚至能夠喚起遍及全球的道德感。我們有一套指導行爲的倫理觀念，而人工智慧本身並不具備任何道德指南方針或遵循任何倫理框架。機器學習可以透過程式化使其遵循某些指導原則，這些當然需要人類來設定，但它對倫理和道德的理解僅限於程式中的內容：並不能保證人工智慧能夠妥善適應具倫理複雜性的情境。

長期以來，有個聲音一直在警告我們，人工智慧的進步可能會對人類構成生存風險。艾利澤·尤德考斯基（Eliezer Yudkowsky）在機器智能研究所（Machine Intelligence Research Institute）領導研究工作，被廣泛認爲是「人工智慧對齊」領域的創始人之一，這個領域討論的是設計符合人類價值觀和目標的人工智慧系統的過程。自二〇〇一年以來，他一直致力於人工智慧對齊的研究，堅信如果沒有全面的準備和科學見解來妥善處理超智慧AI，這種技術很可能會迅速引發一系列事件，最終導致人類滅亡。由於沒有倫理、沒有對人類生命的關心或考量，即使人工智慧系統被賦予一個看似安全或無害的任務，也可能採取嚴重危及社會的行動。他設想了大量的智慧應用程式以「高於人類百萬倍的速度」運行，生成自己的資料、計劃和現實世界中的行動，其複雜程度我們根本無法理解：他因此質疑我們如何能夠希望保持控制。

如同邱吉爾在一九三〇年代的爭論，尤德考斯基的思維方式直到最近一直與主流觀點相悖。然而，儘管大部分人工智慧社群仍專注於擴展我們的思維，但現在我們對先進人工智慧將導致的風險的認知和擔憂也與日俱增。人工智慧的發展確實神速。OpenAI僅用了七個月就訓練了GPT-4，並在ChatGPT初次推出後僅四個月便向大眾發布了這個版本；但正如尤德考斯基所言，這次更新本身就是一個「能力大躍進」。最大的人工智慧計算規模每六個月就會翻倍，遠超摩爾定律的速度，即英特爾聯合創辦人高登．摩爾（Gordon E. Moore）所提出的觀察：每兩年微晶片上的電晶體數量大約會翻倍，這項預測大致上是正確的。但我們面臨的時間軸，是短短幾個月或幾年後，人工智慧將會進展到一個全新層次的能力和力量。

無論最終結果如何，人工智慧快速且不受控的進步，是我們的政治領導者亟須解決的問題：失控的超智慧AI會是一個人類完全沒有準備好因應的情境。目前，沒有制定全球條約的計劃或嘗試，也沒有對潛在更廣泛的影響達成共識。儘管任何新設計的建築物或推出的汽車都必須通過嚴格的安全檢查，但大多數國家對於向大眾發布任何新的人工智慧之前，都未要求進行風險評估。即使能夠對全球企業進行足夠的管制，人工智慧的重大創新也可能由一個使用開源工具的個人開發者完成，如果沒有國家高層的監督，就無法進行有效監控，但這樣做又可能限制人類思想自由的潛力。

人工智慧僅由程式碼組成，隨著計算能力的持續提升，大量人工智慧很快就會存在於日常個人裝置上。人工智慧將成爲一種像今日的網際網路一樣普遍且易於獲取的資源。減輕這種易於取用帶來的風險的最有效策略，可能是使用人工智慧本身作爲主動防護。透過使用人工智慧來幫助我們過濾錯誤資訊，保護我們免受人爲的威脅，並抵消其他惡意使用者所引起的潛在危害，我們可以利用人工智慧作爲一股積極力量，防止或抵消其潛在的濫用。

目前我們作爲個人所能做的，充其量就是非常謹慎地使用人工智慧。人工智慧聊天工具可以提升和釐清我們的想法；透過更緊密地理解它們的運作方式，我們可以提出更好的問題，更仔細地控制我們得到的答案。在目前的形態下，大型語言模型爲我們提供了一種前所未有的手段來審視我們的知識，更深入理解我們自己生活中的事件以及複雜的全球現象。藉由更謹慎地使用這些工具，我們就可以更緊密地進行控制。

形塑你自己的思想

邱吉爾在二戰中最終取得成功的關鍵因素之一，是艾倫．圖靈設計的解密機器——炸彈機（Bombe）。這台機器破解了德軍使用的加密資訊，圖靈和他的同事解密的資訊爲盟軍提供了關於德國軍事行動和計劃的無價情報，從而成爲邱吉爾在戰爭期間的決策的有力後盾。炸彈機的設計源於圖靈的「通用圖靈機」（UTM），這是一種理論裝置，具有無限長的磁帶，可以用來讀寫符號，並按照一套規則執行任何可能的計算。

通用圖靈機是最早且最重要的計算機模型之一，至今仍是人工智慧的靈感來源。像ChatGPT這樣的大型語言模型同樣根據一套規則和演算法來處理符號（在這種情況下是單詞和片語），但它們還能進行機器學習，並根據所訓練的知識生成新文本——這是通用圖靈機無法做到的。然而，圖靈在一九五〇年提出了現在所稱的「圖靈測試」，用來衡量機器是否能表現出人類無法區分出差異的智慧行爲。他認爲，雖然計算機最終能夠執行許多以前被認爲是人類專有的任務，但卻永遠無法完全複製人類思想的複雜性和細微差別——這個觀點至今仍被大多數人工智慧專家所接受。即使在人工智慧進展到超越智能爆炸的情況下，仍然需要依賴於邏輯處理和基於規則的演算法，無法具備情感、直覺、常識推理、同理心、社會智慧和其他難以在機器中建模和模擬的主觀面向。

自圖靈時代以來，計算能力和相應的數位技術能力顯著增強。計算機科學家用來區分人工智慧和人類智慧的標準一直在改變，而大型語言模型是目前最接近人類智慧的技術。然而，人工智慧在未來可能複製的認知任務範圍內，仍然爲人類思考留下一席之地，且顯然有其必要。正如圖靈所指出的，這一點不太可能改變。

正確使用技術、演算法和人工智慧可以幫助你精進和拓展想法。透過全面了解它們的運作和處理資訊的方式，你可以開拓視野，了解你最自然和直觀的想法如何實踐計算機無法完成的事情，以及如何利用人工智慧和其他數位技術來支持和強化你自己的想法。

口述你的想法

你下次與人交談時，請注意說話時如何逐漸讓想法發展和趨於完備。人類的言語與思想是如此密切地交織在一起，有時幾乎是不可分的，你最迫切和私密的想法會直接在你腦海中形成為語言。相較之下，書寫直到西元前四千年才被發明，雖然從今日看來這似乎是很久以前的事，但這在整個人類進化史上算是相當晚近的發展。

邱吉爾發現，口述是一種讓想法自由馳騁的絕妙方法。幸運的是，你不用和他一樣，需要一個助理團隊或一台靜音打字機來記錄你的口述想法。你可以利用你的電腦或手機上的先進聽寫工具或應用程式，快速將你的口述內容轉換為文字，讓你可以傳送訊息與他人分享或儲存為筆記。

採取行動

- 在所有裝置上使用聽寫功能：一般來說，當今大多數應用程式或工具都可進行聽寫，但有時需要先打開設定。可以想想如何能更常地使用這項功能。
- 口述你的私人訊息：比較一下，嘗試用打字的方式和用口述的方式分別寫幾則即時訊息給朋友，看看哪種方式更容易表達你的想法。

・口述你的想法：當你在整理思緒時，將你的裝置切換到聽寫模式，並在房間裡走動，說出不同的想法。

你下次在手機上與朋友分享幾則訊息時，比較一下用文字書寫和用口述的差別。如果你經常這樣做，後者要容易得多，而且你會開始覺得在鍵盤上打字比較麻煩。手機讓你可以輕鬆地快速發送錄音訊息給朋友，但口述轉文字的功能則讓你更能掌控自己的想法。聽寫軟體的速度相當驚人且十分準確，你可以輕鬆地編輯任何錯誤。相較於打字，這種方式最大的好處是說話時能更自由地探索你的想法。這在做筆記或腦力激盪想出新點子時特別有用：與其陷入打字和校正的工作中，或是更糟的情況——當靈感枯竭時，絕望地盯著空白的螢幕，這時候你可以打開聽寫軟體，離開電腦或手機，在房間裡走動並口述你的想法。隨意地比出手勢同時思考，然後回到你的裝置上重新閱讀和修改文字，看看這個過程爲你的思考和寫作方式帶來了哪些不同之處。

用AI讓你的想法更明確

當一項具備大型語言模型能力的技術開發出來時，通常會長久存在，只要能夠管理好社會風險，這的確是件好事。使用得當的話，像ChatGPT這樣的AI工具可以幫助你測試想法、澄清你的思路、揭示你的無知，並探索不同的觀點。從人類文明最早的文字紀錄開始，一種質疑精神長期以來支持著最強健且歷久不衰的哲理。在古希臘，蘇格拉底對自己的知識保持謙卑態度。他會在雅典的街道上行走，與各種人對話，透過問答來發現對某些主題的看法，並檢驗它們與自己和他人觀點的一致性。他的探究方法，現在被稱爲蘇格拉底方法，使他以及後代的思想家能夠達到對世界更平衡和準確的理解。

蘇格拉底只能與他在雅典遇到的人交談，但隨著大型語言模型的出現，你可以閱讀並質疑全人類想法的紀錄；將自己的想法和觀點與龐大的過往知識體系進行比對，這種做法具有巨大的知識和哲學價值。

邱吉爾藉由與助手和專家團隊合作來簡化他的思路，他們會評論他的想法並提供自己的觀點；然後他會質疑並檢視他們的回饋，藉由這個編輯和「修剪」的過程，他能夠得出更爲連貫的結論。許多歷史上最偉大的思想家也採用類似的方式——很少有人在完全孤立的情況下醞釀出色的思想——但這往往需要相當的財力或一定的社會地位，才能部署邱吉爾那種規模的運作模式。而現在這不再是必要條件。你發展和測試想法及論點所需的評論和提示，多數可以透過AI聊天工具獲得。

和AI聊天，當然無法和朋友或個人的親密對話相提並論——AI沒有互相理解或直接根植於現實及生活的經驗，但卻能提供了前所未有的範圍，讓你在無法想像的大資料集中測試任何探索的方向。

試著找一個你想要探索或進一步研究的主題或想法——可能是一個哲學問題、一個創意點子、或是一個你試圖解決的問題。在開始與ＡＩ工具對話之前，先在腦海中想一遍你在這個主題上的現有背景：這會幫助你在提供背景和框架時提出更有用的問題。最後，在開始之前準備一份問題清單，確保這些儘可能是開放問題，以促進批判性思考。準備好你的問題方向，這樣你可以更嚴格地引導對話，避免被ＡＩ的回應岔開。使用像ChatGPT這樣的工具開始提問，但請確保你提供了足夠的背景以便ＡＩ理解主題。最近的ＡＩ工具更新允許在對話過程中保留更多的上下文，但當你認爲某些背景資訊可能會產生影響時，最好每次都補充相關資料。如果你處理的是一個更微妙或重要的主題，花時間在提問時儘可能多添加背景和說明，使用技術詞彙和專業術語：ＡＩ從你那裡獲得的獨特且解釋性的文字愈多，它回應的相關性就愈好。

在與ＡＩ互動時，花時間思考回應的內容，並記下其提供的任何有價值的見解、觀點或資訊。完成初步提問後，對整體發現進行批判性思考，決定哪些對你有用。在這個階段，你可以重複進行這個過程，幫助你找到新的提問方向並繼續探索。記住，當你將它們應用到其他情境中時，你的想法會最爲明確。雖然對ＡＩ進行提問和質疑可以爲你帶來新資訊，但只有當你將這些見解實際融入決策、對話、工作或創意項目時，才能眞正掌握了所獲得的知識。

採取行動

- 選擇一個想要完善的想法或挑戰的觀點：在開始向像ChatGPT這樣的AI工具提問之前，明確找出你想要達成的目標，並準備一份問題清單，做好引導對話的準備。
- 反思回應：評估AI回答的資訊，保存當中特別有用的內容，並決定新的詢問方向以加深你的理解。
- 應用新知識：嘗試將你的發現融入到決策和當前的項目中。

了解AI的限制

AI工具如ChatGPT會根據龐大的資料集進行訓練，這些資料集可能包含錯誤或過時的資訊，甚至包括由AI自身生成的不準確資料。此外，AI的答案具有概率性，透過在資料庫中搜尋，來預測你提供的上下文中最可能出現的下一個單詞或片語是什麼，這意味著可能會產生聽起來合理但實際上錯誤或虛構的資訊。

在檢視AI工具的輸出內容時，要特別留意資訊中的漏洞或不合邏輯的地方，並盡可能提出澄清的問題。直接表示你不認爲某些資訊是正確的，通常足以讓AI糾正錯誤，並確認現存的錯誤。

ＡＩ有時會出現「幻想」事實的情況，這可能會將你引向錯誤的方向，因此對於重要或意外的回答，請務必透過其他線上搜尋方式進行驗證。

同時，ＡＩ工具也可能會出現偏見，因此要注意任何偏斜的觀點。這些偏見可能來自訓練資料，但也可能在預處理過程中由資料科學家作出的主觀決定影響，進而有意或無意引入或放大偏見或政治立場。不久後，就像新聞媒體一樣，ＡＩ工具可能會提供有偏見的觀點或意見，或在呈現事實或新聞時表現出政治偏見：試著確保你知道是哪個公司或組織創建或管理了ＡＩ工具，以確立你對其過程的信任程度，並繼續質疑你所獲得的資訊。

ＡＩ聊天工具對你提問時使用的片語也非常敏感，因此措辭或上下文的微小變化，就可能會產生不同的答案。雖然這一點起初可能令人困惑，但也是測試ＡＩ模型和建立更廣泛視角的有用方法：透過改變問題的措辭或從不同角度提出疑問，就可以找到新的視角和意想不到的答案。避免輸入模糊或不清楚的查詢，以免ＡＩ模型無法生成準確和相關的回答，從而導致泛泛之論或無資訊量的內容。提問時要儘可能具體和清晰，必要時可將複雜的查詢分解爲簡單的幾個部分，以獲得更準確的資訊。

雖然ＡＩ正在迅速發展，但在處理複雜推理、邏輯分析或問題解決方面仍然有其限制。ＡＩ生成的回答可能無法提供你所需的深度或細微差別，而ChatGPT、Google Bard和其他即將推出的品牌工具仍僅限於基於文本的互動，缺乏處理和解釋其他形式資訊的能力。

採取行動

- 提出澄清問題：透過從不同角度檢視論點並用其他研究進行事實查核，消除ＡＩ「幻想」事實的風險。
- 留意偏見：花一兩天的時間，看看你能在ＡＩ工具的回應中找到多少偏見；這能幫助你在真正重要時保持警惕。
- 重述你的問題：ＡＩ的回應可能在問題採用些許不同的措辭後會明顯不同；調整你的輸入內容，以獲得新的觀點。
- 知道何時停止：ＡＩ並不是每次都能提供正確的答案，其他資訊資源通常更好，如果你對ＡＩ工具的回答不滿意，就繼續尋找其他資源。

觀察你的思考

作爲思考者，你可以培養的最重要技能之一，就是自然的人類能力，亦即觀察自己的思維。透過刻意留意偏見和先入之見，就可以更容易地評估自己的思維在多大程度上反映了周遭人群或是你在網上找到的觀點。你無可避免地會受到成長文化的影響，但你選擇讓哪些影響進入到生活之中，也會左右你的思維。經過練習後，你會發現自己更容易從日常慣性思維中跳出來，暫時置身於他人的思維中，迅速而輕鬆地在不同觀點間投射你的思考。

思考自己的想法——一個認知心理學家稱爲「後設認知」的概念——是唯一眞正能讓你更加意識到自己的思考過程及其背後可能存在的模式的方法。「二階思考」——一個哲學科學中使用的更細緻術語——透過進一步關注自身的想法和行爲所導致後果與含義，來幫助你仔細反思自己的心靈。但你該如何開始呢？

在思考時培養自我意識，是一個在各學科皆不斷發展及深入的研究領域。理查德．保羅（Richard Paul）爲美國批判性思考精進協會的創始人暨主任，他提出了一種幫助你跳脫自身思考框架的主流方法。他與教育心理學家琳達．埃爾德（Linda Elder）共同開發了批判性思考框架，以利將批判性思考發展成一項生活技能。該框架提出了八個類別，你可以用來組成或檢查任何想法：目的、問題、資訊、解釋、概念、假設、涵義和觀點。該框架非常靈活，你可以將其應用於自己的任意想法，也可以應用於網路上那些你一頭栽入的沈浸式體驗。在你處理資訊時——無論是文章、影片、AI聊天回應、串流平台推薦、搜尋結果還是某個軟體，你都可以使用其中的部分或全部類別來分析你所找到的內容。批判性思考使你記住，網上的內容始終是另一個人（或AI實體）推理或含有目的的產物，並且經常與企業利益一致。你愈擅長質疑自己的推理和偏見，並且能夠正確地檢視你所遇到的任何事物，你就愈能注意到在論點、資訊或決策過程中存在的隱含假設，無論是你自己的還是別人的。

最近幾年，認知科學中出現的最重要的新思想之一是「延伸認知」：這是一種認知，即人類的想法不僅限於大腦，還能透過使用的工具（包括數位科技）延伸到外界。透過這種延伸，演算法和人工智慧可以支持並進一步促進你的思考，但這種與數位裝置建立密切關係所需的自主與彈性思考，使得你的批判性思考變得更加必要。

採取行動

- 你的思考有多自由？注意你的想法和觀點，是否會在對話中為了能回應周遭的人而改變，以及是否會受到數位內容和應用程式的影響。
- 探索批判性思考框架：花十五分鐘閱讀有關該框架的資料，並將這八個類別應用於最近一次的沉浸式數位體驗。
- 批判他人的推理：留一些時間來閱讀一篇更深入的文章，並以批判的方式觀察其提出的論點，特別是看看你的想法是否與其核心主張相矛盾。
- 質疑演算法：選擇一個你經常使用的串流平台，仔細評估不同音樂曲目、電視節目或播客的排列方式，以及這種安排可能會怎樣影響到你的選擇。

你是否過度依賴科技進行思考？當你離開裝置時，你的思考是否會停滯不前？你能否指出不同應用程式對你的思考有何影響？促進生產力的工具是否讓你以不同優先次序處理事情？健身追蹤器是否讓你更在乎於縮短跑步時間，而忽略了實際的身體體驗？你是否會因爲演算法推薦決定你購買或觀看什麼？你在新聞推播中接觸到的想法和觀點是否會在你離線後重新浮現？

在這些時候，試著讓你的大腦凌駕於想法或決策過程之上，靜觀其發展。不要覺得需要讓自己的想法改變方向，只要讓它們流過即可，看看你能發現哪些傾向或模式。任何思考模式的改變都來自於你對內在偏見和外在影響的個人意識。你愈能意識到自己的思考習慣，就愈有可能重新掌控。

第十二章

時間

從陰曆到數位時間

有四本六百年前名為「馬雅手抄本」的小書，從哥倫布發現新大陸前的馬雅文明時期流傳至今。這些書籍透過一系列象形文字和複雜而色彩豐富的圖案，記錄了月相在日常生活中的重要性。其中有本「德勒斯登抄本」（Dresden Codex），包含了一個稱為「月系列」的部分：在十三頁詳細的資料和繪圖中，豐富的資料表和圖畫描述了月亮在四〇五個朔望月內的運動，朔望月相當於從一個新月到下一個新月的時間。這些研究共歷時三十三年。

這些書中包含了各種懷孕和分娩的符號和象形文字，亦包含了妊娠的各個階段。古代馬雅的女性密切關注月亮的盈虧，以幫助避孕和懷孕。藉由將月相與她們的月經週期結合，很可能是在牆上或木板上畫出陰曆月曆，她們就可以預測自己最有可能排卵的時間。她們似乎也使用月相來追蹤懷孕進展，每個新月都表示胎兒在子宮中發育的新階段。在古埃及和希臘以及橫跨歐洲和中東的中世紀文獻中也發現了類似的證據：直到今日，許多美洲原住民部落，包括大平原地區的拉科塔族和夏安族以及西南地區的納瓦霍族和霍皮族等仍然將月經週期稱爲「月亮時間」。

在大多數人類語言中，用來表示一個月的時間單位的詞語與表示月亮的詞語，都密切相關。月亮的穩定出現及其可預測的變化周期，爲我們提供了一個可靠的指標，讓我們感受到時間的流逝和事件的展開，而不是一個精確的瞬間。例如，馬雅手抄本還詳細說明了月相如何被用來計劃種植和收成作物，或安排文化祭儀和紀念活動。對來自多種文明的現存文獻的分析顯示，人類對時間的關係與大多數現代人認爲的正常時間觀念有很大的不同。在多數有歷史紀錄的時期中，可以看見人類對與大自然的和諧共生及聯繫，有著複雜且精妙的理解，其中時間被視爲是循環的，是一系列不斷重複的事件，是宏觀的天文現象和微觀的日常生活的複雜互動，例如季節的變化和我們自身的生理節律間的互動。亞里斯多德將永恆的概念視爲循環的，這種對不變力量的理解構成了歷史上人類大部分生活。

馬雅人創造了我們所知最先進的曆法系統之一。這個系統基於太陽和月亮的相位結合，包含幾個不同的時間周期，每個周期都有其特點和用途：最著名的是「長紀年曆」（long count），它預測了數千年的時間流逝。馬雅人並不是唯一精確計算時間長度的人類——我們有證據顯示，人類追蹤天體的最早證據可以追溯到舊石器時代晚期。法國一個史前聚落中發現的骨頭碎片上，有等同二十九．五天月相周期的刻痕，這些刻痕可追溯到二萬八千年前。

馬雅人還使用日晷——他們發明了自己的「天頂管」來追蹤太陽在一天中的運動——雖然每天

的流逝被認爲不如更長的時間周期重要，但日晷影響了馬雅人對現實的看法。日晷可能被用來計時用餐、會議和其他協同進行的活動；這在其他許多早期文明中也有類似的發現。日晷的採用很快對人類社會產生了更廣泛的影響。我們最早的日晷紀錄可以追溯到古埃及和美索不達米亞，大約爲西元前三千年，當時是簡單的方尖碑或柱子，透過在地面上投射影子來指示時間。埃及人高度依賴灌溉來種植作物，便攜式日晷被稱爲「牧羊人日晷」，是用來測量時間的小棍子或棒子，上面刻有刻痕，這些日晷可以被帶到田間，利用太陽的位置來測量時間。在城鎮裡，日晷被用來決定商店的營業時間，規範勞動者和工匠的工作時間，並計算船隻抵達港口和離開的時間。古埃及社會與工業密不可分的特性——例如金字塔的建造，以及延伸至廣大且多樣化領土的複雜層級政治權力系統，很多都必須依賴日晷的時間管理功能。

在西元前三世紀，第一個公共日晷抵達羅馬時，這個從西西里掠奪來的戰利品被安裝在廣場上供所有人觀看。羅馬人開始按照這個新時鐘生活，隨著帝國的擴展，時間成爲羅馬統治階級加強對社會日常活動和組織控制的手段。日晷很快被水鐘所取代，用來在夜晚持續計時。然而要到十三世紀，發明了第一個機械鐘，時間計算才達到我們今日期望的精確度。早期許多鐘錶是與教堂和修道院密切合作設計的，其主要目的是根據全天候的詳細時間表來追蹤宗教活動。鐘聲或鈴聲會響起，表示著祈禱和各種其他活動的開始和結束，幫助修道士或修女按時進行活動。

修道院和其他宗教機構在羅馬帝國滅亡後的歐洲社會中，扮演了重要的經濟角色，鐘塔上用來報時的鼓聲和鐘聲迅速成爲城市日常生活節奏的標誌。鐘錶技術變得更加複雜和機械化，延伸到工作場所和家庭中，而隨著工業化的到來，不論社會地位，小型手錶成爲大多數人都會隨身攜帶的物品。時間計算催生了愈來愈先進的時間核算方法，這導致了時間分配，循環的、自然流動的時間意識不再成爲大多數人類行動的焦點。這種新形式的時間對人類社會和人類心理的深遠影響，在最初和隨後很長一段時間內都沒有人意識到這點。

當今社會科學家區分了兩種時間。「鐘錶時間」在羅馬時代明確出現，並在中世紀得到更精確的機械化計算，是以精確、預定的方式抽象地測量時間；而我們出生時的「自然時間」，則更加流動和多變。手錶或任何其他類型的時鐘，並不是我們感官或身體感知的延伸，無法增強我們自然感知時間的能力，反而會將時間分割成特定的可測量單位，這些單位可以有效控制，並能夠以極小的單位來管理時間，甚至對某些計時器來說，可以把時間量化精確到皮秒（一兆分之一秒）或更小的單位。時鐘使我們能夠測量以前無法量化的現象，還使我們能夠以更固定和有序的方式組織和聚會。然而，當我們個人過於依賴鐘錶時間時，我們可能會忽略內在的自然訊號，例如飢餓感或疲倦，失去對自己身體和周圍環境的感知。

在鐘錶時間出現之前，我們對時間流逝的感知能力要強得多。許多傳統文化的早期紀錄，特別是在記錄自然導航技能時，描述了一種透過密切關注周圍環境來計算時間的獨特能力。與其用標準長度單位來測量距離，過去的人們更常藉由旅行兩地之間所需的時間來估算旅程或理解空間關係。

例如，波里尼西亞的航海家沒有測量距離的詞語或片語，而是透過觀察周圍環境的變化來注意時間的流逝。

科學家發現大多數其他物種具有高準確度和與生俱來的時間感——某些動物，如蜜蜂和果蠅，擁有非常精確的內部時鐘，使它們能夠測量僅幾秒鐘或更短的時間間隔。遷徙的鳥類能夠以驚人的精確度計劃和執行長途飛行，每年花費相同的時間到達目的地。人類同樣可以培養直觀的時間感，但就像我們的自然導航技能一樣，只有更加專注於周圍的世界，才能培養和維持這種能力。

數位裝置進一步改變了我們所處的時間。全球的時間同步由位於華盛頓、巴黎等地的原子鐘來確保，而我們的手機會自動與之對時。數位時間遠離任何實體或可識別的現實世界標記，清除了對地方或事件的獨特性；當我們連上網時，實體位置變得幾乎無關緊要，時區只是個小麻煩。數位技術通常在任何一個生活的時刻疊加多重體驗：通知、應用程式和不同的視窗堆積在一起，創造出讓我們試圖多工處理的情境並抓住我們的注意力。線上速度變得至關重要，新產品發布或系統升級旨在減少不同操作之間的等待時間。然而，當我們試圖同時身處太多不同的地方時，很少能夠眞正專注在任何一處。

我們的數位時間被商品化並爲了追求利潤而重塑，每年全球在廣告、網站及媒體製作上花費數兆美元以抓住和控制我們的注意力。而且全球各地，平均每人每天花費近七個小時盯著螢幕——這占了我們清醒時間的四〇%以上。在線上，我們的時間很容易被消磨或偷走；我們沉迷於追劇或跟隨預定點擊路徑時，大多數時間是不活動的，甚至是半自動的狀態。當我們離線後，手機通常不會離手，因此我們現代的體驗特徵是在線上和離線之間的不斷切換。在揉揉眼睛並返回現實的過渡時刻，我們會感覺迷失方向，但數位世界卻總是吸引我們再度沉溺其中，並接收到更多迷失感：我們不可避免地被製造出來的體驗所吸引，我們花在網上的時間愈多，現實世界的不完美之處就愈顯得刺眼。自然和人類時間的豐富層次及不確定性，與網上更可預測和公式化的事件序列產生了衝突。隨著我們生活不同方面的邊界逐漸消失，我們的工作與個人生活愈來愈緊密地結合在一起，各種角色變得模糊不清——我們花在網上的時間甚至可能使那些難得遠離裝置的時刻變得一文不值。數位時間快速和強化的節奏，塑造了我們的觀點和視野，我們在離線時也會受到這些影響。

早期網際網路使用數據機撥接上網的時代，網絡速度緩慢，使用者會在間歇性的時間段內高效地搜尋資訊，然後再作出回應。電子郵件和論壇社群交流具有悠閒棋局般的特質，讓人有足夠的時間深思熟慮後再回應。這種高度有秩序的使用模式與計算機編碼一致，後者由一個接一個發生的決策和選擇所組成。數位生活中許多最具代表性的行爲或格式——從剪下和貼上、重組或混搭到最新的電腦遊戲和擴增實境——都源於背後的技術具有分割時間和打破時間的能力。我們暫停、編輯、拖放、保存、壓縮、掃描或列印；每一次，我們都瞥見靜態的現實並對其重新編碼。

隨著連線速度的提升和可互動程度的增加，我們變成了大部分時間都在線上。這從本質上將我們的神經系統和生活中的各個方面與數位時間連結起來，這個重大變化使我們脫離了過去以來在生活中仰賴的連貫和漸進變化的節奏和循環。我們愈是屈服於數位時間，問題就愈大：我們努力跟上日益增長的注意力需求，而我們的回應卻只會引發更多的數位互動。

現代生活中的許多事物，試圖減少我們完成某事所需的時間。一鍵購物消除了實體購物的需要；即時通訊應用程式提供了即時交流；社交演算法和串流媒體服務規劃了我們的娛樂；食品配送應用程式讓我們能夠即時飽足；約會應用程式加速了我們的愛情生活。然而，這些便利可能會產生意想不到的後果。近年來的學術研究發現，當我們習慣於線上的即時解決方案時，很可能會面臨忍受不適能力的下降，或對事情應該多快、多容易完成產生不切實際的期望——當我們面對現實世界的挑戰時，這會導致沮喪和不耐煩。研究還顯示，數位時間可能會讓我們在生活的其他領域變得不太能夠延遲享受。

我們使用的軟體當然是設計來吸引我們的注意力，但我們仍然可以選擇何時上網，並可以做出有意識的決定，選擇使用哪些應用程式以及何時保持離線。今日的智慧型手機和桌面操作系統具備了豐富的控制選項。只需稍微調整通知設定或對裝置和某些應用設定時間限制，我們就可以改變投入數位時間的方式和時間。然而，更重要的是，要檢視我們在整個生活中投入時間的方式。如果我們捫心自問，大多數人會承認，通常是我們自己決定放棄面對有意義任務或挑戰，而選擇在數位分心的活動中尋找避難所。這些傾向與我們在面對困難時感到的不適和限制密切相關。我們迷路了，喘不過氣來，或者讀不懂一篇文章時，有時自然會傾向於放棄，而如果有一個更簡單的選擇，例如在導航中輸入地址、叫一輛Ｕｂｅｒ或請ＡＩ提供快速摘要，放棄挑戰就更具誘惑力。

矛盾的是，往往是那些我們認為最有價值和最值得的技能或能力，在遇到障礙或限制時，會讓我們感到最強烈的不適，促使我們逃到線上。我們人類大部分的能力依賴於持續、重複的努力，在高強度活動與休息和恢復之間穿插：這些階段是循環的，隨著時間的推移，我們的能力會不斷擴展和提高。當我們遇到這些限制會使我們面對一個事實，即我們對世界的控制比我們所希望的還少，但透過持續的努力，我們可以達到新的成就水準，這對我們的日常生活和人格形塑具有根本的影響。藉由使用線上工具來避免這些挑戰，削弱了我們的個人成長和韌性，侵蝕了我們的內在技能，並使我們失去與歷史上塑造人類發展的自然節奏和經驗的連結。

✧ ✧ ✧

古代馬雅人利用月亮和周圍的自然變化來更深入地理解受孕和生命的開始，但他們也對死亡有著鞭辟入裡的認識。《德勒斯登抄本》包含一些骷髏圖像，並提及有關馬雅人為紀念生命結束所進行的複雜儀式。現存的馬雅藝術，包括雕塑、壁畫和陶器，經常描繪生動的死亡場景或神祇和統治者正在死亡的過程，似乎死亡的必然性，是在日常生活中會持續思考的問題。我們許多數位體驗的一大吸引力在於，那使我們能夠從自身的死亡和侷限中分散注意力。我們上網時，數位時間往往給我們一種無限和可控的感覺，儘管這可能是錯覺。藉由質疑我們的行為模式，特別是我們使用數位裝置的方式，並專注於我們生活中最重要的事物，可以在遠離科技的情況下找回更多積極、充實的時刻，並記住這些稍縱即逝的時刻眞的是我們所擁有的一切：它們相當於我們生活經歷和個人特質的總和。與馬雅人和其他早期人類文明接受生命和死亡的循環不同，今日更抽象的時間觀念——特別是數位時間給我們的無窮無盡的感受，使我們更難以面對我們的時間限制。

大多數數位戒斷或減少上網時間的嘗試都會功虧一簣，那是因爲我們沒有找到驅使我們沉溺數位分心的根本原因。但如果我們能找到一種方法來眞正面對自己的優勢和界線——並接受我們擁有的時間長度——那麼我們可能會更舒適地安於我們的人類能力和日常生活中。

第二種智慧

奧利佛．柏克曼（Oliver Burkeman）在他的有關時間的著作《人生四千個禮拜》（大塊文化出版）中，引用了哲學家西蒙．德．波娃（Simone de Beauvoir）對促使她成爲自己的一系列複雜且看似不可能的事件秩序的思考：「令我驚訝的，就像一個孩子意識到自己身份時一樣，是發現自己在這裡，並且在此刻，深深地陷入這種生活中，而不是在其他生活中。[…] 正是偶然，一個在現代科學狀態下完全無法預測的偶然，讓我生而爲女人。」波娃如此巧妙地捕捉到了生命的奇蹟，這是我們大多數人在深刻內省或靈感充沛的時刻都曾感受到的；但她也認爲，我們的自我不僅僅是偶然事件的積累，而是一種持續的生活活動，一種不斷演變的**成為（becoming）**，直到我們死亡時達到最終極限爲止。她不認爲我們生活中的選擇或最終方向是命中註定的，而是認同一種積極且無法挽回的正向哲學。

她的觀點屬於一種可以追溯到古希臘思想的傳統，當時哲學被視爲一種稱爲「修行」的訓練形式，透過一系列主動的練習，如自我反省、寫作或對話，目的在於培養一種新的存在方式。希臘哲學家不僅僅是獲取知識，他們還試圖將智慧體現在個人的行動中，持續追求自我意識和自我改善，這種傳統在各種哲學形式中延續了兩千多年。然而，在許多方面，波娃的觀點更爲全面：像她的許多存在主義思想家同僚一樣，她認爲任何人類都是其行動的總和，對她來說，修行包括了生活中的任何追求，而不僅僅是那些涉及引導思想的追求。波娃體認到，時間對人類經驗設置了不可避免的限制：特別是我們出生的歷史、社會和文化背景會約束我們並塑造我們的選擇。然而，她也相信每一刻都具有改變的機會，我們的行動可以在面臨的限制內塑造我們的個體能動性和自由：她認爲，這是一種「生活的藝術」，我們可以積極選擇追隨，儘量擺脫任何決定論的概念。波娃將我們的個人認同視爲一個持續的自我創造過程，在時間的開放、循環和不斷變化的可能性中運行。她強調，透過積極參與世界並對我們的選擇和行動負責，就可以塑造自己的自我，而不是被動地接受社會賦予我們的角色和身份。

原則上，這很有道理，並且是明智的建議。但神經科學自那以來發現，我們的注意力和生活經驗在時間中的展開方式，往往超出我們的控制，波娃所倡導的自律和意志力經常無法做到，特別是在我們今日這個充滿干擾的技術環境中更是如此。要採納波娃的建議，並爲自己創造一種生活的話，我們的決策就必須在大多數瞬間經歷之上的層次：我們必須仔細選擇最想培養的技能和能力，然後讓自己有時間更深入地生活在其中。

在任何時刻，我們的注意力和焦點不是由個人目標和目的所驅動，就是由超出我們控制的外部刺激所影響。我們天生的朝向反射旨在使我們對環境中的新事件保持敏感。它將我們與周圍的環境連結起來，而若要抵制其對我們注意力的吸引則需要我們的「執行注意力」，亦即我們調節自己的反應和選擇的能力。然而，這種抵抗是有限的，很快就會耗盡。現代認知心理學將注意力視爲一種我們可以確實隨意部署的個人資源，但我們有的僅只如此。在今日這種通常充滿圖像、廣告和數位需求的環境中，想取得我們注意力資源的事物比波娃時代多得多。注意力是自我最基本的特質，充斥在我們的意識中，塡滿我們的記憶，並決定我們可能構思的每一個動作或思想。過去，人類對注意力的控制較大，我們對現實的感知更接近於實體世界。我們今日體驗時間的方式從根本上改變了這種關係。

一位與波娃同時代的法國哲學家西蒙．韋伊（Simone Weil），捕捉到了我們每個人保持專注的困難：「我們的靈魂中有一些東西對眞正的注意力有著比肉體對身體疲勞更強烈的反感。這種東西與邪惡的關係比肉體更密切。這就是爲什麼每次我們眞正想集中注意力時，就是在摧毀自己內在的邪惡。」通常，這種「邪惡」以兩種形式之一出現：其一爲當我們面對人類的不完美和肉體生命的有限性時所感到的不適，其二爲我們開始從事更複雜的任務時，每個人都必須對抗的精神慵懶。數位時間的扭曲及其提供給我們逃離現實世界的誘惑，再加上技術和人工智慧完成任務的能力，使我們比以往任何時候都更容易屈服於不適或精神惰性，每當我們嘗試從事更具挑戰性或更有價值的工作時，就不可避免地必須克服這些障礙。但這些障礙可以透過練習來克服：努力集中注意力是一種習慣，我們可以使用一些技巧改進，並在經過一段時間後更能隨心所欲掌控。

要持續專注於任何事情，就必須積極排除可能會分散我們注意力的其他事物，而這在我們現代科技世界中是相當具有挑戰性的。但自我調節的能力，也就是在面對干擾或感知威脅時控制自己的能力，每每在我們確實設法將注意力集中於其他事物（如我們自己的技能）時，就會大幅增加。想要改進我們任何核心能力，就需要完全沉浸在特定情境中，無論是導航複雜的路線、繪製肖像還是認眞思考問題的答案。這些活動將我們的感知錨定在現實世界中，迫使我們建立新的認知連結。在這種專注、穩定累積具體決策和下一步行動中，我們形塑了自己的個性。

許多自我成長文獻或網路上的「怎麼做」文章片段所提供的建議，設定了一種不切實際的期望，即我們可以簡單地選擇自己想成爲的人——並據此決定如何最有效地投資我們的時間——然後僅靠我們個人的意志力來實現任何轉變和改變。但事情從來不是這麼簡單。大膽地嘗試採用新的生活方式通常在最初會有一個穩固的基礎，但很快就會偏離方向，而那種說服我們的概念——我們總是對自己的注意力和決策負責——實際上在多數時候並非如此，只會使我們在長時間後更容易被操控。我們進化的目的就是要關注和回應我們的環境，儘管我們付出了最大的努力和意志，但若沒有從本質上改變我們的注意力習慣，同樣的誘惑和障礙仍會妨礙我們，我們最初的動機最終會消退。然而，如果我們能退一步，更仔細地考慮我們最常運用主動注意力的環境，並思考如何找到更多這樣的機會，就可以避免我們的注意力和意志被其他力量主宰，並開始有意識地架構我們自己的生活。

本書中涵蓋的任何基本人類技能都能強化和塑造我們的感知。透過練習，就可以從根本上改變我們的觀點。有意識地鍛鍊這些技能，使我們能夠控制自己的行動並面對障礙和阻力。每次面對這些挑戰時，我們的能力都會有所提升。經過一段時間後，我們更能夠發現對我們重要的事物，注意力和行動也逐漸不再受到阻礙。

✧ ✧ ✧

波娃最著名的作品或許是她的經典著作《第二性》（一九四九年），這是一部分爲兩卷，多達九百七十二頁的巨著，詳細闡述了在人類有史以來，女性的能力如何被誤認爲不如男性——這個時間軸可以追溯到亞里斯多德及更早的時期。波娃引用了各種著名思想家的著作，如盧梭、康德、叔本華、尼采或海德格，指出他們認爲女性的能力低於男性，以及各種宗教機構，從基督教、猶太教到伊斯蘭教或印度教，都持有相同的看法——她強調這些歧視性觀點在法律、政治和社會規範中產生根深蒂固的影響。

波娃的作品突顯了人類習慣於將不同群體的人視爲「他者」，並在此過程中經常貶低他們，導致某些群體的人發現自己處於不平等、受限甚至危險的處境。波娃認爲，過去對女性能力的那些無效假設，主要源於女性持續面臨所處的困境，而且值得注意的是，許多關於人類技能或技術能力巔峰的紀錄，主要都聚焦於男性。然而，她也舉例說明了歷史上一些拒絕成爲「第二性」並成功發揮其最高潛力的女性。她描述了任何人在面對艱難初始條件時，仍然可以選擇自由，並樂觀地闡明了前進的道路。波娃的書是啓發一九六〇年代的女性權利運動的關鍵；自那時起，女性平權方面取得了重大進展，這提供了希望，即使在壓迫性體制中，邊緣化的人們也有能力推動個人和系統的變革。

儘管男性和女性能力之間的差異無法直接與人類和人工智慧之間的差異做爲類比，但波娃的「第二性」概念爲我們提供了眞知灼見，得以一窺有關根深蒂固的社會假設和障礙是如何造成我們低估和忽視自身基本能力的影響。她可能從未想過，今日，作爲一個整體物種，我們會認爲我們的許多能力低於科技技術，並且很快會被高級人工智慧或量子計算等創新所進一步取代。如果我們忽視自身學習和進步的獨特價值，人類就有可能被動地接受自己是「第二智慧」，並繼續將我們的導航、運動、對話、獨處、閱讀、寫作、藝術、工藝、記憶、夢境和思考——簡而言之，我們用來填滿時間的活動——轉交給我們的裝置。當我們將技能委外，處在數位時間中時，就會錯過嘗試掌握能力時的逐步改進和強化的循環，因而感到無能，並會更加依賴技術，進一步削弱我們的技能。作爲社會，我們可能很快需要發起一場「智慧權利」運動來保護基本人類能力，主要是因爲人工智慧而不得不爲之；但目前，作爲個人，我們可以採取措施保護我們自己的能力。

人工智慧的計算規模可能每六個月會翻倍，但自然時間的循環持續不變。如果我們走出數位時間，可以在練習和磨練自己的技能和核心能力中找到恢復的力量。身爲人類，努力超越極限是在當今世界中主動決定所處地位並保有一席之地的最重要方式。

掌控你的時間

專注並掌控自己的時間是一種需要追求和培養的能力。當你全心投入並憑藉自己的能力行動時，就可以達到一種持續專注、高效運作的狀態。這種模式與你日常生活的大部分時間有所不同，尤其是數位時間，但它卻始終爲你敞開。在努力自我提升並在生活中開創自己的道路時，你可以發現眞正的樂趣，但要做到這一點，你必須眞正質疑自己認爲有價值的事物。你認眞評估過自己如何利用時間嗎？

生活的過程是連續且累積的，愈是習慣性地引導自己的注意力，你對所處世界的影響就愈大。

積極的注意力是一種行動，一種你可以隨意指揮的力量，像你的身體力量和能力一樣，當你使用它時，就會變得更強大。

亞里斯多德在《尼各馬可倫理學》中主張，每個生命體都有一個「終極目標」或目的，即其努力追求的目標。他認爲，了解這個目標的最佳方式，是注意該生命體的活動特徵及其行爲方式。你也可以對自己做同樣的事情。藉由徹底調查自己每天如何利用時間，就可以更容易地了解你現在是什麼樣的人。而藉由改變你獨特的活動，也就是你生活中的所作所爲，就可以改變你的終極目標或目的，從而改變你成爲的樣子。

獲得自己的觀點

每個人對死亡都有不同程度的恐懼，但對未能充分生活的恐懼往往更強烈。這種感覺會隨著年齡增長而悄然來臨，在中年時最爲明顯，但這對你大有裨益。當你分心或陷入重複的行爲中時，生活很容易在不經意間流逝。但是，當你更加關注自己當下的所作所爲並清晰思考你可能會做出什麼不同的選擇時，你生活中的事件可能會呈現出不同的品質。

在一九八〇年代，教育家史蒂芬·柯維（Stephen R. Covey）致力於全面審視當時發行的自我成長文獻，並將他的發現整合進他備受推崇的《與成功有約：高效能人士的七個習慣》（天下文化出版）一書中。這本書一問世便大獲成功，並售出超過一千五百萬本。書中吸引全球讀者並促使他們更仔細地審視自己生活的最重要建議，是想像自己的喪禮。柯維深知，反思自己的死亡並從中獲得對生活和優先事項的觀點，是一種在人類歷史上各種文化和傳統中普遍存在的做法，並將其改編為適合一九八〇年代商業界讀者的內容。這個練習依然具有重要意義，你不僅可以用它來重新確立生活中的優先事項，還可以獲得對數位時間更具體的觀點。

首先，留下一段安靜的時間來進行這個想像練習，如果可以的話至少留下一小時的時間。關掉手機，確定不會有人打擾。閉上眼睛，想像自己參加自己的喪禮：想像當中的場景、發生地點，注意那裡的人和他們的情感。想像一些具體的細節讓你身歷其境——陽光從窗戶照射而入，鞋子在木地板上的回聲，或參加者的表情。一旦你有了在那裡的明確感覺，開始想像你的喪禮將如何進行：你是個什麼樣的人？你對周圍的人有什麼影響？拿起筆和紙，開始寫下你的任何想法，並盡量不斷寫下去。想想你最親愛的人，思考他們在悼詞中會說些什麼。

一旦你對自己的喪禮有了感覺，試著做一個小測試，看看你的數位時間對你有多重要。再回顧一次你的喪禮，看看是否有空間提及你經常進行的線上活動？提及你在社交媒體上花的時間、瀏覽網際網路或看電視是否合適，還是顯得毫無意義或不重要？想想你在電腦前彎腰駝背的時間或悠閒地查看手機的時間，看看這些是否幫助你成為了現在的你？如果你在電腦上取得了值得注意的成就，或在職業生涯中有所進步，那就寫下來。看看你能否分辨出在線上或使用數位裝置時有哪些是值得的，然後記下有哪些不是。找出那些你沒有掌控的時間、你沒有付出努力的時刻，並質疑這對你的生活是否有任何積極影響。製作一份完整的最終清單，列出那些與你的其他成就不相稱的線上活動。

現在，將注意力轉向你的技能。花些時間思考本書中涵蓋的各項技能：導航、運動、對話、獨處、閱讀、寫作、藝術、工藝、記憶、夢境和思考；以及你如何充分利用自己的時間。誠實地質疑自己是否在每一項技能上都很擅長，並思考你在多大程度上需要依賴技術或人工智慧的支持。評估你在整個人生中展示能力水準，是否與你想成爲的人相匹配。再次寫下所有內容：爲每項技能產出一個標題，列出你到目前爲止的能力，最後慢慢思考你可能希望做出的改變。

採取行動

- 想像你的喪禮：思考你在數位時間中的多少活動會在悼詞中被提及，並思考希望發展哪些人類技能。

將你想發展的人類技能排序

要掌握本書涵蓋的每一項技能，最好一次僅專注於一項。在每項技能的初期階段，都付出所需的專注和時間，就有最大的機會進行所需的練習和提升，讓你的新能力習慣成自然，成爲第二天性。這些技能會變得愈來愈容易，當你達到新的能力和理解水平時，就會有更多的空間開始學習其他技能。

花二十分鐘思考一下，本書提及的哪些技能，是你在日常生活中最爲欠缺的：你是否注意到自己最缺乏導航能力，還是需要提升你的閱讀技能？哪些能力是你最引以爲傲的，哪些方面則需要更多的練習和專注？重溫每項技能，如果可能的話，使用你在喪禮練習中的筆記，仔細地按你自己的優先順序爲這些編號。嘗試客觀地評估自己每項技能的能力水準——用A、B或C來標記你當下的能力，然後，根據這些個人能力，從一到十一爲每項技能編號，一號爲你認爲最重要的技能。檢視你的列表，如果滿意這個順序，就選擇你的優先技能，並暫時把其他的放在一邊。

一旦你決定了要首先專注的技能，回到你所選技能的相應章節最後列出的「採取行動」重點，選擇對你最有幫助的任務。試著實際考慮如何將這些融入到你的當下的日常生活中。

設定一個目標來努力實現，可以幫助你確認自己是否有所進步，因此思考一下這個目標可能是什麼：它可能是完成一場長跑或實現某項記憶壯舉，或者是藝術或手工項目的一個具體成果。設立一個目標，讓你專注於自己的目的，在嘗試實現目標時，訓練自己忍受任何可能會經歷的不適，推遲其他技能、項目或臨時分心的工作。你愈能正視時間限制，並明確地規劃如何安排持間，你就愈能安心地完成自己所做的決定。

撥出一段固定時間通常會很有幫助。如果你正在加強跑步技能，尋找一個可以在平日晚間加入的跑步社團；如果是在磨練你的手工技能，看看你所在的地區是否有可以參加一學期的創客空間。藉由預先設定時間，當你遠離螢幕並專注於培養自己的能力時，每週的固定安排讓你不必再親自做出某些選擇，因此也能抑制你想要上網的衝動。

隨著你不斷發展某項技能，深入地發掘自己的潛力，並面對眼前任務不可避免的挑戰，就會爲你帶來顯著的轉變。當你在自然時間中停留的時間愈長，尤其是當你在進行某項核心技能時，會更積極地在其特有節奏的、反覆的動態中工作，愈是容易讓你擺脫數位時間的影響，並放棄試圖控制任何經歷進展速度的慾望。當你放棄加快或量化生活的慾望，而是投入到人類技能穩定的來回節奏中，你對時間的概念就會轉變爲更自然的節奏，這有助於讓你在生活的其他方面找到包容和耐心。你測試和磨練自己的主動注意力，抑制其他時間上的誘惑。藉由這樣的過程，你就可以學會更有效地抵禦科技和人工智慧的誘惑。

採取行動

- 替你最重要的技能排序：按照本書每一章所涵蓋的技能，按優先順序進行編號，每次對自己的能力進行A、B或C的評估。

- 一次只學習一項新技能：先不要同時學習其他技能，等到你突破新技能前期較難的階段，再學習其他技能。
- 設立一些目標：設定一些標誌性目標，以證明你的技能正在提高。定期參加團體課程有助於激勵自己。

堅持只專注於一項技能三週以上，然後再考慮引入另一項技能同時學習。你很快就能掌握所有的人類能力，但更有耐心、分階段的方法將對你更有幫助。

爲自己打造新專案

如果你眞的很想同時開始學習多項技能，還有另一種選擇。許多基本技能是相輔相成的。例如，當你培養閱讀技能時，不可避免地會同時有機會來鍛鍊寫作、記憶和思考技巧。想要以多種不同方式測試自身能力最自然且有效的方法之一，就是爲自己設立一個更全面的挑戰或新專案，在當中你需要運用你多種個人能力。

檢視你列出的基本技能清單，看看你賦予每項技能的重要性和能力等級之間有何關聯。尋找你的能力與抱負不匹配的地方，並在多種技能中找出相關性。選擇至少三項技能，思考這些技能之間如何相互連結：你是否已經有一些涵蓋這些能力的愛好或興趣？或者你是否有一些長期以來一直想做但從未實現的計劃？有沒有什麼特別的事情是你想寫、建構或創作的？

採取行動

- 選擇三項技能：挑選三項你想要鍛鍊的能力，看看是否有機會將之與你目前的愛好和興趣或新專案結合起來。
- 構思一個新挑戰：花一些時間為自己設立一個運用到這三項技能的專案，在開始之前仔細評估你的投入和承諾。

看看是否能找到一個新挑戰，能夠有效整合這些技能，但不要輕易決定開始。給自己足夠的時間來充分評估你的承諾，仔細思考每週需要花費的時間。想像自己正在進行這項活動，並想像最終結果。如果你仍然堅信這是正確的選擇，那麼才開始行動。

將多項人類技能整合到一個連貫的大型項目中，能夠讓每項技能長時間活化。你達到的里程碑和進步感會給你動力，最終，你將投入大量時間到一個項目中，以至於無法想像放棄會如何。然而，你的每一步不僅僅是在爲完成而努力，而是在塑造眞正的自己。

避免倦怠

你不必總是投入大量時間來提升人類技能，很多時候，保持最低限度的努力反而能取得更好的效果。研究發現，那些將磨練技能拆分成日常生活中一件小事的人，往往能在一段長時間後取得最佳效果。特別是對於更大型的專案或目標，限制投入的時間能讓你更容易長期堅持下去。

數位科技可能會讓你有時候比實際需要的更加努力。當你在高峰期之後緊接著出現明顯的休息期時，最容易察覺到這種不必要的過度活動。這通常源於想要加速完成任務的渴望，試圖快速完成。然而，透過培養容忍每天可能無法產出顯著成果的耐性，從長期來看，你可以實現更多。短暫的活動積累起來依然有效。當你安排較長的工作時間時，最好在你仍然精力充沛且未過於疲倦時停止，將剩下的工作留到第二天再繼續，這樣你會感到更加神清氣爽。

推進的渴望並非總是來自於積極的方面：很可能更多是由不耐煩驅動，而非真正的享受其中。在你按計劃停止或感到疲憊時停下動作，這樣才能有效提升你在線上和線下妥善控制時間的能力。

採取行動

・專注於逐步增長：透過將短時間的練習納入日常例行公事來學習新技能，而不是安排次數較少的長時間課程。

• 留意不必要的急躁：抓出自己急躁想繼續推進，但深知自己應該暫時放下某項任務或專案的時刻。
• 刻意停止：當你下次坐下來進行一項較大型的工作時，試著限制自己的工作時間，在全力投入的狀態下停止，而不是等到疲憊來襲時才停下。
• 施加其他時間限制：嘗試在生活中的其他幾個活躍領域設置時間限制，持續幾個星期，觀察這是否會影響你的長期耐力和動力。

創造更多自然時間

若要說數位時間有什麼特點，必定就是它會逐漸把你拉入一種不同的存在模式。電腦運算的順序性和無可避免的加速特性，會觸發更多的操作和反應；每次點擊、滑動或捲動都會把你從充滿可能性的現實生活中拉出，進入線上那些更可預期的體驗。但你可以設置一些檢查措施。藉由在科技和人工智慧之外建立新習慣，就可以劃出清晰的界限，從而永久阻止數位時間更具破壞性的影響。

建立一些新習慣對你相當有幫助。仔細思考你典型的一週有哪些活動，尋找可以輕鬆完全脫離科技的機會。這些新習慣通常最容易與你已經在做的事情連結在一起。如果你走路上班或搭車通勤，也許可以把手機放在包包裡並設爲靜音；在你外出散步或跑步時，把手機留在家裡。如果你與朋友見面，試試看不帶手機去會是什麼感覺。想想你經常做的活動或家務，看看如何在整個過程中消除數位時間的干擾。尤其是仔細思考你每天或每週最專心放鬆或屬於個人發展的時刻——在健身房、花園或書桌前，或者你可能從事的其他嗜好活動——看看如何完全消除任何數位干擾的誘惑。每當你這樣做時，就重新獲得了這段時間。

記住，離線時間不僅僅是爲了你自己好，也是爲了你周圍的人好。與親人共度的時間品質常常因我們過於依賴螢幕和數位干擾而受到影響。孩子需要我們的全神貫注和眼神交流來讓他們感到幸福，此外我們生活中的所有關係都需要同樣的關注才能蓬勃發展。跨世代的愛與關懷，可能是最人性化和重要的事情之一，無論是尋求和維持浪漫、性、友誼或專業的關係皆是如此。然而，數位科技的使用妨礙了親密感和理解，無疑在各種方式上影響了我們所有的個人關係，特別是減少了我們用來創造或加強現實世界中友誼的實際接觸。

將你的時間拿回來，轉而投入到你周圍的人身上，這是一個重要且有價值的改變，只需對日常生活進行一些小調整就能帶來巨大的變化。指定家中一些特定的區域，如餐桌或客廳，不允許使用數位裝置。在一天中的特定時間，例如用餐或家庭活動期間，安排每個人都完全專注於彼此的時段。減少數位時間也能讓你更經常地拜訪或打電話給家人和朋友，參與團體愛好、社區活動或戶外冒險，這些活動都能培養互動和合作。你投入愈多時間在人際關係和周圍的人的身上，你的生活就會變得更加豐富。

採取行動

- 注意數位時間的吸引力：在一天中，記錄每次數位裝置把你拉進去並讓你在線上停留的情況，這些情況往往與你最初的目的並不相符。
- 在自然時間中創造一些新習慣：在你每週的計劃中找到一些固定的活動，進行這些活動時可以完全排除所有數位裝置。
- 全心投入與家人在一起：在家中創造無裝置的時段和空間，並安排更頻繁的拜訪和打電話給親人。
- 與周圍的人連結：參加團體課程，做一些志工服務，或者參加戶外活動，以增加現實世界中的互動和合作機會。

後記

如果說有一種技能或超能力最能明確地將智人（Homo sapiens）與其他物種區分開來，那會是什麼？我們具有徒步穿越長距離的自然能力，但許多動物能走得更遠。我們的導航技能可以磨練到非常高的水準，但鳥類、海龜或鮭魚的導航技能也同樣出色。無論如何，我們不是最強壯、最快速或最機敏的物種。但是，地球上沒有其他生物擁有如此廣泛的能力，或像我們這樣取得了如此大幅的進步。雖然其他動物展示了解決問題的能力和其他形式的學習，但我們使用智慧來製造工具和發展新技能，並將其應用於任何挑戰或任務的能力，最能明確地將我們區分開來。

我們在科技方面的進步，使我們的社會變化得更快，更能因應前人無法理解的複雜程度，但如果今日的人類完全脫離我們的裝置和支援技術的基礎設施，與我們的祖先在力量或智慧的較量中正面交鋒，我們很可能不會獲勝。當我們依賴外部支援時，即使這些在我們使用時擴展或增強了我們的能力，但我們的自然能力也無可避免地會因此退化。

區分我們與生俱來的人類智慧和今日我們所擁有的技術能力之間的差異相當重要，原因很簡單：我們的身體和大腦還沒有進化到可以與數位技術健康地協同工作。我們花在網路上或裝置的時間愈多，我們現實世界的技能就愈會退化。然而，導航、運動、交談、孤獨、閱讀、寫作、藝術、工藝、記憶、夢境和思考這些重要活動，仍然定義了我們會成爲什麼樣的人。

在人類歷史上，我們使用工具來支持或拓展人類的能力，技術創新已經成爲一種集體驕傲的象徵。毫無疑問，我們對於創造的變革性進步和每個創新帶來的新可能性感到驚嘆。即使我們的工具逐漸侵蝕人類的意義或帶來負面後果，但因爲我們是其創造者，並在使用時保有自主權，這使我們安心地認爲整體上我們將變得更好。然而，這通常只是推測而已。儘管製藥公司在向大衆推出新產品之前必須進行預防性測試，但對於可能影響我們心理或身體健康的新技術，我們卻沒有相應的安全程序。

人工智慧（ＡＩ）存在著獨特的挑戰。它變得夠複雜，具備足以超越我們的廣泛智慧以及我們創新和創造的傾向。我們正在將最基本的技能，亦即創造性的人類思維和推理，外包給大型語言模型如ChatGPT，而這些工具的運行速度遠遠超過我們人類。

這是一個超越我們以前經歷過的任何事物的實質的大躍進。會有更多的工具製造出來，更多的創新將以急劇加速的速度推出。劇烈的社會變革即將到來，人類的未來確實難以預測。在接下來的幾個月和幾年中，我們將努力跟上隨之而來的技術進化，而有一個主要的必要條件：要記住，必須有人類的智慧，才能構思出使這一切成爲可能的技術創新。而這份智慧，也需要用在保護我們的人性本質，並以此保護我們的福祉。將優先權、主導權或自主權讓給ＡＩ對人類而言毫無意義。

我們現在站在一個懸崖邊緣，基本的智力權利需要得到考慮和保護。開發大型語言模型所需的財務成本和複雜的演算法開發，幾乎完全由私人公司承擔——僅微軟就承諾對ChatGPT背後的OpenAI進行多年、多達十億美元的投資，許多其他科技巨擘也在走類似的路線。迄今爲止，沒有任何政府公開宣布挹注金額相近的投資。我們需要採取保護措施，來保護大眾免因科技公司間競相釋出ＡＩ最新進展與發現所造成的危害；現在才剛開始出現一些保障措施，而且這些措施還遠遠不夠全面。

我們需要確保ＡＩ開發和使用的透明性，以便我們能夠了解其角色，並批判其邏輯和思考過程。我們做出生活決策的能力必須不受ＡＩ及其生成資料的任何影響或脅迫。最重要的是，我們迫切需要在全球制定及部署適當的指導方針和安全措施，來防範ＡＩ系統可能造成的危害。

要讓技術或ＡＩ眞正爲我們帶來好處的唯一方法，是我們始終對其保持絕對控制權。我們必須能夠指揮使用的任何裝置或ＡＩ，並掌控其行動。要做到這一點，我們需要投入全部能力，以及敏銳的思維和智慧。我們需要能夠決定自己花多少時間在線上，並自行決定何時關機。而當我們關機時，需要完全活在現實世界中。在我們自身的能力中找到滋養和更新，享受生活技能所帶來的成長，遠比任何新技術的發布更重要和有意義。

我們可以充分利用技術和ＡＩ，並保護我們自己的技能。將線上量性、抽象加速的世界與我們在現實生活中的基礎能力平衡，就更有機會在強化技術的同時不會威脅人類的存在。

鳴謝

由衷感謝Sarah Ream，她多年來的幫助讓我在寫作方面獲益良多。她在《*The Analog Sea Review*》這份提倡在數位時代保持沉思生活的線下文學期刊中，展現了出色的洞察力，以及她優雅的回饋成爲我能完成本書的關鍵。此外，我要表達對我的經紀人Andrew Gordon的感謝，感謝他很早就對本書主題感興趣，還有Michael O'Mara Books的策劃編輯Ross Hamilton和資深編輯Gabriella Nemeth。我也要感謝我的父母以及我的岳母Cathy Nicholson，還有我的兄弟姐妹Sarah和Ally，他們一直以來都不斷支持我。我的藝術家朋友Kevin Quigley向來是創意洞察和靈感來源。我也感謝我認識許久的朋友們的堅定支持，以及我們之間的對話和辯論，這些內容幫助我深入思考本書所涉及的主題，謝謝你們：Dale Batham、Alex Cox、Gwyn Davis、Paul Helmers-Olsen、Colin Hobbs、Neil Luscombe、Ross Underwood和已故的Richard Mannering，他的缺席令人深感惋惜。六年來，我的研究和寫作延續至今，這一切都離不開我的妻子Hannah的持續奉獻和支持；否則育有兩位幼子的我，絕不可能完成這一切。

註釋

第一章

1. 澳大拉西亞（Australasia）：泛指大洋洲的一個地區，包含澳洲、紐西蘭以及鄰近的太平洋島嶼。
2. 認知地圖（mental map）：一個人對一個地區、環境或空間所建構的看法。人類可以透過心智運作過程，將生活環境的複雜資訊，進行編碼、儲存、回憶，並作爲日後使用。
3. The Knowledge：英國倫敦的計程車司機想要取得在全倫敦都可執業的「綠牌」（Green Badge），需要先通過名爲「The Knowledge」的測驗。測驗內容必須要記住二萬五千條街道、大大小小的地標及景點。

第五章

4. 太陽年：地球繞行太陽時，太陽兩次出現於相同位置（例如春分點）的間隔時間，相當於三百六十五天五小時四十八分又四十五秒。

第六章

5. Whatpulse應用程式：是一個按鍵計數程式，可以統計用戶一段時間內按鍵次數及滑鼠點擊次數。

6. Mousotron應用程式：是一個滑鼠及鍵盤活動的統計程式，可以將滑鼠游標移動的距離統計爲完整的里程資料。

7. 重複性使力傷害（RSI）：因爲長期重複使力的動作，導致肌肉骨骼或神經系統的累積性創傷。

第十章

8. 預設模式網路（Default Mode Network）：DMN與大腦的各區域相互連結，並且在發呆、作夢時特別活躍。

第十一章

9. 白廳（Whitehall）：白廳是英國政府中樞的所在地，許多政府部門均坐落於此。

10. 「黑狗」般的憂鬱症：英國首相邱吉爾將自己的憂鬱症描述爲一隻黑狗。

同上, *Techniques of the Observer: On Vision and Modernity in the Nineteenth Century*, MIT Press, 1992（強納森・柯拉瑞，觀察者的技術：論十九世紀的視覺與現代性，行人，2007）

Crawford, Matthew, *The Case for Working with Your Hands: Or Why Office Work Is Bad for Us and Fixing Things Feels Good*, Penguin, 2010

Csikszentmihalyi, Mihaly, *Television and the Quality of Life: How Viewing Shapes Everyday Experience*, Routledge, 1990

Darwin, Charles, *On the Expression of the Emotions in Man and Animals*, 1872

Ekman, Paul, *Emotions Revealed*, W&N, 2004（保羅・艾克曼，心理學家的面相術：解讀情緒的密碼【全新增訂版】，心靈工坊，2021）

Ellis, Markman, *The Coffee-House: A Cultural History*, Weidenfeld & Nicolson, 2011

Foer, Joshua, *Moonwalking with Einstein: The Art and Science of Remembering Everything*, Penguin Press, 2011（喬許・弗爾，大腦這樣記憶，什麼都學得會：精通所有技能的最高學習法，比爾蓋茲、記憶冠軍、高績效人士一生受用的記憶習慣，天下雜誌，2020）

Gatty, Harold, *Finding Your Way Without Map or Compass*, Dover Publications, 2003

Gladwin, Thomas, *East Is a Big Bird*, Harvard University Press, 1995

Hayles, N. Katherine, *How We Think: Digital Media and Contemporary Technogenesis*, University of Chicago Press, 2012

Heinrich, Bernd, *Why We Run*, Ecco Press, 2019

Henri, Robert, *The Art Spirit*, 1923

Hill, Edward, *The Language of Drawing*, Prentice Hall, 1966

參考書目及進一步閱讀

Baron, Sabrina Alcorn, *The Reader Revealed*, University of Washington Press, 2011

Berger, John, *Ways of Seeing*, Penguin Classics, 2008（約翰・伯格，觀看的方式，麥田，2021）

Berger, Susanna, *The Art of Philosophy: Visual Thinking in Europe from the Late Renaissance to the Early Enlightenment*, Princeton University Press, 2017

Brummett, Barry, *Techniques of Close Reading*, SAGE Publications, 2009

Burkeman, Oliver, *Four Thousand Weeks: Time and How to Use It*, Bodley Head, 2021（奧利佛・柏克曼，人生4千個禮拜：時間不是用來掌控的，直面「生命的有限」，打造游刃有餘的時間運用觀，大塊文化，2022）

Church, Ruth Breckinridge, Martha W. Alibali and Spencer D. Kelly, *Why Gesture?*, John Benjamins Publishing Company, 2017

Clerizo, Michael, *George Daniels: A Master Watchmaker and His Art*, Thames & Hudson, 2013

Crary, Jonathan, *24/7: Late Capitalism and the Ends of Sleep*, Verso Books, 2014

同上, *Suspensions of Perception: Attention, Spectacle and Modern Culture*, MIT Press, 2000

Prodger, Phillip, *Darwin's Camera*, Oxford University Press, 2009

Pye, David, *The Nature and Art of Workmanship*, Herbert Press, 2007

Rosenblatt, Louise M, *Literature as Exploration*, Modern Language Association of America, 1996

Sharpe. Kevin, *Reading Revolutions: The Politics of Reading in Early Modern England*, Yale University Press, 2000

Sherman, William. H., *Used Books: Marking Readers in Renaissance England*, University of Pennsylvania Press, 2009

Thomas, Stephen D., *The Last Navigator,* Henry Holt and Co., 2009

Turner, Mark, *The Literary Mind: The Origins of Thought and Language*, Oxford University Press, 1996

Watzl, Sebastian, *Structuring Mind: The Nature of Attention and How It Shapes Consciousness*, Oxford University Press, 2017

Yates, Frances, *The Art of Memory*, Routledge & Kegan Paul, 1966（法蘭西絲・葉茲，記憶之術，大塊文化，2007）

Huxley, Aldous, *The Divine Within: Selected Writings on Enlightenment*, Harper, 2013

同上, *The Perennial Philosophy*, 1945

Jackson, H. J., *Marginalia: Readers Writing in Books*, Yale University Press, 2009

James, William, *The Varieties of Religious Experience: A Study in Human Nature*, 1902

Kagge, Erling, *Silence in the Age of Noise*, Viking 2017（厄凌・卡格，聆聽寂靜：什麼是寂靜／何處可尋／寂靜爲何如此重要，大塊文化，2018）

Kendon, Adam, *Conducting Interaction*, Cambridge University Press, 2009

Korn, Peter, *Why We Make Things and Why It Matters*, Vintage, 2017

Lester, Toby, *Da Vinci's Ghost*, Profile Books, 2011

Lewis, David, *We, the Navigators*, University of Hawaii Press, 1994

Lieberman, Daniel, *The Story of the Human Body*, Penguin, 2014（丹尼爾・李伯曼，從叢林到文明，人類身體的演化和疾病的產生，商周出版，2022）

Madsbjerg, Christian, *Sensemaking*, Little, Brown, 2017

McNeill, David, *Why We Gesture*, Cambridge University Press, 2015

Nabokov, Peter, *Indian Running*, Capra, 1981

Paul, Richard and Linda Elder, *How to Read a Paragraph: The Art of Close Reading*, Foundations of Critical Thinking, 2014

Posner, Michael I., *Attention in a Social World*, Oxford University Press, 2011

國家圖書館出版品預行編目（CIP）資料

別讓科技偷走你的能力：善用科技，而不是被科技掌控，找回人類的無限潛能／格雷姆・李（Graham Lee）著；游懿萱譯 . -- 初版 . -- 臺中市：晨星出版有限公司，2025.03
336 面；22.5 x 16 公分 . --（知的！；212）
譯自：Human being : reclaim 12 vital skills we're losing to technology.

ISBN 978-626-320-998-5（平裝）

1.CST: 社會心理學 2.CST: 資訊社會 3.CST: 人類行為

541.75 113017127

知的！212

別讓科技偷走你的能力

善用科技，而不是被科技掌控，找回人類的無限潛能

Human Being：Reclaim 12 Vital Skills We're Losing to Technology

歡迎掃描QR CODE，
填線上回函。

作者 格雷姆・李（Graham Lee）
譯者 游懿萱
編輯 陳詠俞
封面設計 初雨有限公司（ivy_design）
內頁設計 黃偵瑜

創辦人 陳銘民
發行所 晨星出版有限公司
407台中市西屯區工業區30路1號1樓
TEL:（04）23595820 FAX:（04）23550581
E-mail:service@morningstar.com.tw
http://www.morningstar.com.tw
行政院新聞局局版台業字第2500號
法律顧問 陳思成律師
初版 西元2025年03月15日 初版1刷

讀者服務專線 TEL:（02）23672044 /（04）23595819#212
讀者傳真專線 FAX:（02）23635741 /（04）23595493
讀者專用信箱 service@morningstar.com.tw
網路書店 http://www.morningstar.com.tw
郵政劃撥 15060393（知己圖書股份有限公司）

印刷 上好印刷股份有限公司

定價420元

ISBN 978-626-320-998-5